U0636632

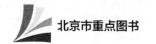
北京市重点图书

中国城乡居民
收入差距问题研究

ZHONGGUO CHENGXIANG JUMIN
SHOURU CHAJU WENTI YANJIU

陈 云 著

首都经济贸易大学出版社
Capital University of Economics and Business Press
·北京·

图书在版编目（CIP）数据

中国城乡居民收入差距问题研究/陈云著. —北京：首都经济贸易大学出版社，2017.8

ISBN 978 - 7 - 5638 - 2619 - 3

Ⅰ. ①中… Ⅱ. ①陈… Ⅲ. ①居民收入—收入差距—城乡差别—研究—中国 Ⅳ. ①F126.2

中国版本图书馆 CIP 数据核字（2017）第 035034 号

中国城乡居民收入差距问题研究

陈云 著

责任编辑	洪 敏
封面设计	风得信·阿东 FondesyDesign
出版发行	首都经济贸易大学出版社
地　　址	北京市朝阳区红庙（邮编100026）
电　　话	（010）65976483　65065761　65071505（传真）
网　　址	http：//www.sjmcb.com
E－mail	publish @ cueb.edu.cn
经　　销	全国新华书店
照　　排	北京砚祥志远激光照排技术有限公司
印　　刷	北京九州迅驰传媒文化有限公司
开　　本	710 毫米 × 1000 毫米　1/16
字　　数	246 千字
印　　张	14
版　　次	2017 年 8 月第 1 版　2017 年 8 月第 1 次印刷
书　　号	ISBN 978 - 7 - 5638 - 2619 - 3/F·1459
定　　价	42.00 元

图书印装若有质量问题，本社负责调换

版权所有　侵权必究

前　言

改革开放 30 多年来，中国经济持续快速增长，经济建设取得了举世瞩目的成绩，2008 年中国人均 GDP 首次突破 3 000 美元大关，2014 年达到 7 594 美元。按照世界银行的划分标准，中国已进入中等收入水平国家。随着中国经济体制改革的不断深入，收入分配制度亦发生了革命性的变化，基本形成了以按劳分配为主体，按贡献分配、要素分配、技术分配等多种分配方式并存的收入分配制度。通过把市场竞争机制引入收入分配领域，克服了计划经济体制中收入分配的平均主义和"大锅饭"倾向，有效地促进了机会平等，极大地激励了人们生产和创业的积极性，解放了生产力。

进入 20 世纪 90 年代之后，中国收入分配不公问题日趋凸显，中国的基尼系数也急剧提高。2014 年，官方公布的基尼系数为 0.469。一定的收入分配差距可以激励经济主体提高经济运行效率，从而促进经济快速发展；过大的收入差距则会给社会带来很多安全隐患，引发诸多社会问题，从而影响经济增长。例如，日本在经济高速增长时期，推行"国民收入倍增计划"，既保持了经济持续增长，又控制并缩小了收入分配差距；自第二次世界大战以来，拉美国家追求经济高速增长，不对收入分配政策进行相应的调整，最终债务危机导致经济衰退和高通胀，国内社会矛盾和社会冲突问题凸显，最终造成经济发展停滞。

城乡间、行业间、地区间等不同收入组别间的收入差距不断扩大，以及收入秩序不规范，收入分配不平等，成为当前中国居民收入分配领域的突出问题。从衡量收入分配的基尼系数看，中国农村和城镇各自的基尼系数虽然近年来不断上升，但仍然低于 0.4 的水平，也低于全国的基尼系数。这说明，中国居民收入分配差距很大程度上依然反映的是城乡居民收入差距问题。围绕城乡居民收入差距问题的若干方面，学者进行了大量研究，主要集中在城乡居民收入差距的测度方法，城乡居民收入差距的演变过程，城乡居民收入差距的成因，缩小城乡居民收入差距的对策四个方面。在城乡居民收入差距测度方法研究中，当前文献多通过特定的统计指标测算城乡居民收入差距状况，对城乡收入分配状况有一个概括性度量。如何全方位多角度地测算城乡居民收入差距，特别是描述城乡居民收入分配差异的细节状况，需要用到更多的统计方法，甚至发展新的分析方法。在城乡居民收入差距演变过程的研究中，当前文献多通过城乡居民收入差距测度指标的时序变化来反映收入差距的演变过程，普遍认为中国城乡居民收入差距总体趋势在不断扩大，并将演变过程划分为几个不同的阶段。如何测算城乡不同收入水平人口分布的流动特征及其对城乡居民收入差距的影响，需要基于居民收入分布估计方法去发展新的测算方法，这将有助于我们从收入分布视角研究城乡居民收入差距的演变路径。在城乡居民收入差距的成因研究中，当前文献多定性或定量地将城乡居民收入差距的宏观根源归结为自然因素、制度（体制）因素、经济因素、政策因素和制度外因素等，得到一些量化测算结果。少有文献对城乡居民收入差距影响因素的动态作用进行测算，即不同影响因素的影响作用随着城乡收入差距的状况发生怎样的变化。

笔者在上述大背景和研究现状下，对中国城乡居民收入差距问题展开研究。本书以城乡居民收入差距的测度理论及方法研究、中国居民部门宏观收入分配状况研究为起点，以中国城乡居民收入差距现状及演变过程研究、中国城乡居民收入差距演变路径研究，全国及区域城乡居民收入差距扩大的成因研究为重点，以优化中国城乡居民收入差距的政策研究为落脚点。根据研究思路，本书做了四方面工作。

首先，对城乡居民收入差距的传统测度理论和方法进行梳理，对这些方法存在的优势和不足之处进行评析，指出居民收入分布在城乡居民收入差距研究中的重要性；对城乡居民收入差距测度方法的发展进行分析，指出现代非参数统计方法在居民收入分布研究中特有的优势，这些方法构成本研究的方法基础；对中国居民部门宏观收入分配状况进行测算分析，如：对中国居民部门初次分配总收入和再分配总收入及其构成进行测算分析，对居民部门收入来源构成进行测算分析，对中国收入差距从区域、行业、经济类型等不同角度进行测算分析。居民部门宏观收入分配状况是研究居民内部收入分配关系的研究起点。

其次，对中国城乡居民收入差距现状、演变过程和演变路径展开研究。运用统计指标法和核密度估计法，对中国城乡居民收入差距进行多维度测算分析，包括：居民部门收入总量在城乡之间的分配状况，城乡居民人均收入差距状况，城乡居民收入来源构成及其差距状况，城乡居民不同收入分组收入差距状况，城乡居民收入分布差异及其变迁状况。在城乡居民收入差距多维度测算基础上，对中国城乡居民收入差距的演变过程和特征进行分析，发现中国城乡居民收入差距现状中存在的一些问题。通过构建相对收入分布测度方法，对中国城乡居民收入分布差异性及其变迁进行测度分析，从收入分布变迁视角对中国城乡居民收入差距的演变路径进行分析。

再次，对中国城乡居民收入差距的成因展开研究。在对中国城乡居民收入差距扩大成因进行理论分析的基础上，通过多元线性回归方法测算各影响因素对城乡居民收入差距的影响方向和影响程度，通过分位数回归方法测算各影响因素对城乡居民收入差距影响方向和影响程度的动态变化；进一步选取中国东部、中部、西部、东北的九个典型省份或直辖市，在大量实证分析基础上，梳理和总结不同区域城乡居民收入差距扩大的成因特点。

最后，在对中国城乡居民收入差距现状、演变过程、演变路径和成因进行系统分析的基础上，发现中国城乡居民收入分配中存在的问题，针对性地提出优化中国城乡居民收入分配状况、缩小城乡居民收入差距的政策建议。

通过上述研究工作，得到的结论有八点。

（1）中国城乡居民收入差距过大，城乡居民收入差距持续扩大的局面开始被打破，新的收入分配格局或将形成。

（2）中国城乡居民收入差距演变路径与城乡居民收入分布变迁特征高度相关。

（3）中国收入初次分配存在居民部门收入占比和劳动者报酬占比偏低且持续下降问题。居民部门在收入初次分配格局中的份额持续下降，在收入分配中的地位相对弱化，居民部门收入的城乡分配格局存在不合理性；劳动者报酬在收入初次分配中的占比偏低且持续下降，经济发展阶段不能充分解释这一现象。

（4）中国收入再分配机制在调节城乡居民收入差距方面功能较弱甚至存在逆向调节现象，但收入再分配政策的调节功能正在不断优化。

（5）不同收入来源对中国城乡居民收入差距扩大趋势的影响作用各异。工资性收入差距的推动作用逐渐降低，近年来开始反弹；经营性收入差距的弥补作用逐渐下降；财产性收入差距的推动作用很有限；转移性收入差距的问题最突出，对城乡居民收入差距起到了推波助澜的作用。

（6）城乡基础设施建设、二元经济结构和政府财政转移性支出是当前中国城乡居民收入差距扩大的主要影响因素。

（7）中国城乡居民收入差距持续扩大趋势具有历史惯性，但已进入"倒 U"型曲线底部。继续保持中国经济的持续快速发展，更好地发挥其即将到来的缩小城乡居民收入差距的影响作用。

（8）城乡一体化住户调查改革后，中国城乡居民收入差距测度进入新阶段，如何保持数据的可比性，方便与历史数据和研究结果对接，是今后学者们关注的问题。

本专著是北京高等学校青年英才计划项目（VETP1438）和北京市社科基金项目（15JG141）的阶段性成果。

最后，特别对本书研究所使用的统计数据时限说明一下。本书研究使用的统计数据时限截至 2014 年，甚至更早，主要原因有以下几方面：

（1）本书的统计分析和定量测算工作结束于 2016 年年初，当时国家统计局公布的《中国统计年鉴》截至于 2015 年，城乡居民收入的最新统计数据截至 2014 年。

（2）国家统计局从 2012 年 12 月 1 日起，实施城乡一体化住户调查制度改革。由于调查制度的改变，对接年份的部分数据有一定的出入，不再公布已经使用了 30 多年的农村居民人均纯收入数据，改为公布农村居民人均可支配收入数据，城乡收入差距的指标口径发生变化。

（3）在进行城乡收入差距影响因素测算时，城镇和农村全社会投资额指标的计算口径自 2011 年发生改变，除房地产投资、农村个人投资外，固定资产投资的统计起点由 50 万元提高至 500 万元，使得 2011 年之后公布的城镇和农村全社会投资额与之前年份完全不具有可比性。

以上各原因，在书中各相应章节均会有具体的解释和说明。

目 录

第一章　导论

第一节　研究背景

1978 年改革开放以来，随着中国经济体制改革的不断深入，市场化程度的提高极大地调动了社会各方面的积极性，有效地促进了生产效率的提高，中国现代化和市场经济进程不断推进，经济保持了 30 多年持续、快速的增长，经济建设取得了举世瞩目的成绩。中国 GDP 由 1978 年的 3 645.2 亿元增加到 2014 年的 636 138.7 亿元①（以不变价 GDP 计算），年平均增长速度高达 15.1%，远超世界经济同期增长速度。因此，中国以其人口最多、经济增长最快创造了"中国奇迹"。经济的高速发展带来了中国城乡居民收入与生活水平的提高，贫困人口减少，人民生活整体上呈现由温饱型向小康型转变。1978 年，国家统计局公布的居民收入数据显示，中国城镇居民人均可支配收入为 343.4 元，农村居民人均纯收入为 133.6 元，到 2013 年分别增长到 18 059.2 元和 3 680.2 元，按照可比价格较 1985 年分别增长了 7.65 倍和 4.97 倍②。同时，城乡居民的衣、食、住、行等条件明显改善。中国经济体制市场化道路选择的正确性和必要性，带来了中国巨大的发展和显著的成绩。

伴随着中国经济体制由计划逐步向市场的转型，经济持续快速增长，人民生活水平普遍提高，收入分配制度亦发生了革命性的变化。计划经济时期单一的按劳分配、平均主义分配体制被打破。市场经济条件下的激励机制和竞争机制不断被引入，通过 30 多年的改革实践，中国基本形成了以按劳分配为主体，按贡献分配、要素分配、技术分配等多种分配方式并存的收入分配制度。进入 20 世纪 90 年代之后，中国的基尼系数急剧提高。根据 2007 年 8 月亚洲开发银行的研究报告《亚洲的分配不平等》，中国的基尼系数在 1993 年已超过 0.4 的国际警戒线，高达 0.407，而在 2004 年上升为 0.472 5，在 22 个亚洲国家（地区）排名第二；国家统计局公布中国

---

① 此处国内生产总值均为按当年价格计算的数据。
② 历年《中国统计年鉴》。

基尼系数 2008 年达到 0.491，2014 年为 0.469。可见，中国收入分配不公程度日趋严重。虽然由于数据来源或计算方法的差异，对基尼系数的结果有多种说法，且由于中国特殊国情，这一标准未必适用中国，但是大多数研究机构和学者已形成一个基本共识：改革开放以来中国城乡居民收入差距在持续扩大，贫富差距已经比较突出。

一定的收入分配差距可以激励经济主体、提高经济运行效率，从而促进经济快速发展。但是过大的收入差距则会给社会带来很多安全隐患，引发诸多社会问题，从而影响经济增长。拉美国家第二次世界大战以来的发展历程给我们提供了借鉴，1950—1980 年，拉美国家保持年均 5.3% 的经济增长率，实现了经济快速增长。但由于过度强调经济增长、忽视失业和贫困等社会问题，国内收入差距急剧拉大。1973 年石油危机后，各国政府依然追求经济高速增长，没有及时调整收入分配政策，最终债务危机的爆发导致了经济衰退和高通胀，国内社会矛盾和社会冲突问题凸显，最终带来经济发展停滞。可见，对无序的、不合理的收入差距进行有效调节事关经济、社会发展全局。

中国收入分配体制的变化引起居民收入差距不断扩大的趋势，主要表现为行业、地区、城乡和群体等方面的收入差距，由此引发的社会矛盾也不断凸显。中国众多的研究显示，在所有收入差距问题中，城乡居民的收入差距问题是最重要的。魏后凯（1996）的研究结果显示，在所有收入差距问题中，最为突出、对整体收入差距贡献最大的是城乡居民收入差距。可汗和里斯金（Khan & Riskin，1998）指出自 20 世纪 80 年代以来，中国居民收入分配差距显著拉大，而城乡收入差距对全国居民收入差距的贡献逐年增加。李实（1999）利用泰尔指数测度了城乡收入差距对全国居民总收入差距的贡献，分解结果显示，1988 年的贡献度为 40%，到了 1995 年贡献度有所下降，约为 1/3。陈宗胜、周云波（2002）的研究结果显示，在考察期内城乡收入差距占全国居民总收入差距的比重超过了 80%，中国城乡居民收入差距对全国居民收入差距贡献最大，且逐年增加，越来越突出。王建农、张启良（2005）的研究显示，世界多数国家和地区的城乡居民收入比为 1.5∶1，极少国家超过 2∶1。中国改革开放以来，城乡居民收入差距偏大，城乡居民（名义或实际）收入差距比（除个别年份外）都超过了 1.5∶1，名义收入比值 1978 年为 2.57，2010 年扩大到 3.23，2013 年为 3.03。如将城镇居民没有纳入统计范围的隐性福利和补贴考虑进去，城乡居民的名义和实际收入比将更高。

城乡居民收入差距过大问题是我们必须正视的客观事实，目前还没有引起大的社会动荡，但是依然存在诸多问题。为了更好地规避问题，在经济快速发展、城乡居民收入差距过大的背景下，必须做到正确测算和估计城乡居民收入差距的现状、演变过程、演变路径，并详细考察造成城乡居民收入差距不断扩大的根源及贡献，才能有针对性地提出优化城乡居民收入差距的基本原则和具体的政策建议，从而实现未来逐渐平抑中国城乡居民收入差距持续扩大的趋势，保证未来中国经济协调发展。

第二节　国内外文献综述

一、国内外研究现状

自 1913 年基尼系数提出以来，经济学家不断探索如何更好地描述居民收入分配状况问题。国外相关研究多集中在社会各阶层收入分配格局和社会收入差距问题上，由于国情和历史条件不同，对城乡居民收入差距问题涉及很少，且现存文献多是从金融市场发展角度入手展开研究的，格林伍德和约万诺维奇（Greenwood & Jovanovic，1990）、金和莱文（King & Levine，1993）的研究结果显示：金融市场的发展会缩小城乡居民收入差距。

在中国收入分配领域的研究中，城乡居民收入差距一直是研究者关注的重点。众多的研究显示，城乡居民收入差距是中国最为重要的收入差距（林毅夫，1998；赵人伟、李实，1999；陈宗胜、周云波，2005 等）。围绕城乡居民收入差距问题的若干方面，中国学者进行了大量研究，主要集中在城乡居民收入差距的测度方法研究、城乡居民收入差距的演变过程研究、城乡居民收入差距扩大的成因研究、缩小城乡居民收入差距的对策研究四个方面。

（一）城乡居民收入差距的测度方法研究

现有文献主要通过定性判断和定量测度两大类方法，反映城乡居民收入差距及其变动趋势。定量测度方法主要体现为各种统计指标，如采用城乡居民人均收入（或人均生活费收入、人均消费等指标）比值、洛伦兹曲线、十等分组分析、基尼系数、结构相对系数和泰尔指数等指标，测算城乡居民收入差距并反映其变动趋势。由于使用的测算指标不同，即便使用同一测算指标也存在指标口径不同的问题，因此，研究者得出的城乡居民收入差距大小的结论自然存在差异。

中国城乡居民收入差距到底处于何种水平，学者得出的结论有所不同，但也达成了如下共识：中国城乡居民收入差距过大，不仅高于发达国家，而且高于绝大多数发展中国家。中国城乡居民收入差距还在持续扩大，城乡居民收入差距应与社会所处的发展阶段相对应，大于或小于客观差距程度都会产生消极影响。当前，我们应该承认城乡居民收入差距的合理性并加以维护，但也要消除其中的不合理因素。

（二）城乡居民收入差距的演变过程研究

当前，学者多通过城乡居民收入差距评价指标的时序变化反映中国收入差距的演变过程，陈宗胜（1991）、王小鲁（2006）和李实（2006）等人普遍认为：中国城乡居民收入差距总体趋势在不断扩大。学者关于城乡居民收入差距演变过程特征的看法基本保持一致，普遍认为，中国城乡居民收入差距在改革开放前是相对稳定的；改革开放后城乡居民收入差距呈先缩小后扩大的态势，20 世纪 80 年代中期是一个转折点，即 1985 年达到最低水平；1985 年之后，随着城市经济体制改革全面展开，农村经济体制改革几度陷入停滞，导致城乡居民收入差距急剧扩大。陈宗胜（1999）将1985 年之后城乡居民收入差距扩大阶段分为：扩大（1984—1988 年）、略有扩大（1989—1991 年）、迅速扩大（1992—1994 年）、被动中略扩大（1995—1999 年）等阶段。也有学者提出不同看法，如蔡昉、杨涛（2000）认为，1994 年以后城乡居民收入差距呈现下降趋势。

有关城乡居民收入差距长期发展趋势研究中，西蒙·库兹涅茨（1955）在经济增长和收入分配经验研究方面做出了奠基性和开创性工作，提出"倒 U"型假说，即经济由低级阶段向高级阶段发展，收入分配差距会呈现"先恶化、后改进"趋势。郭熙保（2002）通过人类发展指数指标，证明库兹涅茨假说在中国基本成立；陈宗胜（1994）基于经济发展和体制改革与创新的"阶梯形""倒 U"曲线，认为中国跳跃式的体制改革导致了收入分配曲线的阶梯形提高，最终导致城乡收入差距难以缩小；李实（2000）利用省份横截面数据对"倒 U"型假设进行经验验证，得出"倒 U"规律在中国不成立的结论；曾国安、罗光强（2002）认为，以横截面的经验研究否定"倒 U"规律的结论在方法上是有问题的，判定居民收入差距的变化是否呈"倒 U"型应该依据的是历史序列分析。

（三）城乡居民收入差距扩大的成因研究

中国城乡居民收入差距持续扩大是个不争的事实，学者从不同角度提出了城乡居民收入差距扩大的众多影响因素。本研究将这些成因综合概括为经济发展阶段、经济发展战略、国家政策、政府公共管理、基础设施建设、教育文化和户籍制度等。

（1）经济发展阶段因素，主要指西蒙·库兹涅茨（1955）的"倒 U"型假说，即收入差距随着经济发展阶段的变化出现一定的变化趋势。在城乡居民收入差距演变过程综述中，已经对"倒 U"型假说和中国的实证研究进行了论述，这里不再赘述。

（2）经济发展战略因素，主要体现在"梯度推进"的区域发展战略和城乡二元结构为主的城乡分割发展战略。陈红霞（2009）、刘宛洁（2009）等研究发现，中国二元经济结构拉大了中国东部、中部、西部的城乡收入差距。

（3）国家政策因素，主要体现为城乡系列"剪刀差"政策，如农产品"剪刀差"、土地价格"剪刀差"、金融存贷"剪刀差"和工资"剪刀差"等。王锋（2005）统计结果显示，1950—1978 年国家通过农产品"剪刀差"从农业取得了 5 100 亿元收入，约等于现在的 49 万亿元人民币；20 世纪 90 年代以来，国家每年通过农产品"剪刀差"从农业得到的收入绝对额都在 1 000 亿元以上，"剪刀差"占农民总负担的比重一般在 40% 左右。孔祥智、何安华（2009）指出，1992—1995 年仅被征收土地一项，农民就为国家工业化做出了 366.8 亿元的贡献。

（4）政府公共管理因素，主要体现为中国财政和税收政策。据国务院发展研究中心课题研究（2001）发现，1991—2000 年，全国新增的卫生经费投入中只有 14% 投到了农村，而 14% 中又有 89% 成了"人头费"，真正成为专项经费的只有 1.3%。刘文勇（2004）的测算结果显示，2001 年城镇居民人均可支配收入是农村居民人均纯收入的 2.9 倍，当年中国全部个人所得税收入中农民占了 60% 左右，考虑到农民缴纳税费的因素（如果将摊派和集资看作是农民上缴的个人收入所得税），则当年城乡居民收入差距扩大了 3.17 倍。

（5）基础设施建设因素，主要体现为农村基础设施建设薄弱。骆永民（2010）得出结论：基础设施尤其是交通、通信和环保三类基础设施的城乡差距越大，工农业人均产出、城乡生活水平以及城乡社会性基础设施的差距就越大，农民获取工资收入的机会就越少。

（6）教育文化因素，主要体现为农村居民输在"起跑线"上。1964年，贝克尔（Becker）在人力资本理论中指出，教育程度差异将直接拉大居民收入差距，且居民的教育程度越高收入水平也越高，反之教育程度越低收入水平也越低。

（7）户籍制度因素，导致城乡居民就业机会不平等、劳动力市场扭曲、城乡社会保障差异等。许多学者提出城乡分割的户籍管理阻碍了人力资源优化配置和合理流动，造成劳动力市场扭曲。

（四）缩小城乡居民收入差距的对策研究

学者从不同维度对城乡居民收入差距的影响因素进行阐述和强调，并针对这些成因分别提出了缩小城乡居民收入差距的对策建议。因此，与成因研究一样，缩小城乡居民收入差距的对策建议很多、角度也不同。本研究将这些对策综合概括为深化体制改革、完善系列政策、加快经济发展和控制制度外因素等。

（1）深化体制改革方面。学者认为，要继续深化改革，建立社会主义市场经济体制，深化分配制度改革，制定和完善相关法规政策，规范收入分配行为等。

（2）完善系列政策方面。学者分别从人口流动政策、就业政策、收入分配政策、城市化发展政策、产业发展政策和教育改革政策等方面提出了建议。

（3）加快经济发展方面。不少学者提出经济发展是缩小城乡居民收入差距的基础，要加大农村金融资源的供给，加快和促进农村经济发展，缩小城乡居民收入差距。

（4）控制制度外因素方面。学者一致提出要强化权力制约和法律监督机制，加大反腐败力度，制止以权谋私，特别提出要通过行政审批制度、干部人事制度、公务员收入分配和福利待遇制度改革等等，规范收入分配行为。

二、研究现状评析

城乡居民收入差距是发展中国家在经济发展过程中必然存在的现象。许多学者采用不同的指标、不同的计量方法、从不同角度研究了这一课题。这些研究成果为本研究剖析城乡居民收入差距问题提供了有力的工具，也丰富了收入分配领域的研究方法和研究文献。

当前研究通过特定的统计指标测算中国城乡居民收入差距状况，如基尼系数、城乡居民收入比等，从而对城乡收入分配状况有一个概括性度量。由于统计指标的口径和计算方法不同，计算结果差异较大；即便计算得到两个国家或地区同一指标具有相同的值，很有可能面临不同的城乡收入分配状况。因此，如何全方位多角度地测算中国城乡居民收入差距，特别是描述城乡居民收入分配差异的细节状况，需要用到更多的统计方法，甚至发展新的分析方法。

当前研究通过城乡居民收入差距测度指标的时序变化反映收入差距的演变过程，普遍认为，中国城乡居民收入差距总体趋势在不断扩大，并将演变过程划分为几个不同的阶段。如何测算城乡不同收入水平人口分布的流动特征及其对城乡居民收入差距的影响，需要基于居民收入分布估计方法发展新的测算方法，这将有助于我们从收入分布视角研究城乡居民收入差距的演变路径。

当前研究多是定性或定量地将城乡居民收入差距的宏观根源归结为自然因素、制度（体制）因素、经济因素、政策因素和制度外因素等，得到一些量化测算结果。较少对城乡居民收入差距影响因素的动态作用进行测算，即不同影响因素的影响作用随着城乡收入差距的状况发生怎样的变化。

中国国情和经济发展过程决定了居民收入差距问题的研究在中国起步较晚，但在国际经济学界，特别是发展经济学家对收入分配问题的研究，始于 20 世纪 50 年代。所以，国际学术界关于收入分配的理论、研究方法和技巧已很成熟，如何全面正确地把这些理论，特别是方法和分析技巧引入中国，并用来分析中国实际问题，成为当前中国收入分配领域研究亟待解决的问题。

第三节　研究框架

本研究运用城乡居民收入差距的测度理论及方法，以中国居民部门宏观收入分配状况为研究起点；以中国城乡居民收入差距现状及演变过程研究，中国城乡居民收入差距演变路径研究，全国及区域城乡居民收入差距扩大的成因研究为重点；以优化中国城乡居民收入差距的政策研究为落脚点。

围绕研究思路，本研究的内容框架如图 1 - 1 所示。

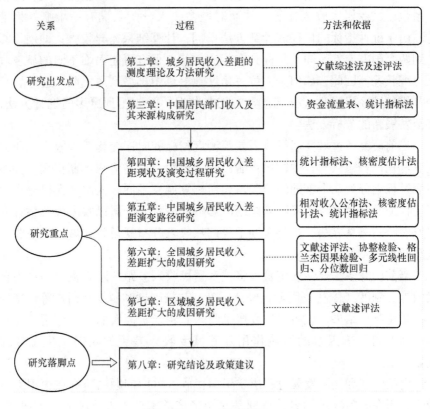

图 1 - 1　研究框架

第二章　城乡居民收入差距的测度理论及方法研究

　　城乡居民收入差距的研究多从官方统计数据出发，构建城乡居民收入差距的测度方法。由于官方一直未公布居民收入的微观调查数据，城乡居民收入差距的测度方法多集中表现为各种统计测度指标。这些统计指标可以被理解为居民收入分布的统计参数，提供的信息量有限，主要用来反映居民收入分配的公平性。由于中国官方统计的城乡居民收入数据存在一定的不完善之处，如城镇居民所享受到的教育、社保、福利和补贴等隐性收入都不能很好地纳入收入统计的范围。因此，近几年已有一些文献开始考虑隐性收入、灰色收入、虚拟房租等所引起的城乡居民收入差距问题，并不断提出城乡居民收入差距新的测度方法。

　　本章主要对城乡居民收入差距的测度理论和方法及其发展进行阐述，并从理论和实践方面对各种方法的特点进行评价。

第一节　城乡居民收入差距的传统测度理论及方法

　　依托官方公布的居民收入数据建立的城乡居民收入差距传统度量指标有：洛伦兹曲线、基尼系数、泰尔指数等，此外还有结构相对系数、十等分组分析法、分位数、比值法、城乡居民人均收入（或人均生活费收入、人均消费支出）差或比等指标。

　　学者通过上述传统测度方法对中国城乡居民收入差距进行测算，认为：中国城乡居民之间、城镇居民内部和农村居民内部的绝对收入差距在不断扩大。但由于使用的测算指标不同，即使使用同一测算指标也存在指标口径、数据来源不同等问题，学者对中国城乡居民收入差距大小的判断存在差异。以中国城镇居民收入差距的现状研究为例，学者运用上述统计指标进行分析后，对中国当前城镇居民收入差距状况判断分为两极分化论和两极未分化论，后者又进一步分为适当论、失当论和另当别论。

　　理解城乡居民收入差距的系列传统测度方法，尤其是掌握这些方法的构建思路、测算过程、数据要求和解释途径等，对于我们分析城乡居民收入差距问题至关重要。

一、洛伦兹曲线及其衍生指标

（一）洛伦兹曲线

洛伦兹曲线（Lorenz Curve）是分布函数的一种变形，1907 年，由美国统计学家 M. O. 洛伦兹提出，是一种衡量一个国家收入分配不平等程度的曲线表示方法。该方法先将一国人口按收入由低到高排队，并将得到的人口累计百分比和收入百分比的对应关系描绘在图形上。如图 2－1 所示，横轴表示人口（按收入由低到高）的累计百分比，纵轴表示收入的累计百分比，虚弧线 OCA 和实弧线 ODA 均为洛伦兹曲线。洛伦兹曲线的弯曲程度反映了居民收入分配的不平等程度，洛伦兹曲线的弯曲程度越大，收入分配越不平等；反之，洛伦兹曲线弯曲程度越小，收入分配越平等。如果任意人口的百分比均等于其收入的百分比，即人口累计百分比等于收入累计百分比，这时洛伦兹曲线为正方形的对角线，是完全平等的收入分配状况。如果所有收入都集中在一个人手中，其余人口一无所有，显然，这时洛伦兹曲线为图中对角线下三角形的两个直角边，是完全不平等的收入分配状况。

如果某个收入分配的洛伦兹曲线比另一个收入分配的洛伦兹曲线更接近对角线且不相交，则不平等程度较后者要小，是著名的洛伦兹准则。当然我们不可能总是通过绘制洛伦兹曲线来比较不同收入分布的不平等程度，而且当洛伦兹曲线相交时，洛伦兹准则将失效。

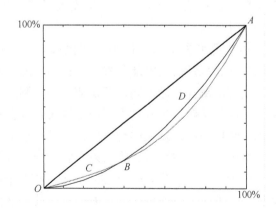

图 2－1　洛伦兹曲线

（二）基尼系数

为了使洛伦兹曲线反映居民收入分配状况更为方便，意大利经济学家基尼（Gini）于 1912 年提出基于洛伦兹曲线计算基尼系数的方法。基尼系数被西方经济学家公认为是一种反映收入分配不平等程度的方法，也被现代国际组织作为衡量各国收入分配的一个尺度。设洛伦兹曲线和收入分配绝对平等线之间的面积为 A，洛伦兹曲线下方的面积为 B，用 $A/(A+B)$ 表示不平等程度，该数值被称为基尼系数。为了满足标准化公理，用 $2A$ 表示不平等程度的大小，此即常用的基尼系数，即 $G=2A$。该系数可在 0 和 1 之间取任何值。收入分配越趋向不平等，洛伦兹曲线的弧度越大，基尼系数也越大。按国际上通用的标准：基尼系数小于 0.2 表示收入分配绝对平均；0.2~0.3 表示收入分配比较平均；0.3~0.4 表示收入分配基本合理；0.4~0.5 表示收入分配差距较大，收入分配两极分化；0.6 以上表示收入差距悬殊，收入分配严重向一部分人倾斜。

除了通过洛伦兹曲线相关面积测度不平等程度外，还可以用洛伦兹曲线的长度来测度不平等程度，经过归一化处理后，卡瓦尼（Kakwani，1980）提出的公式为 $L = \dfrac{l-\sqrt{2}}{2-\sqrt{2}}$，其中 l 为洛伦兹曲线的长度。此外，还可以利用洛伦兹曲线与对角线的最大垂直距离测度不平等程度，20 世纪 30 年代彼得拉（Pietra）和英特马（Yntema）分别提出了这一指标。就上述三个指标而言，基尼系数无疑是最好的指标，比其他两个指标提供的信息更多。

（三）分组分析法

利用不同分位数人口（或家庭）的收入份额或比值，反映收入的分布及不平等程度是非常普遍的方法，通常用五等或十等划分家庭的收入水平或收入份额进行分析，可见分组分析法是洛伦兹曲线的变种形式。以十等分组分析法为例，该方法是将城镇居民按户人均可支配收入由低到高排队，分别按 10% 的比例将人口依次分成 10 组；将农村居民按户人均纯收入由低到高排队，分别按 10% 的比例将人口依次分成 10 组。十等分组分析法分别计算城镇和农村居民各 10% 收入组的人均收入水平和收入相对份额，并将城镇和农村同一收入组人群的收入水平或收入相对份额变化进行比较，从而发现各收入组的城乡居民收入差距及其变化趋势。该方法实际上是从城乡居民不同收入分组的收入水平变动性角度，描述城乡居民一定时期的收入变动情况。

由十等分组分析法可以构建一系列度量城乡居民收入差距的统计指标，如：阿鲁瓦利亚指数用 40% 最低收入人口的收入占居民总收入的份额表示；库兹涅茨指数用 20% 高收入户的收入占居民总收入的份额表示；不良指数用 20% 最高收入户的收入份额与 20% 最低收入户的收入份额比值表示。

另外，如果数据为分组资料，高鸿桢（1993）将各组平均收入与总平均收入的比值称为优势比，而将优势比小于 1 所对应的累计人口比重称作平均分享系数。该指标能反映收入过度（或不足）组所占的人口比重，实际是洛伦兹曲线偏度的一个指标。

二、居民人均收入类指标的衍生指标

（一）城乡居民人均收入类指标差或比

在现有文献中，通过城乡居民人均收入或人均生活费收入、人均消费支出等指标的差额或比值来反映城乡居民收入差距的文献颇多。一方面是由于官方每年会公布这些宏观收入数据，计算起来简单方便，使用起来一目了然；另一方面是由于基尼系数（或洛伦兹曲线、十等分组分析法）和泰尔指数的计算需要大量微观数据来支撑，通过宏观数据计算很麻烦且误差较大。

城乡居民人均收入比值的具体计算方法如式（2-1）所示：

$$城乡居民收入差距比值 = \frac{城镇居民人均可支配收入}{农村居民人均收入} \qquad (2-1)$$

有部分研究采用城镇居民人均纯收入作为分子。该比值直接依托官方统计数据进行计算，结果直接表明城镇居民人均可支配收入与农村居民人均纯收入之间的倍数关系，很大程度上反映城乡居民收入差距的现实情况。

学者在该指标基础上，变形得到的类似指标很多，如，李实等（2003）以城镇居民人均生活费收入与农村居民人均纯收入的名义比率，蔡昉（2003）以城镇居民的人均实际可支配收入与农村居民的人均实际纯收入的比率，黄泰岩等（2000）以城乡居民人均实际可支配收入的比率，郭兴方（2005）以城乡居民的消费和储蓄比率等指标来衡量城乡居民收入差距。

（二）结构相对系数

结构相对系数法是基于城乡居民人均收入指标提出的，结构相对系数的计算公式如式（2-2）所示：

$$\eta_u = \frac{I_u}{I_u + I_r} \times 100\% \quad \eta_r = \frac{I_r}{I_u + I_r} \times 100\% \tag{2-2}$$

式（2-2）中，η_u 和 η_r 分别表示城镇居民收入的相对系数和农村居民收入的相对系数；I_u 和 I_r 分别表示城镇居民人均生活费收入（或人均可支配收入）和农村居民人均纯收入。当 $\eta_u = \eta_r = 0.5$ 时，表示城乡居民收入之间不存在差距；当 η_u 和 η_r 偏离 0.5 时，表示城乡居民收入之间出现差距。偏离越大，城乡居民收入差距越大；反之，偏离越小，城乡居民收入差距越小。

（三）泰尔指数

泰尔熵标准因泰尔（Theil，1967）利用信息理论中的熵概念来计算收入不平等而得名。泰尔指数（Theil index）是衡量个人或地区之间收入差距的指标，和基尼系数一样是当前国际上研究收入差距问题广泛使用的指标。关于泰尔指数的方法和性质论述可见肖罗克斯（Shorrocks，1982）、科威尔（Cowell，1998）等学者的著作，泰尔指数的计算公式如式（2-3）所示：

$$T(0) = \frac{1}{N} \sum_{i=1}^{N} \log(\frac{\bar{y}}{y_i}) \tag{2-3}$$

其中，$T(0)$ 代表泰尔指数，N 代表分组的数目，y_i 代表第 i 组的人均收入，$\bar{y}$ 代表 y_i 的平均值。

泰尔指数的分解公式如式（2-4）所示：

$$T(0) = \sum_{i=1}^{N} p_i T(0)_i + \sum_{i=1}^{N} p_i \log(\frac{p_i}{v_i}) \tag{2-4}$$

其中，N 代表分组数目，p_i 是第 i 组人口占总人口的比重，v_i 是第 i 组的收入占总收入的比重，$T(0)_i$ 表示第 i 组的泰尔指数，公式中的第一项表示每组各单位之间人均收入的差距，即组内差距；第二项表示各组之间人均收入的差距，即组间差距。泰尔指数越大，表示收入差距越大；泰尔指数越小，表示收入差距越小。

在研究城乡居民收入差距问题情形下，令 $N = 2$，y_1, y_2 分别表示城镇居民人均可支配收入和农村居民的人均纯收入。

三、城乡居民收入差距传统测度方法的特点

（一）洛伦兹曲线、基尼系数和泰尔指数综合性强，可分解，有互补性

洛伦兹曲线可以直观地反映居民收入分配状况，但当不同的洛伦兹曲线相交时，很难直观地观察哪条洛伦兹曲线代表的收入分配状况更好。在洛伦兹曲线基础上，由于基尼系数给出了反映收入分配差异程度的数量界限，可以有效预警两极分化的质变临界值，克服了其他方法的不足，是当前衡量贫富差距的可行办法，得到了世界各国的广泛重视和普遍采用。但实际中，各国对基尼系数的运用并不一致。在判断收入分配状况上，各国都将基尼系数与其他因素结合起来进行判断。即使在同一国家，不同学者由于考虑的因素不同，关于基尼系数的标准和界限也存在争议。总的来说，基尼系数只可参考，不能够绝对化。当前，中国官方计算的基尼系数有三种：农村居民基尼系数、城镇居民基尼系数和全国居民基尼系数。另外，基尼系数对高收入阶层的观察值比较敏感，且对于分解目的而言，基尼系数仅局限于要素分解，对于样本分组的分解方法不是很完善。泰尔指数和基尼系数具有一定的互补性，泰尔 T 指数对上层收入水平的变化敏感，L 和 V 指数对底层收入水平的变化敏感，且具有良好的样本分组的可分解性，可以衡量组内差距和组间差距对总差距的贡献，当前亦被许多研究者采用。

除此之外，基于微观调查的城乡居民收入数据，运用这三种方法计算并反映居民收入分配状态时，综合性强；基于政府公布的居民收入宏观数据，运用这三种方法进行估算并反映收入分配状态时，计算繁琐且误差较大。

（二）城乡居民收入差或比指标定义明确，结构相对系数通用性不强

城乡居民收入差或比值、结构相对系数指标具有定义明确、计算简单、没有歧义等优点。但这些指标的计算要依据城乡居民收入的"平均数"，即城乡人均收入宏观数据。而城乡居民收入定义存在一定的缺陷和争议性，如官方公布的农村居民纯收入是指现金收入与扣除生产费用后的自产自销物品估价之和，可以分解为个人工资性收入、家庭经营收入、财产性收入和转移性收入等方面，却没有将农村居民自有住房的租金估算值纳入范畴，因此，农村居民收入存在一定的低估现象；同样，城镇居民可

支配收入指标也不能很好地将自有住房估算租金和隐性收入估算在内①。除此之外，该指标计算时没有考虑城乡消费水平的差异，因此部分研究分别用城市地区和农村地区的生活费用指数对城乡居民人均收入进行调整。结构相对系数在国际研究中的通行性不如其他指标。

（三）分组分析法能反映城乡居民各收入分组收入差距及其具体变动，但对数据要求较高

分组分析法可以通过将同一收入分组的城乡居民收入水平或收入相对份额进行比较，反映城乡分组之间的收入差距及其变动；也可以将城乡居民内部不同收入分组的收入水平或收入相对份额进行对比，反映不同收入分组之间的收入差距大小。因此，该方法要求城乡居民收入数据五等分组或十等分组，而中国官方当前未公布十等分组的城乡居民收入数据。

相比城乡居民收入差距的其他传统测度方法，十等分组分析法一定程度上能将城乡居民收入差距信息进一步细化，但也仅限于几个分组，如何量化和展现城乡居民收入分布的具体差异，该方法显得不足。

（四）基尼系数经验法则受到质疑，如何与居民收入分布及其参数对接备受关注

在收入分配不平等和收入差距问题研究中，基尼系数出现频率最高。在中国，由于近年来收入差距的不断扩大及贫困程度的加剧，学者多用基尼系数佐证自己的观点，有的认为收入差距过大，有的认为适中，造成分歧的主要原因是每个人测算的基尼系数都不一样。中国居民收入基尼系数的版本之多在世界上是绝无仅有的，其出处有国家政府部门、世界银行、有关科研院所以及一些专家学者等，但没有一个版本被作为权威得到广泛认可。在这样的背景下，近年来，很多学者试图对基尼系数等相关问题进行深入系统的分析研究。有些学者对基尼系数经验法产生了质疑，认为它过于主观和简单化；有的学者认为，在拉丁美洲和南美洲一些国家基尼系数早已超过0.5，个别国家甚至达到0.6，也没有引起大的社会骚乱。

同时，居民收入分布的类型大致有金字塔型、哑铃型和橄榄型等，比较理想的收入分布类型是橄榄型，但是高中低收入阶层人口比重和不同收

---

① 隐性收入包括：公费医疗、公有住房、财政价格补贴、各种福利保险和单位内部的实物发放等。

入阶层所占的收入比重，都直接关系到社会收入分配不平等程度和基尼系数的大小，因此，测算基尼系数时，如果能将其与居民收入真实分布及其参数对接，计算结果会精确和有效得多。

第二节　城乡居民收入差距测度方法的发展

城乡居民收入差距的传统测度方法，如基尼系数、洛伦兹曲线、泰尔指数、阿鲁瓦利亚指数和库兹涅茨指数等，主要用来反映城乡居民收入分配的宏观公平性，提供的信息量有限，且依据宏观数据估算出来的统计指标不够精确。以基尼系数为例，同样的基尼系数背后可能存在两个完全不同的居民收入分配结构，即居民收入分布不相同。基尼系数指标的计算结果与居民收入分布有关，甚至不同的居民收入分布状况可能计算出来的基尼系数大小相等。因此要拓展、深化城乡居民收入差距问题的研究，如何合理估计城乡居民收入分布，并在此基础上构建系列统计测度方法很关键。在城乡居民收入的微观调查数据基础上，估计得到城乡居民收入分布①，并构建城乡居民收入差距的系列统计测度方法，可以详细掌握城乡居民收入分配的全部信息，可以比较任何阶层的收入差距或收入水平上的城乡人口比重变动，能清晰地描述城乡居民收入差距的状况及演变过程。

近年来，一些科研机构和单位开始自行组织对居民收入展开微观调查，并逐渐将居民收入的微观调查数据公开。学者亦开始通过估计居民收入分布，并基于此构建城乡居民收入差距的测算方法来研究城乡居民收入差距问题。当前，城乡居民收入分布的估计方法主要有参数统计和非参数统计两种方法，基于此两种方法基础上发展起来的城乡居民收入差距测度方法，本研究分别称之为城乡居民收入差距的参数统计测度方法和非参数统计测度方法。

一、参数统计测度方法述评

过去，学者多通过参数统计方法估计居民收入分布，即假定城乡居民收入数据抽自一个已知的参数分布族，比如：具有均值 u 且方差为 σ^2 的正态分布，首先利用样本数据给出 u 和 σ^2 的估计值，然后将其代入正态密度

---

① 居民收入分布可以用分布函数表示，也可以用概率密度函数表示，但实际分析过程中人们经常使用概率密度函数规定或刻画统计模型，计算不同收入区间人口比重或规模，即收入分布规律。因此，居民收入密度函数形式的估计问题显得尤为重要。

函数公式，即可估计得到总体的密度函数，这种居民收入分布的估计方法称之为参数统计方法。使用参数统计方法估计城乡居民收入分布时，人们往往根据研究经验，直接假定城乡居民收入分布服从某种形式，如伽玛分布、对数正态分布、帕累托分布等，进而通过城乡居民收入的微观调查数据估计收入分布中的参数，最终得到城乡居民收入分布。

帕累托分布是收入分配理论中的一种重要分布，是帕累托在 1885 年和 1887 年的论文中最早提出的。随后，莱德尔（Lydall，1968）和科威尔（Cowell，1995）研究证明西方国家高收入人口服从帕累托分布。中国学者王海港（2006）以帕累托分布为基础检验调查样本中高收入人群或家庭的比例是否合理。伽玛分布（Gamma Distribution）有时被用来拟合收入分布的中间部分。塞伦（Salem，1974）研究了美国 20 世纪 60 年代的收入分配，结论是伽玛分布比对数正态分布拟合得更好。对数正态分布的高收入部分尾部密度小于帕累托分布，兰格（Lange，1962）认为，很多社会主义国家居民收入分布遵循对数正态分布，莱德尔则认为，收入分布的中间部分接近对数正态分布。徐建国（2000）、林伯强（2003）、成邦文（1998，2003）、王兢（2005）等人的研究结果表明，对数正态分布能较好地反映中国实际情况，已有文献中设定中国居民收入分布服从对数正态分布的居多。

城乡居民收入差距的参数统计测度方法是从参数估计方法得到的城乡居民收入分布出发，通过城乡居民收入密度函数（或分布函数）直接计算并比较城乡居民不同收入水平人口比重差异，估计城乡居民的基尼系数和其他测度指标等。参数统计测度方法在研究城乡居民收入差距问题时具有较强的实用性，对统计数据的要求不高，只要能够估计出特定形式收入分布的参数即可。但是，当人们对城乡居民收入是否较好地服从假定的常用分布有疑问，甚至有充分理由认为真正的收入分布与假定分布有很大偏离的时候，收入分布的参数估计方法及基于此构建的城乡居民收入差距的参数测度方法则显得无能为力，甚至会得出错误的研究结论。此时，我们需要考虑用非参数统计方法估计城乡居民收入分布，并在此基础上构建城乡居民收入差距的测度方法。

二、传统非参数统计测度方法述评

随着研究问题的深入，统计学家越来越意识到参数统计方法在估计居民收入分布时存在的局限性，20 世纪 30 年代中后期，统计学家开始使用传统非参数统计方法估计城乡居民收入分布。城乡居民收入分布的非参数估计（Non - parameter Statistics）方法分为：传统非参数统计和现代非参数统计①。其中，城乡居民收入分布的传统非参数估计方法主要是基于秩的、以检验为主的非参数统计推断。此类估计方法需要首先假定城乡居民收入服从某些分布形式，进而通过非参数检验进行判断和选择，最终接受或拒绝收入分布服从某种形式。城乡居民收入分布的现代非参数估计方法主要是指近 30 年发展起来的非参数回归、非参数核密度估计等方法。现代非参数估计方法中的核密度估计方法，能够在城乡居民收入分布未知的情况下，尽量从数据本身获得所需要的信息，估计城乡居民收入分布。

　　传统非参数统计方法假定城乡居民收入服从某些特定分布形式，然后通过单样本非参数检验进行判断②。相比参数估计方法，以及绘制居民收入分布的直方图、概率 PP 图③、分位数 QQ 图④等方法的粗略判断，非参数检验方法有了较大的进步，2000 年之后逐渐成为城乡居民收入分布的主要估计方法之一。这种方法首先假定居民收入服从某些特定分布并进行非参数统计检验，当收入分布形式确定后，进一步通过参数统计法估计收入分布中的参数值，最终得到相应的收入密度函数和收入分布函数。城乡居民收入差距的传统非参数统计测度方法是从传统参数估计基础上发展起来的系列方法，与城乡居民收入差距的参数统计测度方法存在一样的缺陷。

　　除此之外，传统非参数统计方法在估计城乡居民收入分布时也存在一些不足之处。该方法往往假定居民收入符合某些假定的分布形式，但居民收入分布又是研究者最想知道的，如果居民收入恰好符合某种已知的分布形式，非参数检验就很有效。然而，我们知道的居民收入分布形式毕竟有限，如果现实中碰到一种我们不知道的居民收入分布形式，特别当非参数检验对那些已知的分布形式都拒绝的时候，此时很难对要检验的居民收入分布做进一步具体界定和深入分析，现代非参数估计方法在这种背景下则显示出不可替代的优势。

　　实际生活中，城乡居民收入分布形式的假定并不能随便做出。因为，

---

①　［美］L. 沃塞曼. 现代非参数统计［M］. 吴喜之译. 北京：科学出版社，2008.

②　单样本非参数检验是根据一组样本的信息对单个总体分布形式进行推断的方法，包括卡方检验、二项分布检验、K - S 检验以及变量值随机性检验等方法。

③　收入的概率 PP 图是居民收入变量的居民累积比与事先假定分布的居民累积比的关系曲线。

④　收入的分位数 QQ 图是居民收入分布的分位数与事先假定分布的居民收入分位数的关系曲线。

有时居民收入数据并不是来自所假定的收入分布总体，或者收入数据根本就不是来自一个总体，还有可能收入数据因为各种原因被严重污染。这样，我们在假定总体收入分布形式已知的情况下所进行的统计推断就可能产生错误的甚至灾难性的结论。于是，我们希望不假定城乡居民收入分布形式，尽量从收入数据本身获得所需要的信息。这是城乡居民收入分布的现代非参数测度方法的宗旨。

三、现代非参数统计测度方法介绍及述评

（一）现代非参数估计方法的基本原理

城乡居民收入密度函数的现代非参数估计方法的发展，若不加以特殊说明，本书均指的是收入密度函数形式未知情形下的现代非参数估计。按照估计方法的演变顺序，城乡居民收入密度函数的非参数估计方法主要有直方图法、罗森布拉特（Rosenblatt）法、帕尔逊（Parzen）核密度估计法等。此处主要通过直方图法、罗森布拉特法介绍现代非参数估计方法的基本原理。

直方图法是古老且被广泛使用的城乡居民收入密度函数的估计方法。此法基于密度函数的一个基本性质，即设居民收入变量 X 的密度函数为 $f(x)$，则有式（2-5）：

$$P\{a \leqslant x \leqslant b\} = \int_a^b f(x)\,\mathrm{d}x \qquad (2-5)$$

若有 X 的简单样本 $X_1, \cdots, X_n$，则 $P\{a \leqslant x \leqslant b\}$ 可用 $\#\{i: 1 \leqslant i \leqslant n, a \leqslant X_i \leqslant b\}/n$ 估计。因此，$P\{a \leqslant x \leqslant b\}/(b-a)$，亦即 $\int_a^b f(x)\,\mathrm{d}x/(b-a)$ 可以用式（2-6）表示：

$$\#\{i: 1 \leqslant i \leqslant n, a \leqslant X_i \leqslant b\}/n(b-a) \qquad (2-6)$$

当（$b-a$）充分小时，$\int_a^b f(x)\,\mathrm{d}x/(b-a)$ 可近似代表收入密度函数 $f(x)$ 在收入区间 $[a,b]$ 上的值，这样就得到了居民收入密度函数 $f(x)$ 的一个估计。

基于上述原理，可对直方图描述如下：选择一个适当的正数 h，把全部收入区间分为一些长为 h 的区间。任取这些区间之一，记为 I。对 $x \in I$，定义收入密度函数 $f(x)$ 的估计 $f_n(x)$ 为式（2-7）：

$$f_n(x) = \frac{\#\{i: 1 \leqslant i \leqslant n, X_i \in I\}}{nh} \qquad (2-7)$$

式（2-7）估计得到的居民收入密度函数图形是一个边长为 h 的阶梯形。若从每一个端点向底边做垂线以构成矩形，则得到一些由直立矩形排在一起而形成的图形，由此得到直方图之名。

在得到的直方图中，0 是分隔点之一，当然也可预先选定任一收入水平 x_0 为分割点，所有分割点都有 $x_0 + mh$ 的形式，区间 I 的形式为 $[x_0 + mh, x_0 + (m+1)h]$，其中 m 为整数，x_0 为初值。显然，收入水平初值 x_0 的选择会影响直方图的形状。另一个问题是 h 的选择，h 太大，平均化的作用突出，会淹没收入密度的细节部分；h 太小，则受随机性影响太大，而产生极不规则的形状。h 的选择无现成规则可循，一般只能说，应选择一个适当的 h 以平衡上述两种效应。

直方图估计的优点在于简单易行，且 n 较大而容许 h 较小的情况下，所得图像尚能显示收入密度的基本特征。直方图估计也有明显的缺点，不是连续函数，从统计角度看效率较低。且在这一方法下，每一收入区间中心部分密度估计较准，而边缘部分较差。为了克服直方图法的缺点，罗森布拉特在 1955 年提出了对直方图估计方法的简单改进：即制定一个正数 h 之前，以 I_x 记以 x 为中心，长为 h 的区间，即 $\left[x - \dfrac{1}{2}h, x + \dfrac{1}{2}h\right]$。以 I_x 作为式（2-7）中的 I，即可得到罗森布拉特估计，即

$$f_n(x) = \frac{1}{nh} \#\{i : 1 \leqslant i \leqslant n, X_i \in I_x\} \qquad (2-8)$$

罗森布拉特法与直方图方法的不同之处在于：它事先不把分割区间定下来，而让收入区间随着要估计的收入水平点 x 跑，使 x 始终处在收入区间的中心位置，而获得较好的效果。

从式（2-8）可以看出：罗森布拉特估计仍为一阶梯函数，只不过与直方图估计法相比，各阶梯的长度不一定相同，仍非连续函数。另外，从式（2-8）还可以看出，为估计收入密度函数 $f(x)$ 在收入水平点 x 的值，与 x 距 $h/2$ 的样本起的作用一样，而在此以外则毫不起作用。直观上可以设想，估计 $f(x)$ 时，与收入水平 x 靠近的样本所起的作用应比距离 x 远的样本大些。为了克服这一缺点，帕尔逊于 1962 年提出了核密度估计方法，被许多学者用来估计城乡居民收入分布，并基于估计得到的居民收入分布对城乡居民收入差距进行研究。

(二) 现代非参数估计方法的特点

现代非参数统计方法估计城乡居民收入分布时，大样本理论占重要位置[①]。绝大多数常用的非参数统计方法都是基于有关统计量的某种极限性质的。有时候，方法的建立在原则上并不一定需要大样本理论，但依据严格小样本分布而做出的解，需要进行大量的计算，事实上可能行不通。现代非参数统计方法更多地依赖于大样本方法，这一点不难从其模型的广泛性方面得到理解：统计量的分布依赖于总体分布，如果我们对总体收入分布了解很少，难以得到有关统计量的确切分布，而很多小样本方法就是基于这种确切分布的。尽管现代非参数统计方法在很多方面具有优越性，但在应用上一直未能真正推开的原因之一在于其大样本特点。

城乡居民收入分布的现代非参数估计方法只使用城乡居民收入样本的"一般"信息。样本是统计推断的依据，统计方法优劣性的比较，很大程度上取决于它是否"充分地"提取和使用了样本中的信息，以构造合适的统计推断方法。但这一过程往往不能离开研究问题所依赖的模型去分析——模型越确定，越容易"充分地"使用样本的信息。所以，在估计城乡居民收入分布时，参数估计方法往往对设定的模型有更大针对性：一旦模型改变，方法也就随之改变。现代非参数统计方法则不然，现代非参数估计模型对城乡居民总体收入分布形式限定很少，只能通过一般方式使用居民收入样本中的信息，如位置次序等。另外，现代非参数估计模型中包含了众多的、性质迥异的收入分布，而我们对总体分布知道较少，这就排除了以较确切的方式使用样本信息的可能性。

现代非参数统计方法在估计城乡居民收入分布时具有稳健性（Robustness）特点。一个统计方法在实际应用中要有良好的表现，需要满足两个条件：一是该方法所依据的条件与实际条件相符；二是样本是随机的，不包含过失误差，如记录错误等。但实际应用中这些条件很难严格满足，如：原来提出某方法时依据总体收入分布为正态分布的假定，但实际

---

① 大样本理论是讨论某种统计量的精确分布未知（或因很复杂不易获得时），当样本量趋于无穷大时的极限行为的理论；小样本性质则是相对于大样本而言的，指的是对任何样本量（不仅限于小样本），统计量服从精确分布。例如，t 分布当自由度趋于 ∞ 时的极限分布是标准正态分布。由于正态总体的标准差 S 的分布是自由度为 $n-1$ 的 t 分布，故做推断时，对任何 n，都可使用 t 分布。所谓"小样本方法"与"大样本方法"之分，根本点不在于样本量大小的具体数字，而在于所讨论的统计量的性质，所使用方法的根据，是在样本大小固定时来讲，还在样本大小趋于无穷的情况下来讲。

问题中总体收入分布与正态分布有很大偏离；或在大量的观测数据中存在受到过失误差影响的"异常数据"等。如果在这种情况下，所使用的统计方法性能仅受到少许影响，就具有稳健性。稳健性反映的是一种性质：当真实模型与理论模型有不大偏离时，方法仍然能维持较好的性质。统计方法的稳健性是研究者十分关心的问题。如果模型微小的偏差就使得一种方法完全失效，该方法的可用性会受到极大的挑战。现代非参数统计方法由于对居民收入的真实分布没有任何限定，因此该方法天然具有稳健性①。

我们在对城乡居民收入分布进行估计时，往往不要求收入分布有某种特定的数学形式，理由很明显：若居民收入分布的数学形式已知，只含有少量未知参数，则不如直接考虑这些参数的估计问题，而不提收入分布的估计问题。因此，居民收入分布的估计本质上说是现代非参数统计方法的内容，不同于参数统计方法和传统非参数统计方法下的居民收入分布估计。作为与参数统计方法相对出现的现代非参数统计方法，其特点必须在与参数统计方法对比中去分析。现代非参数统计方法在估计城乡居民收入分布时，不对城乡居民收入分布模型做任何确切限定，即使在对城乡居民收入分布任何知识都没有的情况下，也能获得可靠的结论。因此，现代非参数统计方法具有适用面广的特点，这可以从现代非参数估计模型的广泛性直接得出。但是，现代非参数统计方法与参数统计方法相比，由于其计算过程较为复杂，对数据的要求高，导致其应用效率较低。随着计算机技术和软件产业的不断发展，这种效率较低的问题正在不断得到解决。因此，越来越多的学者开始通过现代非参数统计方法估计居民收入分布，并基于此对居民收入分配问题展开系列研究。实际上，当某种特定的居民收入分布形式适合所研究的城乡居民收入分布时，参数统计方法仍是一种优良的统计方法，应用起来比较简单。

第三节 城乡居民收入分布的核密度估计方法

基于城乡居民收入的微观调查数据，本书通过现代非参数统计方法——核密度估计方法估计城乡居民收入分布，在此基础上构建新的非参数统计方法，以测度中国城乡居民收入差距现状和演变过程。

---

① 必须注意的是，稳健性是相对而言的，必须与方法的其他性能结合起来考察，并非越稳健越好。比如总用一个固定的常数去估计一个参数，虽然稳健性有余，但却没有什么意义。

一、核密度估计方法的基本原理

在直方图、罗森布拉特法基础上，帕尔逊于 1962 年提出了核密度估计方法，即将式（2-7）改变形式，引进式（2-9）形式的函数：

$$W(x) = I_{[-\frac{1}{2},\frac{1}{2}]}(x) = \begin{cases} 1 \\ 0 \end{cases} \qquad (2-9)$$

则式（2-7）可以改写为式（2-10）：

$$f_n(x) = \frac{1}{nh_n} \sum_{i=1}^{n} W\left(\frac{x-X_i}{h_n}\right) \qquad (2-10)$$

式（2-10）定义的 W 是 R^1 的特殊密度函数，即均匀密度。帕尔逊的推广即在于去掉这一特殊性，容许 W 可以为一般的密度函数。帕尔逊核密度估计的定义为：

设 $K(\cdot)$ 是 R^1 给定的概率密度函数，$h_n > 0$ 是一个同 n 有关的常数，定义如式（2-11）：

$$f_n(x) = \frac{1}{nh_n} \sum_{i=1}^{n} K\left(\frac{x-X_i}{h_n}\right) \qquad (2-11)$$

$f_n(x)$ 为总体未知密度函数 $f(x)$ 的核密度估计；$K(\cdot)$ 为核（Kernel）函数；h_n 是同 n 有关的正数，称为带宽（Band-width）。核函数用于称呼任意的光滑函数 $K(\cdot)$，是用来取局部平均的，为保证收入密度函数 $f_n(x)$ 作为概率密度函数的合理性，既要保证其非负性，又要保证积分的结果为 1。这一点可以通过要求核函数 $K(\cdot)$ 是密度函数得到保证，即要求核函数满足式（2-12）至式（2-15）的四条基本性质：

$$K(x) \geqslant 0 \qquad (2-12)$$

$$\int K(x)\,\mathrm{d}x = 1 \qquad (2-13)$$

$$\int xK(x)\,\mathrm{d}x = 0 \qquad (2-14)$$

$$\sigma_K^2 \equiv \int x^2 K(x)\,\mathrm{d}x > 0 \qquad (2-15)$$

同样，在给定城乡居民收入的样本数据之后，核密度估计性能的好坏，也取决于带宽的选取是否适当，带宽 h_n 随 n 增大而下降，从理论上说，是随着 $n \to \infty$ 而趋于 0。h_n 取的太大时，由于 x 经过压缩变换 $\frac{x-X_i}{h_n}$ 之后平均化作用突出了，而淹没了密度的细节部分；反之 h_n 取的太小，随机性的影响会增加，从而使 $f_n(x)$ 呈现不规则的形状，可能掩盖 $f(x)$ 的重要特性。所以应该适当选择 h_n 以平衡上述两种效应。

给定城乡居民收入的样本数据后，城乡居民收入密度函数的核密度估计性能好坏，取决于核函数 $K(\cdot)$ 及带宽 h_n 的选取是否适当。

二、核密度估计方法的关键技术

(一) 核函数的选择

从理论上讲，核函数 $K(\cdot)$ 是用来取局部平均的，且要满足式（2 - 12）至式（2 - 15）的基本性质。实际应用中，关于核函数 $K(\cdot)$ 的要求尚可放宽，即不一定要求 $K(\cdot)$ 为密度函数，甚至也不必要求它为非负。但从适用角度讲，要求 $K(\cdot)$ 是概率密度函数是合适的。因为待估的城乡居民收入密度函数 $f(x)$ 是密度函数，最好估计量 $f_n(x)$ 本身也是密度函数。当 $K(\cdot)$ 为密度函数时，容易验证 $f_n(x)$ 也满足这个条件。而且当 $K(\cdot)$ 满足某些光滑、连续、有界等条件时，$f_n(x)$ 作为 x 的函数，同样继承这些性质。

核函数的选取一直是研究的重点，如何依据所给数据选择合适的核函数更是研究的核心问题。研究证明，如果能收集到足够多的样本，无论实际采用什么样的核函数形式，从理论上讲，最终一定可以得到一个可靠的收敛于待估收入密度函数的估计结果，也就是说在样本容量足够大的情况下，核函数的选取对收入密度函数的估计并不是至关重要的，带宽 h_n 的选择才是核密度估计能否成功的关键。带宽 h_n 的选择又取决于估计精度，即如何使估计误差极小化。

(二) 精度的度量

用 $f_n(x) = f_n(x; X_1, \cdots, X_n)$ 表示基于样本数据 $X_1, \cdots, X_n$ 对居民收入密度 $f(x)$ 的任一估计。由于 $f_n(x)$ 既同居民收入样本数据有关，又是考察点的函数。对固定收入水平 x 下，人口比重估计精度的自然测度方法可以用式（2 - 16）表示：

$$\mathrm{MSE}(f_n(x)) = E_f[f_n(x) - f(x)]^2 \tag{2-16}$$

式（2 - 16）为核密度估计 $f_n(x)$ 的均方误差。其中，E_f 表示期望在真实分布为 f 时计算，当真实分布明确时，简记 E_f 为 E。

可以计算得到式（2 - 17）：

$$\mathrm{MSE}(f_n(x)) = E_f[f_n(x) - f(x)]^2 = \mathrm{Var}_f(f_n(x)) + [E(f_n(x)) - f(x)]^2$$

$$\tag{2-17}$$

式（2-17）第一项是估计的方差，第二项是偏差项。我们希望这两部分越小越好，但是要同时减少这两部分是困难的。通常，如果降低偏差，则方差有增大的趋向，反之亦然，这种难题称为偏倚—方差平衡。

对于核估计的 $f_n(x)$ 有式（2-18）和式（2-19）：

$$E[f_n(x)] = \int K(u) f(x - h_n u)\,\mathrm{d}u \qquad (2-18)$$

$$\mathrm{Var}(f_n(x)) = \frac{1}{nh_n}\int K^2(u) f(x - h_n(u))\,\mathrm{d}u - \frac{1}{n}\Big[\int K(u) f(x - h_n u)\,\mathrm{d}u\Big]^2 \quad (2-19)$$

因而，核密度估计的光滑程度只与光滑参数 h_n 有关［当核函数 $K(\cdot)$ 已确定时］，而与 n 无直接关系。为了降低其均方误差，必须调整带宽 h_n。

对于核密度估计来说，度量整体的精度更有实际意义。首先由罗森布拉特等人提出而后被广泛使用的测度核密度估计整体精度的是积分均方误差（Mean Integrated Square Error）：

$$\mathrm{MISE}(f_n(x)) = \int [f_n(x) - f(x)]^2 \mathrm{d}x$$

即：

$$\mathrm{MISE}(f_n(x)) = \int E(f_n(x) - f(x))^2 = \int \mathrm{MSE}(f_n(x))\,\mathrm{d}x$$

$$= \int \mathrm{Var}(f_n(x))\,\mathrm{d}x + \int (\mathrm{Bias}(f_n(x)))^2 \mathrm{d}x$$

因而有：

$$\mathrm{MISE} = 积分方差 + 积分偏差平方$$

前面对均方误差的分析同样可适用于积分均方误差。对于核密度估计而言，应选择合适的带宽 h_n 使得相应的核密度估计的 MISE 达到最小，通常将这样的 h_n 称为最佳带宽。在实际问题中，如何选择最佳带宽是难以处理的问题。由于核密度估计法需要计算每一个 $f_n(x)$ 与 $f(x)$ 的积分均方误差，计算量很大。

（三）带宽的选择

1. 插入带宽法

插入带宽法主要是从核密度估计精度的测量——均方误差分析中得来的。为了选择最佳带宽，需要分别导出估计偏差及方差的渐近表达式。一般设 $K(\cdot)$ 是对称密度函数，且：

$$\int u K(u)\,\mathrm{d}u = 0, \quad k_2 \overset{\Delta}{=} \int u^2 k(u)\,\mathrm{d}u \neq 0$$

$f(x)$ 具有二阶有界连续导数 $f''(x)$，$h_n \to 0$，由泰勒公式和式（2-18）、

式 (2-19)，偏倚的表达式 $\text{Bias}(f_n(x)) = E(f_n(x)) - f(x)$ 可以变形为：

$$\text{Bias}(f_n(x)) = \int K(u)[f(x - h_n u) - h_n u f'(x) - f(x)]\,\mathrm{d}u$$

$$= \frac{1}{2} h_n^2 \int u^2 K(u) f''(x - \theta h_n u)\,\mathrm{d}u$$

其中，$|\theta| \leqslant 1$（θ 与 x, u, n 有关）。由对 $f(x)$ 的假设，适用控制收敛定理得：

$$\text{Bias}(f_n(x)) = \frac{1}{2} f''(x) k_2 h_n^2 + o(h_n^4)$$

整理可得：

$$\text{Var}(f_n(x)) = (n h_n)^{-1} f(x) \int K^2(u)\,\mathrm{d}u + o(n^{-1})$$

因此，当 $f(x)$ 满足上述条件，且 $f''(x) \in L_2(R^1)$ 时，有如下渐近公式：

$$\int [\text{Bias}(f_n(x))]^2 \mathrm{d}x \approx \frac{1}{4} h_n^4 k_2^2 \int [f''(x)]^2 \mathrm{d}x$$

$$\int \text{Var}(f_n(x))\,\mathrm{d}x \approx (n h_n)^{-1} \int K^2(u)\,\mathrm{d}u$$

可以看出，h_n 的选择对偏差和方差的影响方向是相反的，进一步得到式 (2-20)：

$$\text{MISE}(f_n) \approx (n h_n)^{-1} \int K^2(u)\,\mathrm{d}u + \frac{1}{4} h_n^4 k_2^2 \int [f''(x)]^2 \mathrm{d}x \tag{2-20}$$

对式 (2-20) 右端关于 h_n 求极小，得到渐近最佳带宽（Optimal Band-Width）如式 (2-21) 所示：

$$h_{\text{opt}} = \left[\frac{\int K^2(u)\,\mathrm{d}u}{k_2^2 \int (f''(x))^2 \mathrm{d}x} \right]^{1/5} n^{-1/5} \tag{2-21}$$

式 (2-21) 表明：最佳渐近带宽随 n 增大以 $n^{-1/5}$ 的速度趋于零；积分 $\int [f''(x)]^2 \mathrm{d}x$ 直观上可看成是 $f(x)$ 振动频率的一种度量。因而，对振动频率大的 $f(x)$，其最佳的 h_n 应该随之变小。但是，由于式 (2-21) 中含有未知的密度 $f(x)$，希瑟（Sheather）和琼斯（Jones）1991 年提出通过 $\int [\hat{f}''(x)]^2 \mathrm{d}x$ 估计 $\int [f''(x)]^2 \mathrm{d}x$ 来解决该问题。

大量研究文献显示，插入带宽法的问题在于，估计 $f''(x)$ 比估计 $f(x)$ 要难得多。实际上，需要通过对 $f(x)$ 做较强的假定来估计 $f''(x)$。但是，如果做了这些强假定，那么通常对 $f(x)$ 的核密度估计就不合适了。劳德

（Loader，1999）详细地研究了这个问题，而且提供了证据，表明插入带宽方法可能是不可靠的。

2. 交叉验证法

最小二乘交叉验证（Cross – Validation）方法是一个完全自动的选择带宽的方法，即直接由数据"自动"选择带宽，该方法是由日德默（Rudemo，1982）和鲍曼（Bowman，1984）提出的。

给定收入分布密度 $f(x)$ 的核估计量 $f_n(x)$，有式（2 – 22）：

$$\text{MISE}(f_n) = \int [f_n(x) - f(x)]^2 \mathrm{d}x = \int f_n^2(x)\mathrm{d}x - 2\int f_n(x)f(x)\mathrm{d}x + \int f^2(x)\mathrm{d}x$$

（2 – 22）

式（2 – 22）最后一项不依赖于带宽 h_n，因此积分平均误差最小，等价于最小化式（2 – 23）：

$$R(f_n) = \int f_n^2(x)\mathrm{d}x - 2\int f_n(x)f(x)\mathrm{d}x$$

（2 – 23）

最小二乘交叉验证方法的基本思想是：构造 $R(f_n)$ 的一个估计（利用数据），然后关于 h_n 最小化这个估计，从而得到选择的带宽。

由于 $\int f_n(x)f(x)\mathrm{d}x = Ef_n(x)$，所以 $\int f_n(x)f(x)\mathrm{d}x$ 的一个无偏估计为 $n^{-1}\sum_{i=1}^{n} f_n^{(-i)}(X_i)$，其中，$f_n^{-i}(x)$ 是将第 i 个观测点剔除后的估计，即如式（2 – 24）所示：

$$f_n^{-i}(x) = \frac{1}{(n-1)h_n}\sum_{j\neq i}^{n} K\left(\frac{x - X_i}{h_n}\right)$$

（2 – 24）

则式（2 – 23）可以变形为式（2 – 25）：

$$M_0(h_n) = \int f_n^2(x)\mathrm{d}x - \frac{2}{n}\sum_{i=1}^{n} f_n^{(-i)}(X_i)$$

（2 – 25）

则最小二乘交叉验证最优带宽为：

$$h_{\text{opt}} = \min_{h>0} M_0(h_n)$$

不难推得式（2 – 26）：

$$\int f_n^2(x)\mathrm{d}x = n^{-2}h_n^{-2}\sum_{i=1}^{n}\sum_{j=1}^{n}\int K\left(\frac{x - X_i}{h_n}\right)K\left(\frac{x - X_j}{h_n}\right)\mathrm{d}x$$

$$= n^{-2}h_n^{-1}\sum_{i=1}^{n}\sum_{j=1}^{n}\int K(t)K\left(\frac{X_i - X_j}{h_n} - t\right)\mathrm{d}t$$

（2 – 26）

$$\triangleq n^{-2}h_n^{-1}\sum_{i=1}^{n}\sum_{j=1}^{n} K^*\left(\frac{X_i - X_j}{h_n}\right)$$

其中, $K^*(u) = \int K(t)K(u-t)\mathrm{d}t$。可以计算:

$$\frac{1}{n}\sum_{i=1}^{n}f_n^{-i}(X_i) = n^{-1}(n-1)^{-1}h_n^{-1}\sum_{i=1}^{n}\sum_{j=1}^{n}K\left(\frac{X_i-X_j}{h_n}\right) - (n-1)^{-1}h_n^{-1}K(0)$$

$$(2-27)$$

将式（2 – 27）中的 $n-1$ 改为 n 并同式（2 – 26）一起带入式（2 – 21），得到与式（2 – 21）等价的尺度函数如下:

$$M_1(h_n) = n^{-2}h_n^{-1}\sum_{i=1}^{n}\sum_{jj=1}^{n}K_1\left(\frac{X_i-X_j}{h_n}\right) + 2n^{-1}h_n^{-1}K(0)$$

其中

$$K_1(u) = K^*(u) - 2K(u)$$

因此

$$h_{\mathrm{opt}} = \mathrm{min}M_1(h)$$

3. 适用性核

经典的核密度估计方法是由直方图的角度解释或演化而来的，理想中的带宽选择应该与样本数据点的分散集中程度联系起来。因此，"核方法的一个推广是适应性核（adaptive kernel）。它对于每个点 x 使用不同的带宽 $h(x)$。人们还能用不同的带宽 $h(x_i)$ 于每个数据点。这使得估计更加灵活，而且允许其适应于光滑性变化的区域。但是，选择许多带宽而不仅是一个，使得现在有了非常困难的课题"[①]。

本书在使用核密度估计方法估计中国城乡居民收入密度函数时，使用的核函数形式是高斯核函数，使用的选择带宽方法是交叉验证法[②]，方法均通过 R 语言编程实现。

---

① ［美］L. 沃塞曼. 现代非参数统计［M］. 吴喜之，译. 北京：科学出版社，2008：100 – 110.

② 考虑到当前研究文献显示核函数形式对核密度估计影响不大，而研究者使用最多的核函数形式为高斯函数；当前适用性核的带宽选择理论方法还无法通过软件编程实现应用，本书选择的是交叉验证法。

第三章 中国居民部门收入及其来源构成研究

在经济发展过程中，我们要确保做好两件事情：一件是"做大蛋糕"，把我们的经济实力做强；另一件是"分好蛋糕"，做好社会产品和国民收入的分配，让大家共同享受发展成果。

宏观收入分配过程显然是政府、企业和居民（或住户）三部门"分蛋糕"的问题。在测算居民收入差距问题之前，首先需要分析居民部门整体收入及其变化状况，居民部门的原始总收入和可支配总收入对中国居民收入分配起到决定作用，是居民内部收入分配关系的研究起点。因此，本章将微观视角下的居民收入差距问题与宏观视角下的政府、企业、居民三部门"分蛋糕"问题结合起来分析。

第一节 居民部门初次分配总收入和再分配总收入分析

本节对中国居民部门在收入分配过程中获得的初次分配总收入和再分配总收入进行测算，以便发现存在的问题。

一、部门分类及数据说明

目前，官方公布的居民收入类统计数据[1]主要有两大类：一类来源于国民经济核算中的资金流量表，反映居民、政府和企业部门之间的收入分配关系，属于宏观收入分配核算的范畴；另一类来源于国家统计局住户调查提供的居民人均收入，属于微观收入统计的范畴。

（一）国民经济核算中的部门分类

国民经济核算对象是由千千万万个经济单位所组成的复杂经济系统。根据经济活动的功能考察，经济单位可以分为活动单位和机构单位两类。

活动单位是指，在生产经营过程中，从事一种（非辅助性）生产活动或从事的主要活动的增加值占企业的绝大部分或企业的一部分。这种活动

---

[1] 有关数据在本节一并进行介绍，其他章节不再赘述。

单位可以是一个独立企业，也可以是企业的一个分厂、车间或一些附属单位。1996 年，中国第一次全国基本单位普查中对活动单位规定了三个条件：①在一个场所从事一种或主要从事一种社会经济活动；②相对独立组织生产经营或业务活动；③能够掌握收入和支出等业务核算资料。

机构单位是指，能够以自己的权利拥有资产、承担负债，从事经济活动并能与其他实体进行交易的经济实体。具有机构单位条件的单位有两类，一类是住户，一类是得到法律或社会承认的独立于其所有者的法人或社会实体。从一国（或地区）国民经济核算出发，机构单位可以区分为常住机构单位和非常住机构单位。非常住机构单位作为国外来处理。常住单位和非常住单位是划分国内经济活动和国外经济活动核算的基本依据。常住机构单位，简称常住单位，是指在一国（或地区）经济领土上具有经济利益中心的经济单位。具有经济利益中心是指常住单位在该国经济领土范围内具有一定的活动场所（住房、厂房或其他建筑物），从事一定规模的经济活动并超过一定时期（通常一年以上）。

对国民经济各机构单位，按其在取得收入和支配收入、筹集资金和运用资金的财务决策权的同质性进行分类，可以将国民经济的所有常住单位划分为非金融企业部门、金融机构部门、政府部门和住户（居民）部门四大机构部门。在资金流量核算和资产负债核算中，为了研究收入分配、再分配，以及金融交易、资产负债的形成，需要从财务决策权方面考虑，以反映资金在机构部门之间的运动情况。上述四个机构部门中的每个部门都可以再细分为若干子部门，如金融机构部门可以细分为银行、保险公司、信托投资机构等子部门；政府部门可以细分为中央政府和地方政府等子部门。考虑到中国现有核算的基础，在编制国民经济循环账户时暂时没有对机构部门做进一步的细分。

本书将金融机构部门和非金融企业部门合并称为企业部门，并对国内的企业部门、政府部门和住户（居民）部门三大机构部门收入初次分配和再分配格局进行测算。

（二）国民经济核算中的资金流量表数据

资金流量核算是以全社会资金运动为对象的核算。主要反映生产结束后的收入分配、再分配、消费、投资支出和资金融通过程。所以，资金流量核算中的资金具体是指收入分配、消费、投资和金融活动中的资金。资金流量是指一定时期上述资金的增减变化量，资金流量核算的结果是编制资金流量表。资金流量表的主要功能是描述国民经济各机构部门之间，一定时期资金往来或交易的流量和流向，为经济分析和经济决策提供系统的数据，为制定分配政策、财政政策和金融政策，加强宏观调控提供依据。当资金流量表用来分析收入分配状况时，可以分析初次分配总收入（国民总收入）与可支配总收入在政府、企业和居民部门之间的分配关系。虽然国家统计局公布了 1992—2013 年的资金流量表数据，但 2012 年国家统计局根据财政部提供的全口径财政收支详细资料、国家外汇管理局修订后的国际收支平衡表数据，以及部分交易项目编制方法的调整，系统修订了2000—2009 年实物交易资金流量表，1992—1999 年的资金流量表还在修订中。2012 年之后编制完成的 2010 年、2011 年、2012 年和 2013 年实物资金流量表，在编制方法和基础资料来源方面与修订后的 2000—2009 年的实物资金流量表数据也是可比的。因此，本书主要使用 2000—2013 年的资金流量表数据进行分析。

收入分配核算是资金流量表核算（实物交易部分）的主要部分，集中描述了从增加值到可支配收入的整个分配过程。收入初次分配是机构部门因参与生产活动或拥有生产所需资产的所有权而获得的收入，是对生产成果进行的直接分配。在此环节发生的收入分配流量主要包括劳动者所获得的劳动者报酬，资本要素所有者获得的财产性收入，以及政府获得的生产税净额。以增加值为起点，经过收入初次分配，最后形成各个机构部门的初次分配总收入（原始总收入）。政府、企业和居民部门初次分配总收入（原始总收入）之和等于国民总收入。各部门得到初次分配总收入之后，还要经过各种名义下发生的转移性收入分配活动，最后才能得到可以用于消费的收入总额，即可支配总收入。

（三）国家统计局住户调查提供的居民人均收入数据

20 世纪 80 年代初期开始，国家统计局采用农村居民纯收入的概念，对中国农村住户进行调查。农村居民纯收入主要由两部分组成：现金纯收入与扣除生产费用后的自产自销物品估价，有关后者的估算方法国家统计局没有进行明确的说明。农村居民纯收入分为个人工资性收入、家庭经营性收入、财产性收入和转移性收入。《中国统计年鉴》的收入数据通常按这种分类进行公布。农村居民纯收入概念不包含农民自有住房的估算租金。根据可汉（Khan）和里斯金（Riskin）的估算，1995 年和 2002 年农村居民自有住房估算租金分别占人均纯收入的 11.6% 与 13.5%。如果将该项收入计入农村居民纯收入，农村居民收入水平将高于国家统计局公布的数据。与农村居民纯收入的概念界定一样，国家统计局对于城镇居民可支配收入的定义亦没有包含自有住房估算租金。当前，城镇居民多通过购买商品房拥有私有产权，自有住房租金的忽略将低估城镇居民的可支配收入。另外，城镇居民享受的各种实物性补贴、各种社会保障及灰色收入等不能完全计入收入之中。

目前，中国国家统计局公布的城乡居民收入类最新数据来源于《中国统计年鉴（2015）》，即部分数据可以更新到 2014 年，仍存在部分统计指标保留在 2013 年未被更新。需要注意的是，不同于以往分别开展的城镇住户调查和农村住户调查，国家统计局 2013—2014 年数据根据城乡一体化住户收支与生活状况调查数据整理获得，最新公布的 2014 年农村居民人均收入指标中，首次启用了农村居民人均可支配收入指标，不再使用农村居民人均纯收入指标。由于人均可支配收入与人均纯收入的计算口径不同，本书在分析过程中为了历史数据的可比性，分析时限依据数据情况而定。

（四）两类收入数据的联系与区别

国民经济核算中，可支配收入的形成经过收入初次分配和再分配两个环节。在初次分配环节中，居民部门收入包括劳动者报酬、总营业盈余、财产收入等；在再分配环节中，居民缴纳所得税和社会保险，获得社会保险福利和其他社会补助，经过经常转移调节，形成居民部门可支配收入。其中，国内劳动者报酬总额是利用城乡住户收入调查中的工资性收入和部分经营性收入的增速外推计算。由于劳动者报酬在全部居民可支配收入中所占份额较大，且比重比较稳定。因此，在分析收入分配关系时，如果时效性要求高，不能获得所需年份的资金流量表，用城乡住户调查资料推算结果替代也基本可行。

两者之间的区别体现在六个方面。

第一，统计标准不同。住户调查主要遵循《住户收入统计堪培拉标准》，国民经济核算的居民收入核算遵循《国民经济核算体系（SNA）2008》。这两个统计标准并不是相互孤立的，统计专家在制定统计标准过程中，努力使收入统计在微观层面和宏观层面上衔接一致，但由于关注的重点不同和住户调查自身固有的特点，两者在分类和具体测量上存在一些差异。

第二，收入记录时间不同。在住户调查中，收入记录是基于收付实现制，而国民经济核算是基于权责发生制。

第三，核算中的总营业盈余与住户调查的经营性净收入口径不同。总营业盈余是住户部门增加值扣除住户部门支付的劳动者报酬和缴纳的生产税净额后的余额，包括营业利润、固定资产折旧和自有住房服务价值；住户调查中的经营性净收入是包含了个体户的营业盈余和劳动者报酬的混合收入。

第四，劳动者报酬与工资性收入的口径差异。在资金流量表中，劳动者报酬指劳动者因从事生产活动所获得的全部报酬，包括各种形式的工资、奖金和津贴，既包括货币形式的，也包括实物形式的，还包括劳动者享受的公费医疗和医药卫生费、单位支付的社会保险费和住房公积金等。在住户调查中，工资性收入不包括单位为劳动者缴纳的社会保险、个体经营者的劳动者报酬等。

第五，核算中的财产性收入与住户调查中的财产性收入口径差异。在资金流量核算中，财产性收入指将金融资产和自然资源（如土地）等有形非生产资产提供给其他单位使用而获得的收入，主要包括利息、红利、地租等。住户调查中的财产性收入指家庭拥有的动产和不动产所获得的收入，包括核算中不包括的房屋租金、股票买卖收益、产权收入、专利收入和财产转让溢价收入等。

第六，核算中的经常转移收入与住户调查中转移性收入的口径差异。在资金流量表核算中，经常转移是一个单位向另一个单位提供货物或服务，而没有获得任何回报的交易，包括收入税、社会保险缴款、社会保险福利、社会补助及其他经常转移。在住户调查中，转移性收入指国家、单位、社会团体对居民家庭的各种转移支付和居民家庭间的收入转移，包括资金流量表核算经常转移中不包括的住房公积金、住房补贴、政策性补贴等。

二、居民部门初次分配总收入和再分配总收入测算

各部门创造的增加值经过初次分配，形成各部门初次分配总收入，将各部门初次分配总收入之和称为国民总收入（GNI）。基于国家统计局公布的 2000—2013 年的资金流量表，计算整理得到中国政府、企业和住户三个部门的收入初次分配格局状况如表 3 - 1、表 3 - 2 和图 3 - 1 所示。

表 3 - 1 和表 3 - 2 数据显示，在收入初次分配环节，中国政府、企业和居民部门初次分配总收入规模都有了大幅提高，说明随着经济的快速发

展，政府、企业和居民三个部门都不同程度地受益。2000—2013 年，居民部门初次分配总收入从 65 811.0 亿元增长到 35.4 万亿元，年均名义增长 13.8%，同期国民总收入年均名义增长率 14.7%，居民部门初次分配总收入增长速度低于国民总收入 0.9 个百分点。企业部门和政府部门初次分配总收入在国民总收入中的份额增速较快，居民部门份额出现下降趋势。近几年，三部门收入份额基本稳定。图 3 - 1 显示，2009 年之前居民部门在收入初次分配过程中的地位相对弱化，政府和企业部门地位相对强化。居民部门在收入初次分配中的比重持续下降，由 2000 年的 67.2% 下降到 2008 年的 58.7%，8 年下降了 8.5 个百分点，这一下降趋势在 2009 年有所逆转。2009 年，居民在收入初次分配中的比重比上年回升了 2.0 个百分点，近几年比重基本稳定。

表 3 - 1　主体部门的初次分配总收入格局（总量）　　　　亿元

年份	企业	政府	住户	合计
2000	19 324.3	12 865.2	65 811.0	98 000.5
2001	23 122.2	13 697.3	71 248.7	108 068.2
2002	25 694.2	16 600.0	76 801.6	119 095.7
2003	30 077.0	18 387.5	86 512.5	134 977.0
2004	40 051.2	21 912.7	97 489.7	159 453.6
2005	45 026.4	26 073.9	112 517.1	183 617.4
2006	53 416.4	31 373.0	131 114.9	215 904.3
2007	68 349.9	39 266.9	158 805.3	266 422.1
2008	84 085.8	46 549.1	185 395.4	316 030.3
2009	84 169.6	49 606.3	206 544.0	340 320.9
2010	97 968.3	59 926.7	241 864.5	399 759.5
2011	112 212.5	72 066.9	284 282.9	468 562.3
2012	117 776.5	80 975.9	319 462.4	518 214.8
2013	140 691.8	88 745.0	353 759.9	583 196.7

数据来源：根据各年《中国统计年鉴》中"国民经济核算"模块整理。

表3-2　主体部门的初次分配总收入格局（结构）　　　　　%

年份	企业	政府	住户	合计
2000	19.7	13.1	67.2	100
2001	21.4	12.7	65.9	100
2002	21.6	13.9	64.5	100
2003	22.3	13.6	64.1	100
2004	25.1	13.7	61.1	100
2005	24.5	14.2	61.3	100
2006	24.8	14.5	60.7	100
2007	25.1	14.7	59.6	100
2008	26.6	14.7	58.7	100
2009	24.7	14.6	60.7	100
2010	24.5	15.0	60.5	100
2011	24.0	15.4	60.6	100
2012	22.7	15.6	61.6	100
2013	24.1	15.2	60.7	100

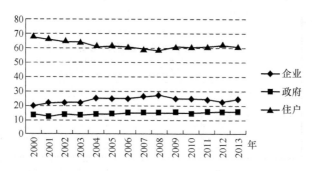

图3-1　中国主体部门的初次分配总收入格局（%）

　　在收入初次分配格局形成的基础上，经过收入再分配活动（企业和居民部门向政府部门缴纳收入税，并获得转移支付）之后形成了各部门可支配总收入，将各部门可支配总收入之和称为国民可支配总收入，这种格局是经过收入初次分配和再分配之后的最终分配状况，反映了国民收入各分配主体的最终资源占用状况。经过收入再分配环节，政府、企业和居民三个部门可支配总收入格局如表3-3、表3-4和图3-2所示。通常情况下，居民的经常转移净额总量不大，一般只占居民可支配收入的1%左右，因此，经常转移只是对居民收入的小幅调整，与收入初次分配格局相比，居民部门再分配总收入格局变动不大。相对看，政府部门收入份额进一步上升、企业部门收入份额进一步下降，居民部门的收入份额变化不大。以2013年为例，企业部门从收入初次分配总收入24.1%的份额降到可支配总收入19.8%的份额；政府部门从收入初次分配总收入15.2%的份额上升到可支配总收入18.9%的份额；居民部门从收入初次分配总收入60.7%的份额上升到可支配总收入61.3%的份额。观察各部门从初次分配总收入到可支配总收入流量，不难发现收入再分配流量主要发生在企业和政府两部门之间。

表3-3和表3-4数据显示，2000—2013年居民部门可支配总收入从66 538.7亿元增长到35.7万亿元，年均名义增长13.8%，同期国民可支配总收入年均名义增长率14.7%，居民部门可支配总收入增长速度低于国民可支配总收入0.9个百分点。2009年之前，居民部门可支配总收入占国民可支配总收入比重持续下降，从2000年的67.5%下降到2008年的58.3%，降低了9.3个百分点，这一趋势在2009年得到一定逆转。2009年，居民部门在国民可支配总收入中的比重较2008年回升了2.3个百分点。2010年略微回落后，2012年回升到62.0%，2013年为61.3%。由于城乡居民收入的较快增长和财政支付力度的加大，预计近几年居民部门在居民可支配总收入中的比重可能会继续稳定。

表3-3　主体部门的可支配总收入格局（总量）　　　　　亿元

年份	企业	政府	住户	合计
2000	17 670.3	14 314.1	66 538.7	98 523.0
2001	20 581.6	16 324.2	71 865.3	108 771.1
2002	23 241.2	19 505.9	77 423.3	120 170.4
2003	27 206.0	21 946.8	87 268.4	136 421.2
2004	36 322.3	26 517.6	98 508.9	161 348.8
2005	40 088.5	32 573.7	112 910.2	185 572.4
2006	46 990.5	39 724.9	131 426.4	218 141.8
2007	59 492.5	51 192.1	158 558.6	269 243.2
2008	72 557.1	60 544.1	185 926.3	319 027.5
2009	72 576.8	62 603.3	207 302.4	342 482.5
2010	85 275.7	74 116.3	243 121.7	402 513.7

续表

年份	企业	政府	住户	合计
2011	94 169.6	90 203.2	285 772.6	470 145.4
2012	95 731.3	101 301.1	321 399.2	518 431.5
2013	115 167.6	110 376.0	357 113.4	582 656.9

数据来源：根据各年《中国统计年鉴》中"国民经济核算"模块整理。

表3-4 主体部门的可支配总收入格局（结构） %

年份	企业	政府	住户	合计
2000	17.9	14.5	67.5	100
2001	18.9	15.0	66.1	100
2002	19.3	16.2	64.4	100
2003	19.9	16.1	64.0	100
2004	22.5	16.4	61.1	100
2005	21.6	17.6	60.8	100
2006	21.5	18.2	60.3	100
2007	22.1	19.0	58.9	100
2008	22.7	19.0	58.3	100
2009	21.2	18.3	60.5	100
2010	21.2	18.4	60.4	100
2011	20.0	19.2	60.8	100
2012	18.5	19.5	62.0	100
2013	19.8	18.9	61.3	100

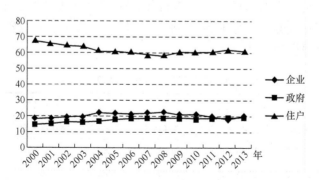

图3-2 中国主体部门的可支配总收入格局（%）

三、居民部门初次分配总收入和可支配总收入占比变动分析

2000—2013 年，由于居民部门初次分配总收入增长速度低于同期国民总收入增长速度，直接导致居民部门初次分配总收入占国民总收入比重由 2000 年的 67.2% 下降到 2008 年的 58.7%，这一下降趋势在 2009 年有所逆转。

居民部门初次分配总收入构成及其变动速度见表 3-5 和表 3-6。居民部门初次分配总收入主要由劳动者报酬、营业盈余总额和财产性净收入构成。其中，劳动者报酬是居民部门初次分配总收入的主要来源，2000—2013 年平均占比为 81.3%；其次是营业盈余总额，2000—2013 年平均占比为 15.0%；财产性净收入占比较低，2000—2013 年平均占比为 3.5%。

作为居民部门初次分配总收入的主要来源，2000 年以来，居民部门劳动者报酬年均增长 14.4%，低于国民总收入年均增长 14.7% 的水平，导致居民部门劳动者报酬占国民总收入的比重逐年下降。图 3-3 显示，居民部门劳动者报酬占国民总收入的比重 2000 年为 53.3%，2011 年为 47.5%，下降 5.8 个百分点，2012 年和 2013 年出现持续回升，2013 年占比达到 51.3%。居民部门营业盈余收入和财产性收入增长率波动较大。2000—2013 年，居民部门营业盈余总额和财产性净收入年均增长率分别为 10.1% 和 16.5%，尤其是财产性净收入增长速度快于国民总收入。但是，由于财产性净收入占居民部门初次分配总收入比重还很低，并不能改变居民部门初次分配总收入占国民总收入比重持续下降的局面。当前居民部门财产性净收入比重较低的原因是，居民投资渠道狭窄和不畅。依据 2013 年资金流量表计算得到：2012 年利息净收入占居民部门财产性净收入比重高达 76.4%，红利占比 12.1%，可见银行储蓄仍然是居民的主要金融投资渠道，以股市和债券市场为主要形式的直接投资渠道不畅且投资风险较大，制约了居民投资的选择。

表 3-5　居民部门初次分配总收入构成

年份	总量（亿元）			占比（%）		
	劳动者报酬	营业盈余总额	财产性净收入	劳动者报酬	营业盈余总额	财产性净收入
2000	52 242.9	11 619.4	1 948.8	79.4	17.6	3.0
2001	57 529.8	11 799.5	1 919.3	80.8	16.6	2.6
2002	64 501.5	10 258.9	2 041.2	84.0	13.4	2.6

续表

年份	总量（亿元）			占比（%）		
	劳动者报酬	营业盈余总额	财产性净收入	劳动者报酬	营业盈余总额	财产性净收入
2003	71 735.7	12 531.8	2 245.0	82.9	14.5	2.6
2004	80 950.7	13 827.7	2 711.2	83.0	14.2	2.8
2005	93 148.0	16 102.0	3 267.1	82.8	14.3	2.9
2006	106 369.0	19 514.3	5 531.6	81.1	14.9	4.0
2007	127 918.9	23 748.1	7 138.3	80.6	15.0	4.4
2008	150 511.7	26 753.8	8 129.9	81.2	14.4	4.4
2009	166 957.9	31 722.1	7 864.0	80.8	15.4	3.8
2010	190 869.5	42 724.1	8 270.9	78.9	17.7	3.4
2011	222 423.8	51 335.4	10 523.6	78.2	18.1	3.7
2012	256 563.9	49 815.3	13 083.2	80.3	15.6	4.1
2013	298 966.1	40 625.6	14 168.1	85.5	9.5	5.0

数据来源：根据各年《中国统计年鉴》中"国民经济核算"模块整理和计算。

表3-6　居民部门初次分配总收入及其构成的增长率　　　　　%

年份	劳动者报酬	营业盈余总额	财产净收入	初次分配总收入	国民总收入
2001	10.1	1.6	-1.5	8.3	10.3
2002	12.1	-13.1	6.3	7.8	10.2
2003	11.2	22.2	10	12.6	13.3
2004	12.8	10.3	20.8	12.7	18.1
2005	15.1	16.4	20.5	15.4	15.2
2006	14.2	21.2	60.1	16.5	17.6
2007	20.3	21.7	36.4	21.1	23.4
2008	17.7	12.7	13.9	16.7	18.6
2009	10.9	18.6	-3.3	11.4	7.7
2010	14.3	34.7	5.2	17.1	17.5
2011	16.5	20.2	27.2	17.5	17.2
2012	15.3	-3.0	24.3	32.1	12.4
2013	16.5	-18.4	8.3	10.7	12.5

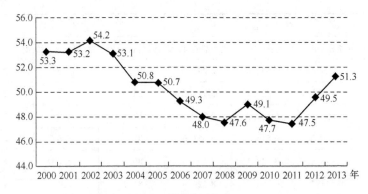

图3-3　居民部门劳动者报酬占国民总收入比重（%）

　　2000—2013年，居民部门可支配总收入增长速度亦低于同期国民可支配总收入增长速度，居民部门可支配总收入占国民可支配总收入比重由2000年的67.5%下降到2008年的58.3%。居民部门可支配总收入结构见表3-7和表3-8。居民部门再分配总收入的主要来源是社会保障福利、社会补助收入和其他收入（保险索赔、来自国外的汇款等）。2001—2009年，居民部门可支配总收入年均增长率13.8%，比同期国民可支配总收入年均增长率低1.1个百分点。其中，居民部门初次分配总收入和居民部门经常转移净收入分别增长13.8%和12.5%，两者占国民可支配收入的比重分别由2000年的66.8%和0.7%快速回落到2011年的60.5%和0.3%，2012年回升到61.6%和0.4%，2013年分别为60.7%和0.6%。可见，居民部门可支配总收入占国民可支配收入的比重持续下降，一方面是因为居民部门初次分配总收入比重的持续下降，另一方面是因为居民部门经常转移净收入比重较低且基本保持不变。居民经常性转移净收入增长缓慢甚至出现负增长，主要是因为随着居民收入水平的快速提高，居民交纳的个人所得税和社会保险大幅增长，并超过其获得的社会保险福利、社会补助和其他收入的增幅。2000—2013年，居民上交的收入税和社会保险缴款年均增长率分别为19.4%和21.3%，同期居民部门获得的社会保险福利、社会补助年均增长率分别为21.1%和19.6%。

表 3 - 7　居民部门可支配总收入构成　　亿元

年份	初次分配总收入	经常转移净收入	经常转移净收入组成，其中：					可支配总收入
			收入税	社会保险缴款	社会保险福利	社会补助	其他	
2000	65 811.0	727.7	- 659.6	- 2 321.5	2 385.6	980.6	342.7	66 538.7
2001	71 248.7	616.6	- 995.3	- 2 741.3	2 748.0	1 160.6	444.6	71 865.3
2002	76 801.6	621.8	- 1 211.8	- 3 483.6	3 471.5	1 164.8	680.9	77 423.3
2003	86 512.5	756.0	- 1 418.0	- 4 324.9	4 016.4	1 519.9	962.7	87 268.4
2004	97 489.7	1 019.2	- 1 737.1	- 5 167.7	4 627.4	2 020.7	1 275.9	98 508.9
2005	112 517.1	393.1	- 2 094.9	- 6 307.1	5 400.8	2 241.9	1 152.4	112 910.2
2006	131 114.9	311.5	- 2 453.7	- 7 682.8	6 477.4	2 807.8	1 162.8	131 426.4
2007	158 805.3	- 246.6	- 3 185.6	- 9 593.4	7 887.9	3 364.6	1 279.9	158 558.6
2008	185 395.4	530.9	- 3 722.3	- 12 135.3	9 925.1	5 156.9	1 306.5	185 926.3
2009	206 544.0	758.3	- 3 949.3	- 14 420.9	12 302.6	6 246.0	579.9	207 302.4
2010	241 864.5	1 257.2	- 4 837.3	- 17 339.6	16 207.2	6 137.5	1 089.3	243 121.7
2011	284 282.9	1 489.6	- 6 054.1	- 21 801.2	20 363.9	7 588.8	1 392.2	285 772.6
2012	319 462.4	1 936.8	- 6 163.6	- 25 061.6	23 930.7	8 708.3	523	321 399.2
2013	353 759.9	3 353.5	- 6 603.2	- 28 567.8	28 743.9	10 091.0	- 310.4	357 113.4

数据来源：根据各年《中国统计年鉴》中"国民经济核算"模块整理。

表 3 - 8　居民部门可支配总收入构成及其占国民可支配总收入比重　%

年份	初次分配总收入	经常转移净收入	收入税	社会保险缴款	社会保险福利	社会补助	其他
2000	66.8	0.7	- 0.7	- 2.4	2.4	1.0	0.4
2001	65.5	0.6	- 0.9	- 2.5	2.5	1.1	0.4
2002	63.9	0.5	- 1.0	- 2.9	2.9	1.0	0.6
2003	63.4	0.6	- 1.0	- 3.2	2.9	1.1	0.7
2004	60.4	0.6	- 1.1	- 3.2	2.9	1.3	0.8
2005	60.6	0.2	- 1.1	- 3.4	2.9	1.2	0.6
2006	60.1	0.1	- 1.1	- 3.5	3.0	1.3	0.5
2007	59.0	- 0.1	- 1.2	- 3.6	2.9	1.3	0.5

续表

年份	初次分配总收入	经常转移净收入	收入税	社会保险缴款	社会保险福利	社会补助	其他
2008	58.1	0.2	-1.2	-3.8	3.1	1.6	0.4
2009	60.3	0.2	-1.2	-4.2	3.6	1.8	0.2
2010	60.1	0.3	-1.2	-4.3	4.0	1.5	0.3
2011	60.5	0.3	-1.3	-4.6	4.3	1.6	0.3
2012	61.6	0.4	-1.2	-4.8	4.6	1.7	0.1
2013	60.7	0.6	-1.1	-4.9	4.9	1.7	-0.5

第二节　居民部门及不同分组居民收入来源的构成分析

收入初次分配是国民总收入的形成及其在政府、企业和居民等机构部门之间的分配；收入再分配是通过税收、政府支出、社会保障等手段在机构部门之间进行经常转移，最终形成各个部门的可支配总收入。

一、居民部门可支配总收入来源构成分析

基于2000—2013年资金流量表对中国居民部门可支配总收入的来源及构成进行测算，结果如表3-9所示。

表3-9　居民部门可支配总收入来源及构成

年份	可支配收入 总额（亿元）	劳动者报酬 总额（亿元）	劳动者报酬 比重（%）	总营业盈余 总额（亿元）	总营业盈余 比重（%）	财产性净收入 总额（亿元）	财产性净收入 比重（%）	转移性净收入 总额（亿元）	转移性净收入 比重（%）
2000	66 538.7	52 242.9	78.5	11 619.3	17.5	1 948.8	2.9	727.7	1.1
2001	71 865.3	57 529.8	80.1	11 799.6	16.4	1 919.3	2.7	616.6	0.8
2002	77 423.3	64 501.5	83.3	10 258.9	13.3	2 041.2	2.6	621.8	0.8
2003	87 268.4	71 735.7	82.2	12 531.8	14.4	2 245.0	2.6	756.0	0.8
2004	98 508.9	80 950.7	82.2	13 827.7	14.0	2 711.2	2.8	1 019.2	1.0
2005	112 910.2	93 148.0	82.5	16 102.0	14.3	3 267.1	2.9	393.1	0.3
2006	131 426.4	106 369.0	80.9	19 514.3	14.9	5 231.6	4.0	311.5	0.2

续表

年份	可支配收入	劳动者报酬		总营业盈余		财产性净收入		转移性净收入	
	总额 （亿元）	总额 （亿元）	比重 （％）	总额 （亿元）	比重 （％）	总额 （亿元）	比重 （％）	总额 （亿元）	比重 （％）
2007	158 558.6	127 918.9	80.7	23 748.1	15.0	7 138.3	4.5	−246.6	−0.2
2008	185 926.3	150 511.7	81.0	26 753.8	14.3	8 130.0	4.4	530.9	0.3
2009	207 302.4	166 957.9	80.5	31 722.1	15.3	7 864.0	3.8	758.3	0.4
2010	243 121.7	190 869.5	78.5	42 724.2	17.6	8 270.9	3.4	1 257.2	0.5
2011	285 772.6	222 423.8	77.8	51 335.4	18.0	10 523.7	3.7	1 489.6	0.5
2012	321 399.2	256 563.9	79.8	49 815.3	15.5	13 083.2	4.1	1 936.8	0.6
2013	357 113.4	298 966.1	83.7	40 625.6	11.4	14 168.1	4.0	3 353.5	0.9

数据来源：根据各年《中国统计年鉴》中"国民经济核算"模块整理。

资金流量表显示，经过收入初次分配和再分配两个环节后，居民部门的可支配总收入有四个来源：劳动者报酬、总营业盈余、财产性净收入和转移性净收入。表3－9数据显示：2000年以来，中国居民部门可支配总收入的各项来源都呈现绝对上升趋势，但是各项来源在可支配总收入中的占比却呈现不同的变化规律。

表3－9数据显示：当前居民部门可支配总收入来源构成中，劳动者报酬仍是居民可支配总收入的主要来源。观察图3－4发现，2002—2011年，劳动者报酬在居民部门可支配总收入中的占比呈下降走势，2012年和2013年出现持续大幅回升。具体看，2000—2002年，劳动者报酬在居民部门可支配总收入中的占比有过短暂上升，由78.5%上升至83.3%；2002年之后便呈现缓慢而持续的下降趋势，2011年达到77.8%的最低点；2012年回升到79.8%，2013年上升到83.7%，达到2000年以来的最高水平。劳动者报酬

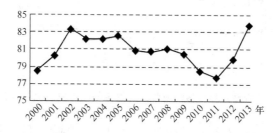

图3－4　劳动者报酬占居民部门可支配总收入的比重（％）

作为居民部门可支配总收入的主要来源，其占比的持续下降不利于改善居民部门在国民收入分配格局中的地位，这一问题至 2012 年开始出现扭转。

总营业盈余包括农户和城镇个体经营户的营业利润和固定资产折旧，是居民部门可支配总收入的第二大来源，2004—2011 年（2008 年除外），其在居民部门可支配总收入中的占比在 15% 左右波动，如图 3 - 5 所示，总营业盈余占居民部门可支配总收入的比重呈上升趋势，由 14.0% 上升到 18.0%；2012 年和 2013 年出现大幅下降，2012 年下降到 15.5%，2013 年下降到 11.4%。

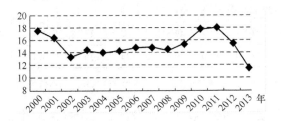

图 3 - 5　总营业盈余占居民部门可支配总收入的比重（%）

财产收入包括利息收入、红利收入和归属于居民的保险准备金投资收益；财产支出主要包括利息支出和缴纳的资源税。收支相抵后的余额就是居民部门财产净收入。如图 3 - 6 所示，财产净收入在居民部门可支配总收入中的占比并不高，但呈现一定上升趋势，从 2000 年的 2.9% 上升到 2013 年的 4.0%。目前，中国居民财产收入来源比较单一，利息净收入占财产净收入 70% 以上，收入渠道单一，一定程度上抑制了居民部门财产收入的提高。

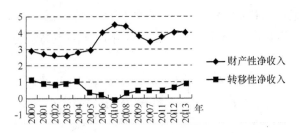

图 3 - 6　财产性净收入和转移性净收入占居民部门可支配总收入的比重（%）

居民经常转移收入包括社会保险福利、财产险赔付等收入、社会救助、从国外获得的经常转移收入等；经常转移支出包括缴纳的个人所得税、社会保险缴款、财产险保费支出以及对国外的经常转移支付等。收支相抵后的净额即为转移性净收入。转移性净收入在居民部门可支配总收入中的占比还很低，且 2007 年之前呈下降趋势；2008 年转移性收入在居民部门可支配总收入中的占比有所回升，2012 年也仅为 0.6%，表明在收入再分配环节政府对居民部门的转移力度有限，甚至相对较弱。

二、不同收入分组居民收入来源构成及其差异性分析

由于国家统计局没有公布城镇不同收入分组居民的收入来源数据，这里仅分析农村五等分组居民收入来源构成及其差异性，数据见表 3－10。

表 3－10 数据显示，2003—2012 年，不同收入分组农村居民人均纯收入都保持了较快增长，低收入户的人均纯收入年均增长率最低，为 11.6%；其他各收入户年均增长速度在 13% ~13.6%，未来一段时间提高低收入户居民收入水平是缩小中国居民收入差距的关键举措。2003 年，家庭经营纯收入是农村居民收入的主要来源，各收入分组人均纯收入中家庭经营纯收入平均占比 60.6%；其次是工资性收入，各收入分组人均纯收入中工资性收入平均占比为 34.1%。2012 年，家庭经营纯收入的绝对性地位不断弱化，工资性收入和家庭经营纯收入一起成为农村居民纯收入的两大主要来源，各收入分组人均纯收入中家庭经营纯收入平均占比下降到 43.7%，较 2003 年下降 16.9 个百分点；工资性收入平均占比提高到 44.2%，较 2003 年上升 10.1 个百分点。2003—2012 年，各收入分组转移性收入、工资性收入的增长速度最快，年均增长速度分别为 27.1% 和 16.2%，远高于工资性收入和经营纯收入的增长速度。尽管如此，财产性收入和转移性收入在农村居民人均纯收入中占比依然很低，2012 年占比分别为 2.6% 和 9.5%。

表 3－10 农村五等分组居民人均纯收入及其构成

2003 年（元）				
指标	平均每人纯收入	工资性收入	家庭经营纯收入	财产性收入	转移性收入
低收入户	865.9	233.2	590.4	14.7	27.6
中等偏下户	1 606.5	483.2	1 057.5	22.5	43.3
中等收入户	2 273.1	795.4	1 380.1	34.5	63.1
中等偏上户	3 206.8	1 218.1	1 833.9	54.3	100.5
高收入户	6 346.8	2 574.7	3 238.3	245.9	287.9

续表

指标	平均每人纯收入	工资性收入	家庭经营纯收入	财产性收入	转移性收入
2012 年（元）					
低收入户	2 316.2	993.4	937.7	52.7	332.4
中等偏下户	4 807.5	2 053.8	2 216.2	84.8	452.7
中等收入户	7 041.0	3 196.4	3 124.7	143.2	576.7
中等偏上户	10 142.1	4 789.2	4 330.4	236.7	785.8
高收入户	19 008.9	8 109.6	8 500.1	885.3	1 513.9
2003—2012 年年均增长率（%）					
低收入户	11.6	17.5	5.3	15.3	31.9
中等偏下户	13.0	17.4	8.6	15.9	29.8
中等收入户	13.4	16.7	9.5	17.1	27.9
中等偏上户	13.6	16.4	10.0	17.8	25.7
高收入户	13.0	13.6	11.3	15.3	20.3
2003 年各收入来源占比（%）					
低收入户	100	26.9	68.2	1.7	3.2
中等偏下户	100	30.1	65.8	1.4	2.7
中等收入户	100	35.0	60.7	1.5	2.8
中等偏上户	100	38.0	57.2	1.7	3.1
高收入户	100	40.6	51.0	3.9	4.5
2012 年各收入来源占比（%）					
低收入户	100	42.8	40.5	2.3	14.4
中等偏下户	100	42.7	46.1	1.8	9.4
中等收入户	100	45.4	44.4	2.0	8.2
中等偏上户	100	47.3	42.7	2.3	7.7
高收入户	100	42.7	44.6	4.7	8.0

数据来源：根据各年《中国统计年鉴》中"人民生活"模块整理得到。

注：国家统计局未公布 2013 年此项数据。

进一步分析农村各收入分组居民收入来源构成的差异性。图 3-7 显示，2003—2006 年，农村居民收入分组的收入水平越高，工资性收入占人均纯收入比重也越高；2004 年以来，高收入户工资性收入在人均纯收入中的占比基本平稳，近几年微升；其他收入户居民工资性收入占比均持续上升，2012 年各收入户中工资性收入占比均高于高收入户；不同收入户人均纯收入中工资性收入占比差异性越来越小。图 3 - 8 显示，2003 年以来，各收入户家庭经营纯收入在人均纯收入中的占比均持续下降，低收入户从 68.2% 下降到 40.5%，下降最多；高收入户从 51.0% 下降到 44.7%，下降幅度最小；不同收入户人均纯收入中家庭经营收入占比差异性越来越小。图 3 - 9 显示，各收入户财产性收入在人均纯收入中占比都很低，呈现微弱上升趋势。在各收入户中，高收入户财产性收入在人均纯收入中占比最高，其他收入户人均纯收入中财产性收入占比差异较小。图 3 - 10 显示，2003 年以来，各收入户转移性收入在人均纯收入中占比持续提高，低收入户和中低收入户提高最多，分别从 2003 年的 3.2% 和 2.7% 提高到 2012 年 14.4% 和 9.4%。

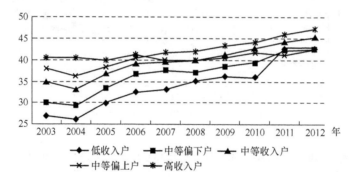

图 3 - 7　农村各收入分组工资性收入占人均纯收入比重变化（%）

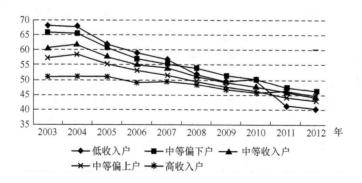

图 3 - 8　农村各收入分组家庭经营纯收入占人均纯收入比重变化（%）

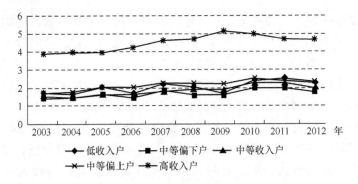

图 3 - 9　农村各收入分组财产性收入占人均纯收入比重变化（%）

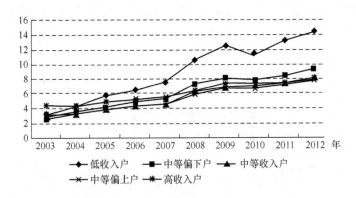

图 3 - 10　农村各收入分组转移性收入占人均纯收入比重变化（%）

　　随着中国经济持续快速增长，居民收入来源多样化，工资性收入、家庭经营纯收入、财产性净收入和转移性净收入在农村居民人均纯收入中的比重不断发生变化，低收入户人均纯收入中转移性收入占比不断提高，对收入提高作用不断凸显；高收入户人均纯收入中财产性收入占比具有优势；各收入户的工资性收入和家庭经营纯收入占比逐渐趋同。

　　但仍需注意的是，不同收入分组间各收入来源绝对收入差距还较大，虽然低收入户人均纯收入中转移性收入占比远高于其他收入户，但 2012 年农村低收入户、中等偏下户、中等收入户、中等偏上户和高收入户获得的人均转移性收入分别为 332. 39 元、452. 74 元、576. 70 元、785. 83 元和 1 513. 87元，高收入户的转移性收入水平远高于低收入户，后者是前者的 4. 55 倍。截至 2012 年数据看，收入再分配政策在农村内部高低收入群体之间还存在一定的逆向调节作用。2003—2012 年，低收入户、中等偏下

户、中等收入户、中等偏上户和高收入户人均转移性收入的年均增长速度
分别为 31.9%，29.8%，27.9%，25.7%，20.3%，低收入户比高收入户
高 11.6 个百分点，即转移性收入增长速度与收入水平呈现负相关，收入水
平越高，转移性收入的增长速度越低。从这个意义上看，转移性收入的逆
向调节作用也会越来越弱，收入再分配政策的调节功能正在不断优化。

第三节　中国收入差距整体状况分析

改革开放以来，在工业化、城市化、国际化带动下，中国经济一直保
持高速增长，2014 年人均 GDP 接近 8 000 美元。城乡居民收入大幅提高，
居民生活质量得到明显改善，但城乡之间、区域之间、行业之间、部门之
间和居民内部收入差距问题不断凸显，收入分配不公问题越来越受到各级
政府和社会各阶层的广泛关注。

一、城乡居民收入差距

以城镇居民人均可支配收入相当于农村居民人均纯收入的倍数来反映
城乡居民收入差距，图 3 - 11 显示了 2003—2014 年中国城乡居民收入比值
变化。2003—2007 年城乡居民收入比值持续上升；2008 年之后城乡居民收
入比值持续下降。可见，2008 年之后，城乡居民相对收入差距持续快速缩
小，即收入差距扩大的速度持续放慢。

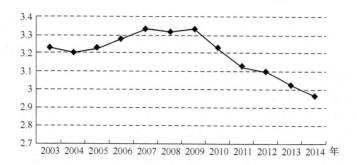

图 3 - 11　2003—2014 年中国城乡居民收入比值

二、区域收入差距

区域间收入差距分别用不同地区居民人均可支配收入或人均纯收入比
值反映，表 3 - 11 显示了 2005—2013 年中国东部和中部地区与西部地区居

民人均收入比值。2008 年，中国区域间城镇和农村居民相对收入差距都开始缩小，即收入差距扩大的速度开始持续放慢，2013 年达到最低。

表 3 – 11　地区间居民人均可支配收入差距

年份	东西部地区人均收入比		中西部地区人均收入比	
	城镇居民 人均可支配收入比	农村居民 人均纯收入比	城镇居民 人均可支配收入比	农村居民 人均纯收入比
2005	1.52	1.98	1.00	1.24
2006	1.54	2.00	1.02	1.27
2007	1.50	1.93	1.03	1.27
2008	1.48	1.88	1.02	1.27
2009	1.47	1.87	1.01	1.26
2010	1.47	1.84	1.00	1.25
2011	1.45	1.83	1.00	1.24
2012	1.44	1.79	1.00	1.23
2013	1.43	1.76	1.00	1.23

数据来源：根据各年《中国统计年鉴》中"人民生活"模块整理得到。

三、行业收入差距

中国各行业在岗职工平均工资水平均有不同程度增长，增长水平差异较大。高于全国平均工资的行业主要是垄断行业和技术含量较高的新兴行业，这样的行业多见于金融业，电力、燃气及水的生产和供应业，交通运输、仓储和邮政业，信息传输、计算机服务和软件业，科学研究、技术服务和地质勘查业，等等；低于全国平均工资的行业则主要是传统行业和充分竞争行业，这些行业多见于农林牧渔业，制造业，批发和零售业，建筑业，住宿和餐饮业等，行业特征影响着行业收入水平。行业收入差距用历年平均工资最高行业与平均工资最低行业比值反映，2003 年以来，金融业职工平均工资一直位居第一，农林牧渔业一直位居最后，两个行业的平均工资比值如图 3 – 12 所示。2003—2008 年，行业收入差距持续快速扩大，2008—2014 年，行业收入差距不断缩小，2014 年金融业与农林牧渔业平均工资比值为 3.82。

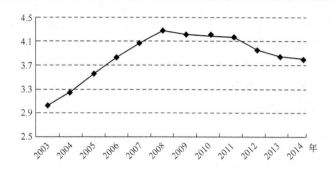

图 3 − 12　平均工资最高行业与平均工资最低行业工资比值

四、不同经济类型行业收入差距

近年来，中国国有经济单位、集体经济单位和其他经济单位（不含私营企业和个体户）的在岗职工平均工资均有不同程度的增长。下面分别选取平均工资排在前三位和后三位的行业，比较其平均工资分别在三种经济类型单位中的比值。表 3 − 12 数据显示，2007—2013 年，金融业、住宿和餐饮业、农林牧渔业经济类型单位平均工资比值一直在缩小，收入差距持续缩小；2007—2011 年，信息传输、计算机服务和软件业与科学研究、技术服务和地质勘查业不同经济类型单位平均工资比值在缩小，2012 年以后有所反弹；批发和零售业不同经济类型单位平均工资比值变化不大。总的看，不同经济类型单位的行业收入差距在缩小。

表 3 − 12　相同行业在不同经济类型中的工资比（其他：国有：集体）

年份	金融业	信息传输、计算机服务和软件业	科学研究、技术服务和地质勘查业	批发和零售业	住宿和餐饮业	农林牧渔业
2006	2.4 : 1.7 : 1	2.2 : 1.4 : 1	1.7 : 1.3 : 1	2.1 : 2.0 : 1	1.4 : 1.3 : 1	1.3 : 1.0 : 1
2007	2.5 : 1.8 : 1	2.3 : 1.5 : 1	2.0 : 1.4 : 1	2.1 : 2.0 : 1	1.4 : 1.3 : 1	1.3 : 1.0 : 1
2008	2.5 : 1.8 : 1	2.3 : 1.4 : 1	2.0 : 1.4 : 1	2.1 : 2.1 : 1	1.3 : 1.3 : 1	1.3 : 1.0 : 1
2009	2.3 : 1.6 : 1	2.2 : 1.4 : 1	1.9 : 1.4 : 1	2.0 : 2.1 : 1	1.3 : 1.3 : 1	1.2 : 1.0 : 1
2010	2.1 : 1.6 : 1	2.0 : 1.3 : 1	1.8 : 1.4 : 1	2.0 : 2.2 : 1	1.3 : 1.3 : 1	1.1 : 1.0 : 1
2011	1.7 : 1.4 : 1	1.7 : 1.4 : 1	1.6 : 1.4 : 1	2.1 : 2.1 : 1	1.2 : 1.2 : 1	1.2 : 1.0 : 1
2012	1.6 : 1.3 : 1	2.3 : 1.5 : 1	1.8 : 1.4 : 1	2.1 : 2.1 : 1	1.1 : 1.2 : 1	1.2 : 1.0 : 1
2013	1.6 : 1.2 : 1	2.4 : 1.5 : 1	1.7 : 1.3 : 1	1.9 : 2.1 : 1	0.8 : 0.9 : 1	1.3 : 1.0 : 1

数据来源：根据各年《中国统计年鉴》中"就业和工资"模块整理得到。

　　进一步计算不同经济类型单位内部平均工资最高的行业与最低行业的工资绝对值之比（见图 3 – 13）。图 3 – 13 显示，2008 年以后，国有和其他单位的最高行业与最低行业工资比值呈现下降趋势，两类型经济单位内部收入差距有所缩小；集体单位的比值不断增大，该类型单位收入差距有所扩大，但不是很突出。

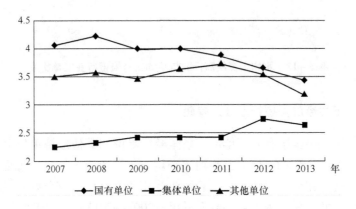

图 3 – 13　不同经济类型单位中最高行业工资与最低行业工资比值

　　为了保持基尼系数计算数据口径的一致性，图 3 – 14 显示国家统计局公布的 2003—2014 年中国基尼系数状况。按照国际机构确定的基尼系数标准，2003 年以来，中国基尼系数一直在 0.4 ~ 0.5，从 2003 年的 0.479 到 2014 年的 0.469，下降了 0.01，但其间有一定波动。2003—2008 年，中国基尼系数总体上呈现上升趋势，2008 年达到 0.491；2008—2014 年，中国基尼系数呈现下降趋势。可见，2009 年以来，中国居民收入差距总体呈现递减趋势。

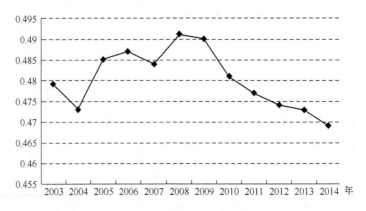

图 3 – 14　2003—2014 年中国基尼系数

通过上述分析可见，近年来，中国城乡居民之间、不同地区之间、不同行业之间和不同经济类型单位之间相对收入差距均呈现缩小趋势，2008年以来，中国收入差距持续扩大的局面得到遏制，居民收入分配状况出现好转势头。可以预见，在现有的收入分配政策不变或进一步强化条件下，中国居民相对收入差距持续缩小、收入分配格局好转的局面会继续延续下去。

第四章 中国城乡居民收入差距现状及演变过程研究

中国城乡居民收入差距持续扩大是个不争的事实，但由于采取的测度方法和使用的数据不同，学者对中国城乡居民收入差距现状的看法不一，甚至有学者认为，中国城乡居民收入差距问题全球最严重。在第二章城乡居民收入差距测度理论及方法研究基础上，本章主要对中国城乡居民收入差距现状及其演变过程进行测度和分析。

第一节 城乡、城乡人口及城乡居民收入的统计划分标准

在对中国城乡居民收入差距状况进行测度分析之前，理解中国城乡、城乡人口及城乡居民收入的界定标准尤为必要。

一、中国城乡的划分标准

城市、城镇、农村和乡村概念都是表述中国社会区域的基本概念，只有正确理解和把握这些概念的内涵和外延，才能正确使用这些概念。在中国，对城市、城镇、农村和乡村的划分标准经历了一个发展过程，相关统计数据也随着标准的变化不断调整。

（一）城乡划分标准的发展背景

对城市、城镇、农村、乡村概念的认识有一个过程。1955 年，国务院颁布了《国务院关于城乡划分标准的规定》，该规定首次从计划、统计和业务核算的角度，对中国城镇和乡村进行划分。随后，国务院又陆续出台了有关设市标准和设镇标准的规定。根据国务院的有关规定，国家统计局对中国城市人口和乡村人口的统计口径做了相应的调整。20 世纪 80 年代以后，中国城镇的产业结构和人口结构都发生了很大变化。国务院分别于1984 年 11 月和 1986 年 4 月批转了民政部《关于调整建镇标准的报告》和《关于调整设市标准和市领导县条件的报告》，对以前的市镇建制标准做了较大的放宽。两个报告实施以后，各地大量地撤县设市、撤乡建镇，全国市镇数量大幅度增加。按照新调整的行政区划进行测算，中国城镇人口高

达 75%，与中国的实际情况有较大的出入。国务院批转民政部的两个报告后，国家统计局没有及时对城乡划分标准进行修订。一些部门和专业根据本部门、本专业的需要，自行对城乡划分标准做了调整，还有些部门和专业仍沿用原来的城乡划分标准。因此，造成中国城乡划分标准不统一，有关城乡划分的统计数据混乱、交叉。为了在统计上统一城乡划分标准，以满足第五次全国人口普查和各部门、各专业统计上的需要，民政部、国家统计局于 1998 年年底联合向国务院报送了《关于统计上制定城乡划分统计标准的请示》报告。国务院领导批复并同意由国家统计局牵头，民政部、建设部、公安部、农业部和财政部参加，联合制定统计上使用的城乡划分统计标准。国家统计局于 1999 年印发了《关于统计上划分城乡的规定（试行）》。

为了科学、真实地反映中国现阶段城乡人口、社会和经济发展情况，准确评价中国的城镇化水平，统一各专业统计城乡划分口径，2008 年，国家统计局再次对 1999 年印发的《关于统计上划分城乡的规定（试行）》进行了修订，2008 年 7 月经国务院批复①。

（二）当前统计上划分城乡的规定

2008 年经国务院批复的《统计上划分城乡的规定》中，对城乡的划分不改变现有的行政区划、隶属关系、管理权限和机构编制，而是以中国的行政区划为基础，以民政部门确认的居民委员会和村民委员会辖区为划分对象，以实际建设②为划分依据，将中国的地域划分为城镇和乡村。

城镇包括城区和镇区。城区是指在市辖区和不设区的市、区、市政府驻地的实际建设连接到的居民委员会和其他区域。镇区是指在城区以外的县人民政府驻地和其他镇，政府驻地的实际建设连接到的居民委员会和其他区域。与政府驻地的实际建设不连接，且常住人口在 3 000 人以上的独立工矿区、开发区、科研单位和大专院校等特殊区域及农场、林场的场部驻地视为镇区。乡村是指本规定划定的城镇以外的区域。

对《统计上划分城乡的规定》（2008）进行深入解读后，我们必须从以下几个方面理解城市、城镇、农村和乡村等概念。

第一，在本规定中，城市主要是指经国务院批准设市建制的城市市

---

① 此规定是国务院于 2008 年 7 月 12 日国函〔2008〕60 号批复，从 2008 年 8 月 1 日开始执行。有关具体划分标准的表述，参看附录 1。

② 实际建设是指已建成或在建的公共设施、居住设施和其他设施。

区，包括：设区市的市区和不设区市的市区；镇主要是指经批准设立的建制镇的镇区。

第二，在本规定中，城镇包括城市和镇。城镇和城市是从属关系。城镇是大概念，城市是小概念；城镇包括城市，城市只是城镇的一部分；城镇除包括城市以外，还包括建制镇。

第三，在规定中，农村与乡村的概念是不通用的。农村与乡村也是从属关系。乡村是大概念，农村是小概念；乡村包括农村，农村是乡村的一部分；乡村除包括农村以外，还包括非建制镇的集镇。

第四，在本规定中，城市的范围存在着复杂情况。当城市的市区延伸到镇的部分地区的情况下，城市又包括镇的全部行政区域；甚至当城市的市区延伸到乡的部分地域的情况下，城市还包括这些乡的全部行政区域；镇和乡的全部行政区域，应该还有村，因而在这种情况下的城市，还包括村；当市辖区人口密度在1 500人/平方公里及以上时，市区就为区辖全部行政区域，也包括镇（乡）和村。

第五，在规定中，镇的范围也存在复杂情况。当镇的镇区延伸到村民委员会驻地时，其镇区还应包括该村民委员会的全部区域。

统计上与城乡相关的一些经济指标等都与此规定中城乡范围对应。

二、中国城乡人口的划分标准

人口数在统计学上指的是一定时点、一定地区范围内的有生命的个人的总和。当前，中国城镇和农村总人口数的定义有两种统计口径。

第一，户籍人口。户籍人口是指公民依照《中华人民共和国户口登记条例》已在其经常居住地的公安户籍管理机关登记了常住户口的人。这类人口不管其是否外出，也不管外出时间长短，只要在某地注册有常住户口，则为该地区的户籍人口。户籍人口数一般是通过公安部门的经常性统计月报或年报取得的。在观察某地人口的历史沿革及变动过程时，通常采用这类数据。户籍人口包括有常住户口和未落常住户口的人，以及被注销户口的在押人员等。这里未落常住户口的人，理论上包括持出生、迁移、复员转业、劳改释放和解除劳教等证件，未落常住户口的人和城乡均无户口的人，以及户口情况不明且定居一年以上的流入人口，而在实际操作中这部分人无法被统计全。

第二，常住人口。常住人口是指实际居住在某地区满特定时间（例如在中国是半年，在日本一般是3个月）的人口总数。与户籍人口的不同之处在于，计算常住人口时，要将户籍人口扣除流出该地区达某特定时间以上（例如半年）的人口，再加上流入当地已经过特定时间（例如半年以上）的人口。

目前，中国每十年进行一次人口普查，每五年进行一次1%人口抽样，统计的都是常住人口。现在的《城市统计年鉴》《经济统计年鉴》都以常住人口为基础。外来人口多的城市，都是常住人口大于户籍人口。如《中国统计年鉴》公布的城镇人口是指居住在城镇范围内的全部常住人口，乡村人口是除上述人口以外的全部人口。

三、中国城乡居民的收入类指标

用传统测度方法和现代非参数测度方法测算城乡居民收入差距时，均需要使用城乡居民的"收入"或"消费"类指标。因此，本小节对城乡居民的收入类指标定义①进行分析，以便能更好地对城乡居民收入差距的各种测度方法及定量测算结果进行解读。

《中国统计年鉴》中的城镇和农村居民收入指标的调查对象，都是从常住性人口口径方面进行的。如城镇住户调查方案的调查对象为：户口在本地区的常住非农业户；户口在本地区的常住农业户；户口在外地，居住在本地区半年以上的非农业户；户口在外地，居住在本地区半年以上的农业户。包括单身户和一些具有固定住宅的流动人口。农村住户调查的调查对象为：农村常住户，包含的人口内容与城镇常住性人口一样。填报对象为农村常住户中的常住人口。

城乡居民各类收入指标主要有：城镇居民家庭全部收入、城镇居民家庭可支配收入、城镇居民家庭消费性支出、城镇居民家庭购买商品支出、农村居民家庭纯收入和农村居民家庭生活消费支出等。

（1）城镇居民家庭全部收入，指被调查城镇居民家庭（常住户）全部的实际收入，包括经常或固定得到的收入和一次性收入。不包括周转性收入，如提取银行存款、向亲友借款、收回借出款以及其他各种暂收款。

（2）城镇居民家庭可支配收入，指被调查的城镇居民家庭（常住户）在支付个人所得税、财产税及其他经常性转移支出后所余下的实际

---

① 此处关于各类指标的定义解释参考国家统计局网站，http：//www.stats.gov.cn/tjzd/tjzbjs/t20020327_14290.htm.

收入。

（3）城镇居民家庭消费性支出，指被调查的城镇居民家庭（常住户）用于日常生活的全部支出，包括购买商品支出和文化生活、服务等非商品性支出。不包括罚没、丢失款和缴纳的各种税款（如个人所得税、牌照税、房产税等），也不包括个体劳动者生产经营过程中发生的各项费用。

（4）城镇居民家庭购买商品支出，指被调查的城镇居民家庭为自用或赠送亲友而购买商品的全部支出，包括从商店、工厂、饮食业、工作单位食堂和集市，以及直接从农民手中购买各种商品的开支。商品支出分为八类：食品；衣着；家庭设备用品及服务；医疗保健；交通与通信；娱乐、教育、文化服务；居住；杂项商品和服务。

（5）农村居民家庭纯收入，指农村常住居民家庭总收入中，扣除从事生产和非生产经营费用支出、缴纳税款和上交承包集体任务金额以后剩余的，可直接用于进行生产性、非生产性建设投资、生活消费和积蓄的收入。农村居民家庭纯收入包括从事生产性和非生产性的经营收入，取自在外人口寄回、带回和国家财政救济、各种补贴等非经营性收入；既包括货币收入，又包括自产自用的实物收入。但不包括向银行、信用社和向亲友借款等借贷性的收入。

（6）农村居民家庭生活消费支出，指农村常住居民家庭用于日常生活的全部开支，是反映和研究农民家庭实际生活消费水平高低的重要指标。

国家统计局农调总队课题组（1994）认为，测度城乡居民收入差距比较理想的指标是城乡人均可支配收入比。其中，农村居民人均纯收入与城镇居民人均可支配收入基本是一致的，可以进行对比用来反映城乡居民收入差距；城镇居民家庭消费性支出和农村居民家庭生活消费支出的含义和口径较为一致，可以进行对比用来反映城乡居民的消费水平（消费性收入）差距。实际研究中，为了更精确地反映城乡居民收入水平或消费水平的差距，往往使用相应的"家庭人均"指标。国家统计局住户调查办公室从 2012 年四季度起实施城乡一体化住户收支与生活状况抽样调查，城乡居民统一使用人均可支配收入指标，对研究城乡居民收入差距问题非常有利。国家统计局公布的居民收入指标数据以 2013 年为分水岭，2012 年及以前分别开展城镇住户调查和农村住户调查并取得数据，2013 年及以后开展城乡一体化住户收支与生活状况调查并取得数据。

四、国家统计局住户调查数据来源及调查方法

（一）城镇住户调查数据来源及调查方法

2012 年以前，国家统计局城市司负责组织开展城镇住户调查。调查内容包括：家庭人口及其构成、家庭现金收支、主要商品购买数量及支出金额、劳动就业状况、居住状况和耐用消费品的拥有量等。调查对象在 2001 年以前为全国非农业住户，2002 至 2012 年改为全国城市市区和县城关镇区住户。

城镇住户调查采用分层随机抽样的方法确定。第一，按照城镇规模将全国所有省（自治区、直辖市）的城镇划分为三层：大中城市（地级和地级以上的城市）、县级市和县城（镇）。第二，按各层人口占全省（自治区、直辖市）人口的比例分配每层的样本量。第三，按城镇就业者年人均工资从高到低排队，依次计算各城镇人口累计数，然后根据样本量的大小随机起点等距抽取所需数量的调查。

城镇调查户的抽选工作分两步进行。第一步进行一次性的大样本调查；第二步从大样本调查中抽出一个小样本，作为经常性调查户，开展记账工作。大样本调查每三年进行一次，其目的主要是为经常性调查提供抽样框和为经常性调查数据评估提供基础资料。在大样本调查中，各调查市、县采取分层、二（多）阶段、与大小成比例（PPS 方法）的随机等距方法选取调查样本。即先按区分层，在层内按照 PPS 方法随机等距抽选调查社区（居委会），在抽中社区（居委会）内随机等距抽选调查住宅。部分大城市根据需要可以采用三阶段抽样，即先抽选社区（居委会），再抽选调查小区，最后抽选调查住宅。对选出的大样本或一相样本开展调查，取得调查户家庭人口、就业人口、收入等辅助资料，然后，根据这些资料进行分组，从中按比例抽出一个小样本也称二相样本，作为经常性调查户，开展日记账工作。每年轮换 1/3 的经常性调查户。截至 2012 年年底，参加国家汇总的调查样本量为 6.6 万户。

（二）农村住户调查数据来源及调查方法

2012 年以前，国家统计局农村司负责组织开展农村住户调查。主要内容包括：农村居民家庭基本情况、住房情况、收入、生活消费支出、主要食品消费量和耐用消费品拥有量等。

农村住户调查是以各省（自治区、直辖市）为总体，直接抽选调查村，在抽中村中抽选调查户。综合运用多种抽样方法确定住户调查网点。农村住户调查网点分布在全国 7 000 多个村，共抽取了 7.4 万个样本户。农村住户调查在 95% 的概率把握程度下要求抽样误差不得超过 ±3%。为保证农村住户调查资料的准确性，国家统计局农村司为调查户设置了现金和实物两本账，并聘请了近万名辅助调查员帮助做好记账工作，及时核实、汇总住户调查资料。

为解决调查户的厌烦情绪及样本老化问题，增强抽样调查网点的代表性，更加准确、及时地反映农村社会经济情况，对农村住户调查网点实行样本轮换制度，每五年为一个周期。

（三）城乡一体化住户收支与生活状况调查数据来源及调查方法

国家统计局住户调查办公室从 2012 年四季度起实施城乡一体化住户收支与生活状况抽样调查。主要内容包括：居民收入和消费情况，同时收集反映居民就业、社会保障参与、住房状况、家庭经营和生产投资以及收入分配影响因素等调查内容。

城乡一体化住户收支与生活状况调查是以各省（区、市）为总体，采用分层、多阶段、与人口规模大小成比例的概率抽样方法，随机抽选调查住宅，确定调查户。全国共抽选出 1 650 个县（市、区）的 1.6 万个调查小区，对抽中小区中的 200 多万个住户进行全面摸底调查，在此基础上随机等距抽选出约 16 万住户参加记账调查。定期对调查小区和调查住宅进行轮换。

城乡一体化住户收支与生活状况调查是在 95% 的置信度下，全国居民人均可支配收入的抽样误差小于 1%。主要是采用调查户记日记账的方式采集居民收支数据，同时辅之以统一的调查问卷，收集与收入支出有关的其他调查内容。所有调查工作由国家统计局派驻各地的调查队独立完成。由市县级调查队使用统一的方法和数据处理程序对原始调查资料进行编码、审核、录入，然后将分户基础数据直接传输至国家统计局进行统一汇总计算。

2013 年起，按照城乡一体化住户收支与生活状况调查制度，国家统计局每年收集 16 万调查户 12 个月的记账数据，在此基础上汇总计算出各年的全国居民可支配收入、城镇居民可支配收入、农村居民可支配收入等收支数据。

　　根据城乡一体化住户收支与生活状况调查，新口径的城镇和农村居民人均可支配收入等数据的覆盖人群的主要变化：一是计算城镇居民人均可支配收入时，分母包括了在城镇地区常住的农民工；计算农村居民人均可支配收入时，分母不包括在城镇地区常住的农民工。二是由本户供养的在外大学生视为常住人口。新口径的城镇居民和农村居民人均可支配收入及消费等指标口径变化主要是：计算城镇居民和农村居民人均可支配收入和消费支出时，包括自有住房折算租金。

第二节　中国城乡居民收入差距的多维度测度分析

　　城乡居民收入差距过大问题是我们必须正视的客观事实。在中国经济快速发展、城乡居民收入差距持续扩大的背景下，我们必须做到多角度正确测算城乡居民收入差距的现状。

　　本节依据各种统计测度方法的优缺点，并考虑到统计数据的可得性，首先从国民经济核算视角出发，测算居民部门收入总量在城乡居民之间的宏观分配；从城乡居民平均收入水平差距、城乡居民（十等分组）不同组间收入差距、城乡居民收入来源构成及不同来源收入差距、城乡居民收入分布差异及其演变等角度，对中国城乡居民收入差距及演变过程进行测度分析。

一、数据说明

　　文献综述显示，当前城乡居民收入差距估算主要存在两种偏差：第一，由于城乡间存在生活费用的差异，农村地区的物价水平低于城镇地区的物价水平，如不考虑价格因素，直接分析城乡居民收入水平差异，必定引起城乡居民收入差距一定程度的放大；第二，城镇居民人均可支配收入中享受的各种补贴、福利，以及一些制度外收入不能很好地统计全，且城乡居民收入数据均不包含自有住房租金收入等。2013 年起，按照城乡一体化住户收支与生活状况调查制度，新口径的城镇和农村居民人均可支配收入等数据包括了自有住房折算租金，且使用居民人均可支配收入指标代替之前的城镇居民人均可支配收入和农村居民人均纯收入两个指标。可见，相比城乡居民收入差距的估算方法，城乡居民收入的定义和数据显得更为重要。

　　本书使用的城乡居民收入数据有三个来源，国家统计局公布的资金流量表数据；国家统计局住户调查提供的城乡居民人均收入数据；中国营养和健康调查公布的城乡居民收入数据。其中，前两个数据来源在第三章第一节、本章第一节都做了详细介绍，这里不再赘述。下面仅对中国营养和健康调查公布的城乡居民收入数据进行介绍。

中国营养和健康调查（China Health and Nutrition Survey，CHNS）公布的城乡居民收入数据[①]，提供微观调查的个案收入数据且试图包含自有住房租金和各种补贴收入（数据缺失较多）。越来越多的学者逐渐开始使用此微观调查数据展开更广泛和深入的研究，但该调查范围有限，数据权威性有所欠缺。中国营养和健康调查是由美国北卡罗来纳大学卡罗来纳人口中心、美国营养与食品安全局和中国疾病预防控制中心联合进行的，分别于 1989 年、1991 年、1993 年、1997 年、2000 年、2004 年、2006 年、2009 年和 2011 年实施了九次大规模的调查访问。从中国营养和健康调查数据中可以分别得到 1988 年、1990 年、1992 年、1996 年、1999 年、2003 年、2005 年、2008 年和 2010 年的城乡居民收入和家庭收入的微观个案数据。

（一）中国营养和健康调查方法和样本情况介绍

在中国营养和健康调查中，综合考虑地理位置、经济发展程度、公共资源丰富程度和居民健康指数之间的差异状况，2009 年之前的调查样本框覆盖了中国东部、中部、西部的 9 个省（区），分别为广西、贵州、黑龙江、河南、湖北、湖南、江苏、辽宁和山东，2011 年新增加了北京、上海和重庆三个直辖市。该调查采用多阶随机抽样方法（multi‑stage sampling）[②]。在对每个省份的抽样过程中，分别按照城市和农村两部分抽取。其中，城市点主要抽取省会城市和一个收入较低的城市。农村点的抽样中，依据收入分层（高、中、低）和一定的权重随机抽取 4 个县城，县级以下的城镇和村庄、城市中的城区和郊区都是随机抽取的。1989—1993年共有 190 个一级抽样单元：32 个城区、30 个郊区、32 个县城和 96 个村庄。从 2000 年开始，一级抽样单元增加至 216 个：36 个城区、36 个郊区、36 个县城和 108 个村庄。1989 年共调查 9 433 人；1991 年共调查 9 232 人；

---

① 该调查的数据网站．http：//www．cpc．unc．edu/projects/china

② 对每个抽中的一级单元所包含的所有二级单元再进行抽样，仅调查其中一部分，这样的抽样叫二阶抽样。如果每个二级单元又由若干个三级单元组成，则对每个被抽中的二级单元再抽样，仅调查其中一部分三级单元，这样的抽样即是三阶抽样。同样可以定义四阶甚至更高阶的抽样。多阶抽样也称多阶段抽样或多级抽样，在大规模调查中常被采用。

1993 年共调查 8 632 人；1997 年共调查 8 963 人；2000 年共调查 9 338 人；
2004 年共调查 7 467 人；2006 年共调查 7 080 人；2009 年共调查 7 512 人，
2011 年共调查 9 940 人。

（二）　中国营养和健康调查数据质量和用途

中国营养和健康调查整理了多年调查得到的家庭收入和居民收入及其
组成部分的收入数据。其中，家庭和个人收入数据还包括了被国家统计局
排除掉的自有住房房租①和实物补贴等收入来源，故在收入来源计算上更
为全面。施新政、特里（Terry）等（2002）把 1997 年中国营养和健康调
查的样本与国家统计局公布的统计数据进行了对比，发现：平均而言，中
国营养和健康调查样本中农村和城市居民家庭中的收入稍低于国家统计局
的调查，样本的城乡之比为 2. 27∶1，国家统计局计算的是 2. 29∶1，差别
不是很大。魏众（2004）也介绍了中国营养和健康调查收入样本，认为该
调查基本上代表了全国农村的情况。除此之外，本书在数据选择过程中，
根据国家公布的不同时期的农村贫困线标准，通过收入分布核密度估计计
算贫困人口比重，与国家公布的相差不大。如 2004 年国家公布的农村贫困
率为 2.8%，根据该调查数据计算得到的贫困率为 2.7%。

（三）　收入分配实证研究方面

王海港（2005）通过中国营养和健康调查数据拟合帕累托分布对中国
居民收入分布的动态变化进行分析，用帕累托参数计算在收入上端的集中
程度，通过比较财富的集中程度判断收入上端的两极分化倾向；朱农等
（2008）通过中国营养和健康调查数据，研究城市和农村在 1989—2004 年
经济增长、收入不平等和减贫之间的关系。分析结果表明，收入的不平等
在扩大，抵消了由增长带来的减贫成果；纪宏等（2006）通过中国营养和
健康调查数据，构建了基于对数正态分布的亲贫困增长的判定方法，发现
中国农村和城镇经济发展经历了一个较强亲贫困增长，到较弱亲贫困增
长，再到 21 世纪初期的弱贫困增长的过程。

目前，中国居民收入微观个案调查数据很少，能满足非参数估计方法
估计收入密度函数的微观数据更少。中国营养和健康调查的城乡居民收入

①　经过对该调查得到的城乡居民虚拟房租进行分析后，笔者认为其调查得到的虚拟房租偏
低，且缺失数据严重。

数据的连续性和免费公开性，为本书提供了重要的数据支持。

二、居民部门收入总量在城乡之间的分配状况

考虑到城乡居民消费价格水平差异，如果剔除价格因素，1978—2012年，中国居民部门实际可支配收入总量的城乡构成如表4-1和图4-1所示。

表4-1　居民实际可支配收入总量的城乡构成　　　　　　%

年份	城镇居民占比	农村居民占比	年份	城镇居民占比	农村居民占比
1978	35.7	64.3	1996	44.0	56.0
1979	36.1	63.9	1997	45.4	54.6
1980	35.8	64.2	1998	47.4	52.6
1981	33.9	66.1	1999	50.3	49.7
1982	32.2	67.8	2000	52.9	47.1
1983	31.1	68.9	2001	55.4	44.6
1984	32.0	68.0	2002	58.9	41.1
1985	31.9	68.1	2003	61.4	38.6
1986	34.9	65.1	2004	62.9	37.1
1987	35.3	64.7	2005	64.8	35.2
1988	34.2	65.8	2006	66.6	33.4
1989	35.1	64.9	2007	68.4	31.6
1990	36.9	63.1	2008	69.6	30.4
1991	38.5	61.5	2009	70.9	29.1
1992	40.0	60.0	2010	71.5	28.5
1993	42.0	58.0	2011	72.2	27.8
1994	43.5	56.5	2012	73.0	27.0
1995	44.0	56.0	—	—	—

数据来源：根据《中国统计摘要（2015）》中有关数据整理。

1978—1985年的改革初期，城镇居民在居民部门实际可支配收入中的占比持续下降、农村居民的占比持续上升。1985年以来，城镇居民在居民

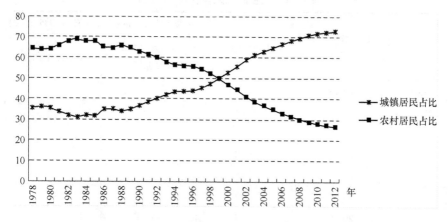

图 4 - 1　居民部门实际可支配收入总量的城乡构成（%）

部门实际可支配收入中的占比持续上升（1996 年除外），从 1978 年的
35.7% 上升到 2012 年的 73.0%，上升 37.3 个百分点，年均上升 1.1 个百
分点；农村居民在居民部门实际可支配收入中的占比持续下降，从 1978 年
的 64.3% 下降到 2010 年的 27.0%，下降 37.3 个百分点，年均下降 1.1 个
百分点。1999 年，城镇居民占比首次超过农村居民。人口统计数据则显
示，2011 年城镇人口占总人口比重首次超过农村人口比重。可见，城乡居
民在居民部门实际可支配收入中的占比差距基本上逐年扩大。

　　如果剔除价格因素，按 1978 年价格计算，2012 年居民部门实际可支
配收入总量为 3.78 万亿元，其中，城镇居民实际可支配收入 2.76 万亿元，
占居民部门实际可支配收入总量的 73.0%，比 2011 年上升 0.8 个百分点；
农村居民实际可支配收入 1.02 万亿元，占比 27.0%，下降了 0.8 个百分
点。2012 年城镇人口占总人口的比例为 52.6%，农村人口占 47.4%。这
种城乡收入分配格局存在明显的不合理性。

三、城乡居民人均收入水平差距状况

　　依据城乡居民消费价格定基指数（以 1985 年为基期），将历年城镇居
民家庭人均可支配收入和农村居民家庭人均纯收入数据进行调整（调整前
后的城乡居民人均收入水平和 1985 年为定期的城乡居民消费价格指数等，
见附表 1 和附表 2），并计算调整前后的城乡居民收入水平差和比值，见表
4 - 2 和图 4 - 2。

表 4 - 2 城乡居民人均收入水平差距

年份	收入水平差额（元）	收入水平比值	消费价格定基指数调整后的（1985 = 100）	
			收入水平差额（元）	收入水平比值
1978	209.8	2.57	—	—
1979	244.8	2.53	—	—
1980	286.3	2.50	—	—
1981	268.5	2.20	—	—
1982	256.5	1.95	—	—
1983	254.2	1.82	—	—
1984	295.9	1.83	—	—
1985	341.5	1.86	341.5	1.86
1986	475.8	2.12	441.3	2.10
1987	539.6	2.17	450.6	2.10
1988	636.5	2.17	429.5	2.04
1989	774.2	2.29	461.3	2.21
1990	823.9	2.20	497.2	2.20
1991	992.0	2.40	558.7	2.33
1992	1 242.6	2.58	629.8	2.42
1993	1 655.8	2.80	717.2	2.56
1994	2 275.2	2.86	783.3	2.59
1995	2 705.3	2.71	796.5	2.47
1996	2 912.8	2.51	776.7	2.27
1997	3 070.2	2.47	788.6	2.22
1998	3 263.1	2.51	842.4	2.24
1999	3 643.7	2.65	958.4	2.36
2000	4 026.6	2.79	1 050.7	2.46
2001	4 493.2	2.90	1 170.6	2.57
2002	5 227.2	3.11	1 390.4	2.77
2003	5 850.0	3.23	1 552.7	2.90
2004	6 485.2	3.21	1 678.3	2.92
2005	7 238.1	3.22	1 850.0	2.95
2006	8 172.5	3.28	2 060.3	3.00

续表

年份	收入水平差额（元）	收入水平比值	消费价格定基指数调整后的（1985 = 100）	
			收入水平差额（元）	收入水平比值
2007	9 645.4	3.33	2 338.6	3.07
2008	11 020.1	3.31	2 539.8	3.08
2009	12 021.5	3.33	2 804.6	3.12
2010	13 190.4	3.23	2 983.0	3.03
2011	14 832.5	3.13	3 189.1	2.95
2012	16 648.1	3.10	3 480.7	2.92
2013	18 059.2	3.03	3 680.2	2.86

数据来源：根据2014年《中国统计年鉴》中"人民生活"和"价格指数"模块整理。

注：城镇居民的人均收入水平指的是人均可支配收入，农村居民的人均收入水平指的是人均纯收入。本文将消费价格指数调整前后的人均收入水平分别称为名义和实际人均收入水平。

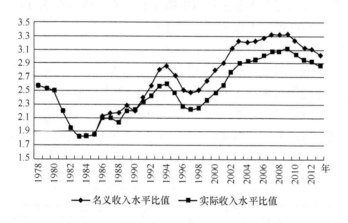

图4-2　城乡居民人均收入水平比值变动

图4-2显示，城乡居民名义和实际收入水平比值变动趋势基本一致，1978年以来，城乡居民人均收入比呈现"缩小—扩大—再缩小—再扩大—再缩小"阶段性特征。依据表4-2数据进一步计算显示：以1985年为定基，调整后的城镇居民人均可支配收入1986年的定基发展速度为113.8%，2013年为765.5%；调整后的农村居民人均纯收入1986年的定基发展速度为100.46%，2013年为497.3%。1985—2013年，城镇居民的人均可支配收入发展速度和增长速度（发展速度-1）都远高于农村居民。

1978—1985 年，城乡居民收入比值呈现缩小趋势，由于农村实行家庭联产承包责任制，农民收入大幅度增加，农民人均纯收入的增长速度均明显快于城镇居民人均可支配收入的增长速度，城乡居民收入比一度缩小。

1985—1994 年，随着城市改革的逐步推开和不断深化，城市居民的收入增长明显加快，而农民收入增长遇到新的困难，收入增长相应地放慢。城乡居民相对收入差距呈现逐步扩大趋势，实际收入比从 1.86∶1 扩大到 2.59∶1。图 4-3 显示，城镇居民的人均可支配收入增长率超过农村居民人均纯收入增长率。

1994—1997 年，城乡居民相对收入差距再次呈现逐步缩小趋势，从 2.59∶1 缩小到 2.22∶1，但仍高于 1994 年之前。图 4-3 则显示，农村居民人均纯收入增长率高于城镇居民的人均可支配收入增长率。

1997—2009 年，城乡居民相对收入差距再次呈现扩大趋势，从 2.22∶ 1 扩大到 3.12∶1。其中，1997—2003 年扩大的速度较快，从 2.22∶1 到 2.90∶1。图 4-3 显示，城镇居民人均纯收入增长率高于农村居民；2003 年之后城乡居民相对收入差距基本保持平稳状态，维持在 3∶1 左右，与此对应城镇与农村居民收入增长率差距基本不变。

2010 年之后城乡居民收入水平比值持续快速下降，2010 年降到 2.92。2010 年农村居民人均收入的环比增长速度为 10.08%，城镇居民人均收入的环比增长速度为 7.81%，前者高出后者 2.27 个百分点。

可见，城乡居民人均收入水平比值的持续扩大与城乡居民收入增长幅度差异有直接对应关系，提高农村居民收入水平增长速度、缩小城乡居民收入水平的增长速度差距是缩小城乡居民收入差距的直接途径。

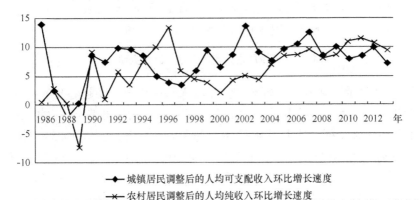

图 4-3　城乡居民（实际）人均收入水平环比增长速度

四、城乡居民收入来源构成及其差距状况

为进一步分析城乡居民收入来源的差异性及差距状况，本节对历年《中国统计年鉴》中城镇居民人均可支配收入和农村居民人均总收入及其构成数据进行整理，分析城乡居民收入来源构成及其差距状况。城镇居民人均年收入来源构成数据如表4-3、表4-4和图4-4所示，农村居民人均总收入来源构成数据如表4-5、表4-6和图4-5所示。

观察表4-3、表4-4和图4-4可知，1995年以来，城镇居民人均年收入绝对额持续增长，工资性收入、经营性收入、财产性收入和转移性收入等各项来源绝对额均呈现持续上升趋势。城镇居民人均年收入来源构成中，工资性收入是城镇居民收入的主要来源，其在城镇居民人均年收入总量中的占比总体上呈现下降趋势，从1995年的79.06%下降到2013年的64.07%，下降了14.99个百分点。转移性收入是城镇居民收入的第二大来源，2000年以来其在城镇居民人均年收入中的占比基本稳定在23%左右。家庭经营净收入和财产性收入在城镇居民人均年收入中的占比都不高，2013年，这两项来源在城镇居民人均年收入中占比分别为9.47%和2.74%，城镇居民的财产性收入有待提高。从近几年看，城镇居民工资性收入占比下降，家庭净收入占比呈现一定的上升，家庭财产性收入和转移性收入占比有一定上升。

表4-3　城镇居民人均年收入来源构成（总量）　　　　　　　元

年份	平均每人全部年收入	工资性收入	经营净收入	财产性收入	转移性收入	可支配收入
1995	4 288.1	3 390.2	72.6	90.4	734.9	4 283.0
2000	6 295.9	4 480.5	246.2	128.4	1 440.8	6 280.0
2001	6 868.9	4 829.9	274.1	134.6	1 630.4	6 859.6
2002	8 177.4	5 740.0	332.2	102.1	2 003.2	7 702.8
2003	9 061.2	6 410.2	403.8	135.0	2 112.2	8 472.2
2004	10 128.5	7 152.8	493.9	161.2	2 320.7	9 421.6
2005	11 320.8	7 797.5	679.6	192.9	2 650.4	10 493.0
2006	12 719.2	8 767.0	809.6	244.0	2 898.7	11 759.5
2007	14 908.6	10 234.8	940.7	348.5	3384.6	13 785.8

续表

年份	平均每人全部年收入	工资性收入	经营净收入	财产性收入	转移性收入	可支配收入
2008	17 067.8	11 299.0	1 453.6	387.0	3 928.2	15 780.8
2009	18 858.1	12 382.1	1 528.7	431.8	4 515.5	17 174.7
2010	21 033.4	13 707.7	1 713.5	520.3	5 091.9	19 109.4
2011	23 979.2	15 411.9	2 209.7	649.0	5 708.6	21 809.8
2012	26 959.0	17 335.6	2 548.3	707.0	6 368.1	24 564.7
2013	29 547.1	18 929.8	2 797.1	809.9	7 010.3	26 955.1

数据来源：根据各年《中国统计年鉴》中"人民生活"模块整理。

注：由于国家统计局未公布城镇居民人均可支配收入的来源构成，为了便于与农村居民人均总收入构成进行对比研究，此处采用了城镇居民人均年收入的来源构成进行对比分析。

表4-4　城镇居民人均年收入来源构成（结构）　　　%

年份	工资性收入	经营净收入	财产性收入	转移性收入
1995	79.06	1.69	2.11	17.14
2000	71.17	3.91	2.04	22.88
2001	70.32	3.99	1.96	23.74
2002	70.19	4.06	1.25	24.50
2003	70.74	4.46	1.49	23.31
2004	70.62	4.88	1.59	22.91
2005	68.88	6.00	1.70	23.41
2006	68.93	6.36	1.92	22.79
2007	68.65	6.31	2.34	22.70
2008	66.20	8.52	2.27	23.02
2009	65.66	8.11	2.29	23.94
2010	65.17	8.15	2.47	24.21
2011	64.27	9.22	2.71	23.81
2012	64.30	9.45	2.62	23.62
2013	64.07	9.47	2.74	23.73

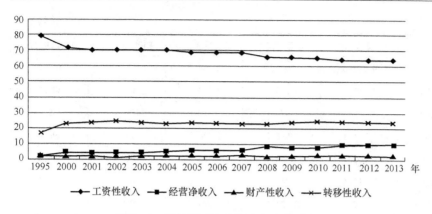

图 4 - 4　城镇居民人均年收入来源构成（%）

　　观察表 4 - 5、表 4 - 6 和图 4 - 5 可知，1995 年以来，农村居民人均总收入绝对额持续增长，从 1995 年的 2 337.87 元增加到 2012 年的 10 990.67 元，长了 4.70 倍。同时，农村居民人均总收入来源中的人均工资性收入、家庭经营性收入、财产性收入和转移性收入的来源绝对额均呈现持续上升趋势，2012 年各项收入相比 1995 年，分别增长 9.75，3.44，6.08，12.67 倍，工资性收入和转移性收入增长速度最快。当前农村居民收入来源构成中，家庭经营净收入和工资性收入是农村居民收入的主要来源，两者在农村居民人均总收入中的占比高达 90% 多。其中，家庭经营净收入占比呈现不断下滑趋势，从 1995 年的 80.30% 下降到 2012 年的 58.79%，下降 21.51 个百分点；工资性收入占比、转移性收入占比、财产性收入占比呈现不同程度的上升趋势，工资性收入占比从 1995 年的 15.13% 上升到 2012 年的 31.37%，上升了 16.24 个百分点；转移性收入占比从 2.81% 上升到 2012 年的 7.58%，上升了 4.77 个百分点；财产性收入占比从 1.75% 上升到 2010 年的 2.49%，2011 年、2012 年农村居民财产性收入占比连续下降。

表 4 - 5　农村居民人均纯收入来源构成（总量）　　　　　　元

年份	总收入	工资性收入	家庭经营收入	财产性收入	转移性收入
1995	2 337.9	353.7	1 877.4	41.0	65.8
2000	3 146.2	702.3	2 251.3	45.0	147.6
2001	3 306.9	771.9	2 325.2	47.0	162.8
2002	3 448.6	840.2	2 380.5	50.7	177.2
2003	3 582.4	918.4	2 455.0	65.8	143.3

续表

年份	总收入	工资性收入	家庭经营收入	财产性收入	转移性收入
2004	4 039.6	998.5	2 804.5	76.6	160.0
2005	4 631.2	1 174.5	3 164.4	88.5	203.8
2006	5 025.1	1 374.8	3 310.0	100.5	239.8
2007	5 791.1	1 596.2	3 776.7	128.2	290.0
2008	6 700.7	1 853.7	4 302.1	148.1	396.8
2009	7 115.6	2 061.3	4 404.0	167.2	483.1
2010	8 119.5	2 431.1	4 937.5	202.3	548.7
2011	9 833.1	2 963.4	5 939.8	228.6	701.4
2012	10 990.7	3 447.5	6 461.0	249.1	833.2

数据来源：根据各年《中国统计年鉴》中"人民生活"模块整理。

注：国家统计局自2013年之后不再公布农村居民人均纯收入和人均总收入来源构成。

表4-6　农村居民人均总收入来源构成（结构）　　　　%

年份	工资性收入	家庭经营收入	财产性收入	转移性收入
1995	15.13	80.31	1.75	2.81
2000	22.32	71.56	1.43	4.69
2001	23.34	70.31	1.42	4.92
2002	24.36	69.03	1.47	5.14
2003	25.64	68.53	1.84	4.00
2004	24.72	69.43	1.90	3.96
2005	25.36	68.33	1.91	4.40
2006	27.36	65.87	2.00	4.77
2007	27.56	65.22	2.21	5.01
2008	27.66	64.20	2.21	5.92
2009	28.97	61.89	2.35	6.79
2010	29.94	60.81	2.49	6.76
2011	30.14	60.41	2.32	7.13
2012	31.37	58.79	2.27	7.58

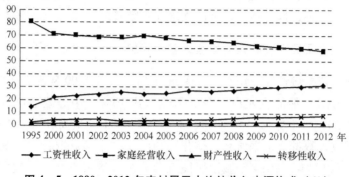

图 4 - 5　1990—2012 年农村居民人均纯收入来源构成（%）

　　进一步对比 1995 年与 2012 年城乡居民收入来源构成发现：1995 年，城镇居民收入主要来源于工资性收入，其在人均年收入中占比为 79.23%；2012 年，城镇居民收入主要来源于工资性收入和转移性收入，两项收入来源在人均年收入中占比高达近 90%，工资性收入占比下降为 64.3%。1995年，农村居民收入主要来源于家庭经营收入，其在人均总收入中占比为80.3%；2012 年，农村居民收入主要来源于家庭经营收入和工资性收入，两项收入来源在人均总收入中占比高于 90%，家庭经营收入占比下降为58.79%。2012 年，城镇居民的工资性收入和转移性收入绝对数分别为17 335.62 元和 6 368.12 元，共 23 703.74 元；农村居民的家庭经营收入和工资收入分别为 6 460.97 元和 3 447.46 元，共 9 908.43 元。城镇居民的主要收入是农村居民的 2.39 倍（1995 年前者是后者的 1.84 倍）。城乡居民工资性收入差距对总差距拉大的推动作用逐渐降低，城乡居民经营性收入差距对总差距的缩小作用在逐渐降低。

　　2012 年，城乡居民财产性收入在人均收入中占比差别不大，分别为2.62% 和 2.27%。其中，城镇居民人均财产性收入为 706.96 元，农村居民人均财产性收入为 249.05 元，前者是后者的 2.84 倍（1995 年为 2.21倍）。可见，当前中国城乡居民财产性收入差距较大，但由于其占比偏低，对城乡居民收入差距扩大的拉大作用很有限。

　　2012 年，城乡居民的转移性收入在人均收入中占比差距较大，农村居民转移性收入占人均总收入比重为 7.58%，城镇居民转移性收入占人均年收入比重为 23.62%。2012 年，农村居民人均转移性收入为 833.18 元，城镇居民为 6 368.12 元，后者是前者的 7.64 倍（1995 年为 11.03 倍，2009年为 9.28 倍）。可见，当前中国转移性收入对城乡居民收入差距拉大的影响作用较大，存在转移支付的"逆向调节"作用，但是随着中国社会保障制度的不断完善，这种逆向调节的强度在不断降低。

五、城乡居民不同收入分组收入差距状况

当前，依据城镇住户调查，国家统计局公布了 2000 年至 2012 年的城镇居民七分组（最低收入户 10%、低收入户 10%、中等偏下户 20%、中等收入户 20%、中等偏上户 20%、高收入户 10%、最高收入户 10%）人均可支配收入数据；依据城乡一体化住户收支与生活状况调查，国家统计局公布了 2013 年和 2014 年城镇居民五等分组人均可支配收入数据。依据农村住户调查，国家统计局公布了 2002 年至 2012 年农村居民五等分组（低收入户 20%、中低收入户 20%、中等收入户 20%、中高收入户 20% 和高收入户 20%）人均纯收入；依据城乡一体化住户收支与生活状况调查，国家统计局公布了 2013 年和 2014 年农村居民五等分组人均可支配收入数据，取代了人均纯收入数据。为了指标对比的一致性，此处数据至 2012 年。

此处将城镇居民七分组人均可支配收入数据整理为与农村居民五等分组分法一致，命名与农村居民五等分组法保持一致，即低收入户、中低收入户、中等收入户、中高收入户和高收入户，各占 20%。计算城乡居民五等分组不同收入分组之间的收入差距，如表 4 - 7 和图 4 - 6 所示。

表 4 - 7 和图 4 - 6 显示，城乡居民五等分组之间相应的收入水平差距与分组的收入水平呈现负相关关系，城乡分组的人均收入水平越高，该收入分组对应的城乡居民收入差距就越小。因此，城镇低收入户和农村低收入户的收入差距在所有分组群体中是最大的。同时，城乡低收入户之间、城乡中低收入户之间的收入差距比城乡居民整体收入差距要大，城乡中高收入户之间、城乡高收入户之间的收入差距要比城乡居民整体收入差距要小。2008 年之前城乡中等收入户之间的收入差距小于城乡居民整体收入差距，2008 年之后则高于后者。

2002—2008 年，城乡各收入分组之间的收入差距均呈整体扩大趋势，且城乡低收入户之间的收入差距扩大速度最快，其次是城乡中低收入户之间的收入差距。2009 年，城乡低收入户之间人均收入比值高达 4.33，城乡高收入户之间的人均收入比值为 3.05，城镇 10% 最高收入户与农村 20% 低收入户之间人均收入比值高达 30.22，城镇 20% 高收入户与农村 20% 低收入户人均收入的比值也高达 24.27。2009 年以后，中国城乡居民整体收入差距持续下降；城乡高收入户收入比值快速回落，2012 年比值接近 2002

年水平；城乡中高收入户、中等收入户、中低收入户收入比值也快速下滑，2012 年出现反弹；城乡低收入户居民收入比值除 2010 年下降外，持续保持上升态势。

表 4 - 7　城乡居民不同群体之间的收入水平差距

年份	低收入户比	中低收入户比	中等收入户比	中高收入户比	高收入户比	10% 最高收入户/20% 低收入户	20% 高收入户/20% 低收入户
2002	3.53	3.19	3.08	2.93	2.61	22.16	17.95
2003	3.79	3.35	3.2	3.04	2.75	25.22	20.19
2004	3.62	3.27	3.17	3.06	2.91	25.20	20.04
2005	3.76	3.32	3.22	3.15	2.97	26.96	21.54
2006	3.85	3.4	3.26	3.16	3.01	27.03	21.58
2007	3.98	3.45	3.29	3.19	3.01	27.31	21.91
2008	4.04	3.47	3.33	3.25	3.09	29.08	23.29
2009	4.33	3.62	3.42	3.25	3.05	30.22	24.27
2010	4.07	3.51	3.3	3.12	2.94	27.51	22.05
2011	4.39	3.41	3.15	2.97	2.81	29.41	23.6
2012	4.47	3.49	3.18	2.94	2.72	27.56	22.33

数据来源：根据各年《中国统计年鉴》中"人民生活"模块整理。

注：此处的城乡居民不同收入分组之间的收入水平差距用同一收入群体的城镇居民人均可支配收入/农村居民人均纯收入测度，如城镇居民 20% 的低收入户的人均可支配收入/农村居民 20% 的低收入户的人均纯收入为城乡低收入户之间的收入水平差距。

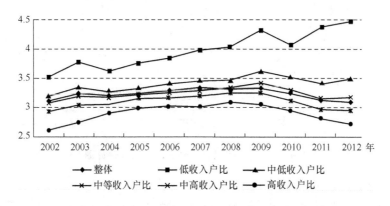

图 4 - 6　城乡居民不同收入分组居民之间的收入水平差距

六、城乡居民收入分布差异及其变迁状况

考虑到数据的可得性、科学性和研究的可行性，本书选择中国营养和健康调查中的个人收入数据进行分析。由于2011年加入了北京、上海、重庆三个直辖市，如果将其考虑进来会影响数据的可比性，因此，本节不对2011年数据进行分析。分别对1988年、1990年、1992年、1996年、1999年、2003年、2005年和2008年的城镇和农村居民收入分布的核密度进行估计，如图4-7和图4-8所示。

核密度研究指出，如果能收集到足够多的样本，无论实际采用什么样的核函数形式，从理论上讲，最终一定可以得到可靠的收敛于待估居民收入密度的估计结果，也就是说在样本容量足够大的情况下，核函数的选取对收入密度的估计并不是至关重要的。因此，本节在进行城乡居民收入分布核密度估计时，使用的核函数是高斯函数。带宽选择上，使用的是最小二乘交叉验证方法（Cross - Validation），选择带宽的思路也是使积分平均误差最小，方法的实现主要通过 R 语言编程实现。虽然适用性核的带宽选择理论方法能将带宽选择与样本数据点的分散集中程度联系起来，但是该方法当前还无法通过软件编程来实际实现。

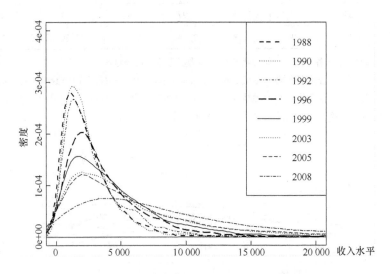

图4-7　农村居民收入分布的核密度估计图

图4-7和图4-8对比结果显示：

（1）城乡居民收入分布的核密度曲线均表现为右偏尖峰分布，即低收

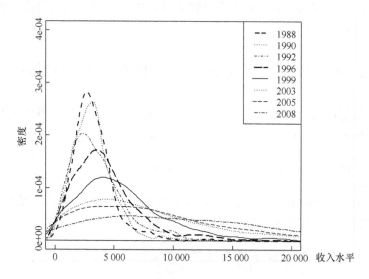

图4-8　城镇居民收入分布的核密度估计图

入段人群的核密度函数值较大，高收入段的核密度函数值较小，说明城乡中低收入水平家庭的比重较大，高收入家庭比重较小，中低收入家庭是中国城乡的主体。

（2）城乡居民收入分布的核密度估计曲线不断向右平移，说明城乡居民收入水平都有一定程度的提高，大部分城乡居民都分享了中国经济快速增长的成果；城乡居民中低收入段的核密度曲线只是略微向右平移，高收入段的核密度函数曲线大幅度向右平移，说明不同收入水平的城乡居民收入的增长速度是不一样的，低收入水平居民的收入增长缓慢，高收入水平居民的收入增长迅速，城镇和农村居民收入差距不断扩大。

（3）城镇居民收入分布的核密度估计曲线向右平移的幅度大于农村居民，说明城镇居民收入分布变迁的速度快于农村，城镇居民收入水平提高幅度高于农村居民，直观地解释了城乡居民收入差距不断扩大的原因；2000年以后，高收入水平上城乡居民人口比重的差异越来越大，低收入水平上人口比重差异相对较小，进一步验证了城镇居民向高收入水平流动的速度要快于农村居民，中国城乡居民收入差距演变过程与不同收入水平上人口分布流动性快慢有直接关系。

（4）城镇内部和农村内部居民收入分布变化具有时段性，农村居民收入分布在20世纪90年代中后期变化显著，城镇居民收入分布在90年代初期即开始显著变化，即城镇居民内部收入差距的拉大要先于农村居民。2000年之后，农村居民收入分布变化强于城镇居民。可见，居民收入分布的变动与中国改革开放的进程高度相关。

第三节 中国城乡居民收入差距的演变过程及特征

本节通过城乡居民人均收入水平比值变化反映城乡收入差距的变化过程，分析城乡居民收入差距演变的主要阶段及特征。

一、中国城乡居民收入差距演变的主要阶段

自 1978 年开始，中国城乡居民收入大幅度提高，城乡居民收入差距也在不同时间段出现了不同的变动趋势，总体上可分为五个阶段。

（一）城乡居民收入差距持续缩小阶段

1978—1983 年，城乡居民名义收入水平比值从 2.57 降低到 1.82，1983 年是改革开放以来城乡居民收入差距最小的年份。此期间可以说是改革的开端，中国的经济体制改革始于农村，中央做出了两项决策：一是在农村逐步建立起家庭联产承包责任制，二是实行市场化的改革取向，放松了对农产品的管制，实行较高的支持价格。这两项举措极大地调动了广大农民的生产积极性、主动性和创造性，农业和农村经济发展被注入了强大的动力，农村居民收入快速增长，促进了整个国民经济的复苏和发展，为城乡居民收入增长和收入分配制度的变革奠定了基础，城乡居民收入差距呈较快缩小趋势。这一阶段农民收入的增长快于城镇居民收入的增长，农村居民人均纯收入从 1978 年的 133.6 元增加到 1983 年的 309.8 元，年均增长 18.3%，而同期城镇居民收入从 343.4 元增加到 564.6 元，年均增长 12.8%。

（二）城乡居民收入差距总体上持续扩大阶段

1983—1994 年，城乡居民名义收入水平比值从 1.82 上升到 2.86。在城乡居民收入差距的已有研究中，1985 年是多数学者都比较认同的具有转折意义的一年。1985 年是城镇改革的关键年份，政府出台了一系列关于收入和物价的改革措施，如确定"工效挂钩"的国有企业工资管理制度，在国家机关和事业单位实行结构工资制，调整不合理的农产品价格及对城市居民发放价格补贴，等等。改革的主要目的在于纠正收入分配中的不合理

关系，使收入分配逐步合理化和有序化。这些措施对收入分配格局产生了巨大影响，城镇居民的收入得到较快增长，城乡居民收入差距显著拉大。1983—1994 年，农村居民人均纯收入从 309.8 元增加到 1 221.0 元，增加了 3.94 倍；城镇人均可支配收入由 564.6 元上升到 3 496.2 元，提高了 6.19 倍。但这一时期收入的快速增长很大程度上源于物价上涨，扣除物价因素后，城乡居民收入实际增长分别只有 72.6% 和 35.5%。1994 年农村居民的名义收入仅相当于城镇居民的 1/3 多一点，农村居民生活处境非常艰难。

（三）城乡居民收入差距再度缩小阶段

1994—1997 年，城乡居民名义收入水平比值从 2.86 降低到 2.47，国民经济进入结构调整期，城乡居民收入增长速度明显减缓，城乡居民收入差距有所缩小。面对当时过热的经济，政府采取了适度从紧的货币政策，控制信贷总量、提高贷款利率，人均国内生产总值增长速度降到 10% 以下，物价上涨得到了有效控制，经济进入软着陆时期。此后受国际国内多种因素的影响，经济增长下降趋势没有得到有效控制，经济持续低速增长，在很大程度上限制了居民收入增长，加之国家较大幅度提高农副产品价格，城乡居民收入差距再度缩小。这一阶段农村居民人均纯收入从 1 221.0 元增加到 2 090.1 元，增加了 71.2%；城镇人均可支配收入由 3 496.2 元上升到 5 160.3 元，提高了 47.6%，农村居民人均纯收入水平达到城镇居民人均可支配收入的 40% 左右。这一时期，政府对收入差距扩大和贫困问题更加重视，采取了包括进一步改革和完善社会保障制度、加大个人所得税的征收力度等一系列政策，在一定程度上规范和完善了初次分配和再分配体制，城乡居民收入差距扩大趋势得到了有效控制。

（四）城乡居民收入差距再次持续扩大阶段

1997—2009 年，城乡居民名义收入水平比值从 2.47 上升到 3.33。该阶段以 2002 年为分水岭，1997—2002 年，城乡居民收入差距扩大速度远快于 2002—2009 年。1998 年百年未遇的全流域洪水过后，中国粮食生产区的粮食产量都有所增加。但由于国家不鼓励粮食出口，对于粮食这种缺乏弹性的商品，当供过于求时，国内粮价不断下降，利益受到损害的只有种粮的农民，这个因素直接导致农村居民人均纯收入增长缓慢。同时，在吸收农村剩余劳动力、提高农村居民收入、保持农村稳定方面有着巨大作用的乡镇企业发展相对滞后，在激烈的市场竞争中处于非常不利的地位。此时发生的东南亚金融危机也导致中国的国内需求不足，乡镇企业的发展受到严重挑战。随着国企改革的进一步推进，城市也出现了富余劳动力，对农民工的吸纳能力减弱，不得不采取一系列限制农民工涌入的措施。因此，1997 年后，城乡居民收入差距迅速扩大，城镇居民人均可支配收入与农村居民人均纯收入的比值升至历史最高点。这一期间，农村居民的收入年均仅增长 4.2%，而同期城镇居民可支配收入年均增长 10.7%，高于人均 GDP 年均增幅 3.5 个百分点。

2002 年，政府在注重经济增长的同时，更加关注贫困阶层，尤其是关注农村的发展。主要政策措施包括：进一步完善城镇社会保障体系，扩大城镇社会保障的范围并提高保障的标准。在农村，全国农村工作会议明确提出增加农民收入总的指导思想是"多予、少取、放活"，2004 年，中央一号文件《中共中央关于促进农民增加收入若干政策意见》提出各种具体措施：促进种粮农民增加收入，挖掘农业内部增收潜力，大力发展农村非公有制经济，增加外出务工收入，发挥市场机制作用，取消除烟叶外的农业特产税。2006 年 1 月 1 日全面废止《农业税条例》。此外，政府还推行了大规模的建设社会主义新农村运动，增加对农村的道路、水利、电力等基础设施建设的投入，这些措施都在一定程度上促进农民收入的增长，城乡居民收入差距扩大的速度慢于 2002 年之前。

（五）城乡居民收入差距持续缩小阶段

2009 年至 2013 年，城乡居民名义收入水平比值从 3.33 降低到 3.03。2002 年之后采取的系列惠农政策措施的效果在此阶段逐渐凸显，农民收入水平持续提高。2009 年之后，全国农村工作的总体要求是：把统筹城乡发展作为全面建设小康社会的根本要求，把改善农村民生作为调整国民收入分配格局的重要内容，把扩大农村需求作为拉动内需的关键举措，把发展现代农业作为转变经济发展方式的重大任务，把建设社会主义新农村和推进城镇化作为保持经济平稳较快发展的持久动力。围绕上述基本要求，党中央和政府持续制定并出台系列发展农业和农村、提高农民收入水平的系统政策，从四个方面综合着手：

（1）健全强农惠农政策体系，推动资源要素向农村配置。继续加大国家对农业农村的投入力度，完善农业补贴制度和市场调控机制，提高农村金融服务质量和水平，积极引导社会资源投向农业农村；大力开拓农村市场。

（2）提高农业装备水平，促进农业发展方式转变。稳定发展粮食等大宗农产品生产；推进菜篮子产品标准化生产，突出抓好水利基础设施建设，大力建设高标准农田，提高农业科技创新和推广能力，健全农产品市场体系，构筑牢固的生态安全屏障。

（3）加快改善农村民生，缩小城乡公共事业发展差距。努力促进农民就业创业，提高农村教育卫生文化事业发展水平，提高农村社会保障水平，加强农村水电路气房建设，继续抓好扶贫开发工作。

（4）协调推进城乡改革，增强农业农村发展活力。稳定和完善农村基本经营制度，有序推进农村土地管理制度改革，着力推进农村土地管理制度改革，着力提高农业生产经营组织化制度，积极推进林业改革，继续深化农村综合改革，推进城镇化发展的制度创新，提高农业对外开放水平。

可以预计，随着系列政策的逐渐出台和已有政策效果的持续凸显，中国城乡居民收入差距缩小趋势还将持续，收入差距持续扩大的局面将得到扭转。

二、中国城乡居民收入差距演变的主要特征

（一）收入初次分配格局和再分配格局背离程度不大

中国收入初次分配格局和收入再分配格局始终背离程度不大，反映中国政府部门收入再分配调节能力不强；居民部门占国民可支配收入比重持续下跌，2009 年止跌回升。

第三章第一节资金流量表测算中国收入初次分配格局和收入再分配格局结果显示：中国收入初次分配格局和收入再分配格局的背离程度不大；在中国居民部门 2013 年可支配收入来源构成中，转移性收入所占比重仅为 0.9%，反映出中国政府的收入再分配政策调节力度不大，致使中国最终收入分配呈现较"原始"的状态。

20 世纪 90 年代以来，中国国民收入分配存在向政府和企业倾斜的现象，政府部门可支配收入占国民可支配收入比重持续上升，企业部门可支配收入占国民可支配收入的比重波动中上升，而居民部门可支配收入占国民可支配收入的比重持续下降，直至 2009 年。根据世界各国的发展经验，当人均 GDP 超过 1 000 美元之后，居民可支配收入占国民可支配收入的比重通常是上升的。以美国和日本为例，两国在人均 GDP 1 000 ~ 3 000 美

元阶段，政府、企业和居民在初次分配中的份额大致为 1:4:5，居民所占份额最高。目前，中国政府部门可支配收入占国民可支配收入的比重不断上升的现象非常值得关注，容易影响企业发展和抑制居民消费。但 2009 年数据显示，居民部门可支配收入比重回升到 60.5%，较 2008 年上升 2.1 个百分点；2010 年比重回落 0.1 个百分点；2011 年再次上升到 60.8%，2012 年和 2013 年分别为 62.0% 和 61.3%，预计这种回升态势将持续下去。

（二）劳动者报酬是居民部门初次分配收入和可支配收入的主要来源

劳动者报酬仍是居民部门初次分配收入和可支配收入的主要来源，但劳动者报酬占国民总收入比重却在不断下滑。

劳动者报酬是指，劳动者通过劳动直接从生产过程中得到的劳动收入，包括单位职工工资收入、职工保险福利、农民货币收入、农民自产自用收入、城镇个体劳动收入、其他职业者收入和其他收入。第三章第一节资金流量表测算结果显示，近年来，中国劳动者报酬总量持续增加，从 2000 年的 52 242.9 亿元增加到 2013 年的 298 966.1 亿元，年均增长 14.4%。劳动者报酬总量占中国增加值总量和国民总收入比重均持续下降，占中国增加值比重从 2000 年的 52.7% 下降到 2011 年的 47%，2012 年回升到 49.4%，2013 年为 52.6%。劳动者报酬占国民总收入比重从 2000 年的 53.5% 下降到 2011 年的 47.5%，2012 年回升到 49.5%，2013 年为 51.3%。

改革开放以来，居民收入来源出现了多元化趋势，经营收入、投资及财产性收入不断增加，营业盈余总额从 2000 年的 11 619.4 亿元增加到 2013 年的 40 625.6 亿元；财产净收入从 2000 年的 1 948.8 亿元增加到 2013 年的 14 168.1 亿元。劳动者报酬仍然是居民初次分配收入的主体。2013 年，劳动者报酬占居民初次分配总收入的比重为 84.5%，营业盈余总额占比为 8.5%，财产净收入占比为 4.0%。政府要加强劳动者报酬收入的再分配调节力度，以促使收入分配格局的优化。如适当减轻普通劳动者的税收负担，减轻中低收入者的税负等。

（三）居民部门收入总量在城乡间的分配比例不合理

居民部门收入总量在城乡间的分配比例不合理，城镇居民可支配收入占比持续上升，农村居民占比持续下滑，2000 年以后，城镇居民可支配收入占比开始超过农村居民占比。

本章第二节测算结果显示，如果剔除价格因素，1978 年以来，城镇居民可支配收入在居民部门实际可支配收入总量中的占比持续上升，从 1978 年的 35.7% 上升到 2012 年的 73.0%，1999 年占比首次超过农村居民；农村居民可支配收入在居民部门实际可支配收入总量中的占比持续下滑，从 1978 年的 64.3% 下滑到 2012 年的 27.0%。人口数据显示，城镇人口占中国总人口的比例在 2011 年首次超过农村人口，2012 年城镇人口占中国总人口的比例为 52.6%。

城乡收入分配格局存在明显的不合理性，其主要原因是：城乡"二元经济结构"的存在，国民收入分配存在向城镇居民倾斜的政策设计，从根本上影响了农民收入的增长，从而形成城镇居民收入过快上升。由于二元经济结构的存在，中国实行了系列"剪刀差"政策，限制了农村居民收入的增长，使得城镇居民收入增长速度快于农村居民，城乡居民人均收入差距持续扩大。城乡居民人均收入水平差距持续扩大是导致城镇居民收入在居民部门实际可支配收入中比重上升的直接原因。

（四）居民部门财产性净收入占可支配收入的比重过低

在收入再分配环节，财产性净收入占居民部门可支配收入的比重很低，远低于其他发达国家水平，未来中国城乡居民财产性收入提升的潜力和空间巨大。

第三章第一节资金流量表测算结果显示，在收入再分配环节，财产性收入占居民部门可支配收入比重自 2007 年以来呈现一定的下降趋势，2011 年有所逆转，2013 年居民部门财产性收入达到 14 168.1 亿元，占居民部门可支配总收入的比重只有 4.0%。当前城乡居民财产性收入呈现高速增长态势，但占全部收入的比重仍偏低。

随着居民财产增多和投资理财意识的增强，2005 年以来，在各级政府积极创造条件让更多群众拥有财产性收入的政策带动下，城镇居民的利息收入、股息与红利收入、其他投资收入以及出租房屋收入均有大幅增长，促进了财产性收入的高速增长。2013 年，城镇居民人均财产性收入达到 809.9 元，是 2000 年 128.4 元的 6.3 倍，年均增长 15.2%。2013 年，农村居民的财产性收入人均 293 元，是 2000 年 45 元的 6.5 倍，年均增长 15.5%。2000—2013 年，城镇居民人均工资性收入年均增长 11.7%，农村居民人均家庭经营收入和工资性收入年均增长 7.8% 和 14.4%。可见，城乡居民人均财产性收入增长要快于其他收入来源的增长速度。

城乡居民人均财产性收入占全部收入的比重仍然偏低，2013 年，城镇居民人均财产性收入占全部收入的比重为 2.7%，农村居民为 3.3%。财产性收入在城乡居民的四大收入来源中比重依然是最低的。与其他国家居民相比，如美国居民财产性收入占可支配收入的比重约为 40%，中国城乡居民财产性收入占全部收入比重很低，财产性收入对缩小城乡居民收入差距的影响作用很有限，未来中国城乡居民财产性收入提升的潜力和空间巨大。

（五）收入再分配政策在城乡居民之间存在逆向调节现象

中国收入再分配政策在城乡居民之间存在逆向调节现象，政府的收入再分配能力在不断提高，开始实现"梯度"化。

第三章第二节不同分组居民收入来源构成分析结果显示：城乡居民收入来源日益多元化，城镇居民的转移性收入是城镇居民收入的第二大来源。2013 年，城镇居民人均转移性收入为 7 010.3 元，占人均总收入比重为 23.7%，2013 年，农村居民的人均转移性收入占人均纯收入的比重仅为 8.8%，两者差异较大，存在逆向调节现象，政府在进行转移支付时有城乡差异。进一步对农村居民不同收入分组收入来源构成分析发现，2003 年低收入户、中等偏下户、中等收入户、中等偏上户和高收入户人均转移性收入占人均纯收入比重分别为 3.2%，2.7%，2.8%，3.1%，4.5%，各收入组占比差异较小，且高收入户的占比相对最高；2012 年低收入户、中等偏下户、中等收入户、中等偏上户和高收入户人均转移性收入占人均纯收入比重分别为 14.4%，9.4%，8.2%，7.7%，8.0%，收入水平越低的居民人均转移性收入占比越高；2003—2012 年，低收入户、中等偏下户、中等收入户、中等偏上户和高收入户人均转移性收入年均增长率分别为 31.9%，29.8%，27.8%，25.7%，20.3%，收入水平越低的居民人均转移收入增长越快，说明中国政府的再分配调节能力在不断提高，开始实现不同"梯度"效应。

（六）中国整体收入差距持续下降

2008 年之后，中国整体收入差距持续下降，区域之间、城乡之间、行业之间和不同经济类型之间收入差距均呈现持续下降趋势。

第三章第三节中国收入差距状况测算结果显示，2008 年之后，中国城乡居民收入比值持续下降，城乡居民收入差距持续缩小；中国区域间居民人均收入比值持续下降，区域居民收入差距持续缩小；平均工资最高行业与最低行业比值持续下降，行业收入差距不断缩小；国有经济单位、集体经济单位和其他经济单位（不含私营企业和个体户）在岗职工平均工资比值持续下降，不同经济类型间行业收入差距不断缩小；国有和其他经济类型单位的最高工资与最低工资比值呈现下降趋势，两类型经济单位内部收入差距也持续缩小。国家统计局公布的历年基尼系数显示：2008 年之后，中国基尼系数呈现递减趋势，整体收入差距呈现缩小态势。可以预见，在现有的收入分配政策不变或进一步强化的条件下，中国居民收入差距持续缩小的局面将持续下去。

（七）城乡居民收入来源结构有待优化

城镇居民的主要收入来源为工资性收入和转移性收入，农村居民的主要收入来源为工资性收入和家庭经营性净收入，分别占城乡居民收入的90% 左右。城乡居民收入来源渠道日益多元化，但收入来源结构还有待持续优化。

第三章第二节不同分布居民收入来源的构成分析结果显示，城乡居民收入结构发生了变化，收入来源日益多元化。城镇居民以前主要是工资收入，但工资收入比例近年来逐年下降。2013 年工资性收入占整个收入比例的64.1%，比 2000 年降低 7.1 个百分点。经营净收入、财产性收入比例持续上升，成为城镇居民收入增长的亮点，2013 年经营净收入占整个收入的比例为9.5%，比 2000 年上升 5.5 个百分点；2013 年财产性收入占整个收入的比例为2.7%，比 2000 年的 2.0% 上升 0.7 个百分点。城镇居民转移性收入占整个收入比例变动不大，2013 年为 23.7%，2000 年为 22.9%。对农村居民收入来说，主要是以家庭经营净收入为主，占农民整个收入的比例也是呈逐年下降的趋势，2012 年占比是 58.8%，比 2000 年降低了12.8 个百分点。2000 年以来，农村居民工资性收入增长比较快，2012 年比2000 年增长了 4.9 倍，2012 年占比 31.4%，比 2000 年上升了 9.1 个百分点。也就是说，工资性收入已成为农村居民收入的重要来源。另外，转移性收入和财产性收入也逐年增长，但增长幅度较慢，2012 年人均转移性收入占农村居民人均总收入比重是 7.6%，比 2000 年上升了 2.9 个百分点；财产性收入占比 2.3%，比 2000 年上升了 0.9 个百分点。

综合来看，中国城乡居民收入来源的渠道日益多元化。但中国城镇居民和农村居民的财产性收入占比均很低，转移性收入占比城乡之间差异较大，城乡居民收入来源构成上有待持续优化。

第四节　城乡一体化住户调查对城乡收入差距测度的影响

从 2012 年 12 月 1 日起，全国 40 万户城乡居民按照国家统一的城乡一体化住户调查制度开始记收支账，城乡一体化住户调查进入正式实施阶段。此前，由于城镇和农村长期实行不同的住户调查制度，有着不同的标准和口径，中国居民收入数据一直是城乡分割的，没有形成涵盖全国城乡居民的统一的收入数据。随着城乡一体化住户调查连续三年的实施，国家统计局已公布 2013 年和 2014 年城乡一体化住户调查的居民收入数据，如全国、城镇和农村居民人均可支配收入。

由于调查制度的改变，对接年份的部分数据有一定的出入，如 2014 年《中国统计年鉴》公布（依据城镇居民入户调查数据），城镇居民 2013 年人均可支配收入为 26 995.1 元，2015 年《中国统计年鉴》公布（依据城乡一体化住户调查数据）城镇居民 2013 年人均可支配收入为 26 467.0 元；2014 年和 2015 年《中国统计年鉴》不再公布农村居民人均纯收入及其构成数据，改为公布农村居民人均可支配收入及其构成数据。本书前面章节在分析城乡居民收入差距问题时，为了保持历史数据的可比性和一致性，有些数据的时间跨度截至 2012 年。

一、城乡一体化住户调查实施的背景

城乡一体化即通过城乡之间资源和生产要素的统筹规划建设，破除城乡二元结构，以城带乡，城乡互动，使农民由农村向城镇集中，工业由分散向园区集中，耕地由一家一户经营向规模经营集中，公共设施由城市向农村延伸，公共财政由城市向农村覆盖，现代文明由城市向农村传播，不断加快"农业现代化、农村城市化、农民市民化"的进程，使整个城乡经济社会全面、协调、可持续发展。

从中国社会发展情况看，以人为本、城乡统筹的理念深入人心，越来越多的地区取消了城乡户籍分类以及户籍对教育、就业、社保的限制，越来越多的地区将包括农民工在内的外来人口纳入教育、医疗、养老和公租房等社会保障政策的覆盖范围中，也有越来越多的外来人员要求将其按城市人口在常住城市中进行统计。受城乡二元结构的影响，中国的城乡住户

调查一直分割进行。在城镇区域调查城镇居民可支配收入结构（如恩格尔系数），在农村区域调查农村居民纯收入结构，这种状况已不能很好适应统筹城乡发展、构建和谐社会的要求，迫切需要建立全体居民收支调查体系和城乡可比的收支数据。

除此之外，随着中国收入分配问题的逐渐凸显，如城乡收入差距持续扩大，国家改善收入分配格局的决心和动力越来越大，要实现两个同步增长，需要全体居民的收入数据才能全面比较。扭转收入差距扩大趋势，需要城乡收入差距的量化指标来监测。但是有关中国居民收入数据的质量问题也逐渐受到研究人员的争议。受城乡二元结构制约，中国住户调查一直分城乡独立开展，城镇住户调查和农村住户调查的指标、标准、方法不尽相同，城镇居民与农村居民的收支水平和结构等统计数据不完全可比，无法提供全体居民收支数据，难以精确测算全体居民内部的收入差距和支出结构。如过去城镇居民调查的是"可支配收入"，而农村居民调查的是"纯收入"，没有形成涵盖全国城乡居民的统一的收入数据。比如，按照原来的指标口径，城镇居民买房不计入消费，而农民买房、造房计入消费，如果简单比较也会造成偏差。同时，由于对农民工的城乡统计归类不尽合理，调查方法不够完善，对城镇居民自有住房折算收入与支出的统计不够完整，调查样本中高收入户比重不足，以及一些地方取消了户籍的城乡分类，亟须通过改革完善住户调查制度。因此，当前对城乡居民收入数据质量提出了新的要求。

在此背景下，国家统计局决定加快推进城乡住户调查一体化改革，并列入"十二五"统计改革发展规划重点任务。2011 年完成总体改革方案设计及审批工作，2012 年完成调查方案设计，2013 年组织试行一体化住户调查。

二、城乡一体化住户调查改革的指导思想、原则和目标

（一）指导思想

以邓小平理论、"三个代表"重要思想为指导，深入贯彻落实科学发展观，按照"十二五"规划纲要关于加快收入信息监测系统建设和加强收入分配统计的要求，整合城镇住户调查和农村住户调查，优化完善住户调查制度，全面提升住户调查能力，不断提高居民收支数据质量，努力满足合理调整收入分配关系、统筹城乡发展、加快构建社会主义和谐社会的需要。

（二）改革原则

开展住户调查改革，涉及面广，任务艰巨，影响深远，要坚持统一规范、科学适用、高效可行和积极稳妥的原则。

统一规范。整体设计住户调查体系，有效整合城乡住户调查制度，系统规范住户调查过程，实现城镇居民和农村居民收支统计指标、标准、方法的一致，确保居民收支数据城乡可比。

科学适用。立足中国国情，以需求为导向，充分借鉴国际住户调查通用规则，全面准确反映居民收支状况，为党和政府制定收入分配政策提供科学依据。

高效可行。结合住户调查工作实际，充分应用现代信息技术，有效减轻基层和调查对象负担，实现住户调查数据采集、传输、处理、存储、发布的电子化和网络化。

积极稳妥。统筹规划，试点先行，分步实施，积极推进。加强改革宣传，认真解读数据，确保改革顺利平稳实施。

（三）改革目标

一是建立城乡一体的住户调查体系，统一城镇居民和农村居民收支指标，在继续发布原有指标的基础上，增加发布全体居民可支配收入等相关数据。

二是完善住户调查制度，改进住户调查手段，提高住户调查能力和数据质量。

三是更好地监测居民收入分配数据，全面反映不同收入层次居民的生活状况，为制定城乡统筹发展政策和民生改善政策提供可靠依据。

三、城乡一体化住户调查改革的主要内容

（一）统一调查指标，完善调查内容

将统计农村居民人均纯收入改为统计农村居民人均可支配收入，设置农村、城镇和全体居民可支配收入指标，建立城乡可比的、以可支配收入指标为核心的居民收支指标体系。规范居民收支指标口径，改进自有住房折算租金统计，增加反映居民生活状况的指标和调查内容，细化政策性转移收支指标的分类，健全社会保障参与和受益情况、就业状况、社区环境以及收入分配影响因素等内容。改革后的城乡住户调查统称为全国住户生活状况调查。

（二）统一抽样方法，提高样本代表性

依据全国统一的住户抽样框，按照统一的方法，对包括农民工在内的所有居民进行分层随机抽样，选取调查户，实现所有地域和人群不交叉、全覆盖。根据改革开放以来收入分配变化较大和人口大规模流动的现实，依据抽样理论测算，适当增加样本数量，调整样本地区分布，科学抽取样本，提高对不同收入层次居民的代表性。

（三）统一调查过程，规范调查行为

通过全国统一的调查网络，采用统一问卷和记账格式，对包括农民工在内的所有居民实施常住地调查，直接采集原始数据。健全住户调查数据质量控制体系，定期开展对住户调查数据质量的电话抽查、实地回访等。进一步加大对分市县住户调查的管理和监督检查力度。积极利用社保、税收、金融和工商等部门的行政记录资料，加强对调查样本构成和数据质量的评估。

（四）统一数据处理，改进调查手段

加快现代信息技术应用，以住户电子记账和调查人员手持电子终端为依托，以网络直报为主渠道，以统一的数据处理平台为保障，努力实现住户所记收支账册或调查员现场采集的收支资料，通过网络直接报送国家统计局数据中心，实现各级统计机构按照权限共享基础数据。以调查手段的现代化，减轻调查对象的负担，促进调查对象的参与。

（五）统一数据发布，丰富发布内容

在发布城镇居民和农村居民收支水平、结构及变化数据的基础上，按年度发布全体居民和不同收入层次居民的收支水平、结构及变化数据；居民收入中位数和基尼系数；城乡之间、地区之间、高低收入组之间（如以五等分法进行分层比较等）、农民工与输出地常住居民或输入地本地居民之间的收入差距数据。按季度发布现金收支水平、结构及变化数据。

其中，改革的核心在于统一调查指标和调查内容。指标统一的关键表现在：

（1）目前城市居民的收入统计采用可支配收入标准，但是农村仍采用人均纯收入，并未去掉缴纳的农村医疗等保险支出。但是随着这部分支出的增加，采用国际统计的人均可支配收入更有可比性。此次改革，可支配收入包括实物收入及服务，转移收入扣除转移支出后计入可支配收入。

（2）长期在外的农民工收支统计不再在户籍地（农村）由家人代答，而要在常住地（城镇）接受调查，由本人直接填答问卷。这是由于农民工正在逐步融入城镇，是社会发展的趋势；且是统计制度发展所需要的。

（3）将自有住房折算租金计入居民住房消费，将自有住房年度折算租金扣减购建房年度分摊成本后的增值收入计入可支配收入，且会同时发布包括和不包括折算租金的可支配收入。改革后的可支配收入由工资性收入、经营性收入、财产性净收入、转移性净收入（转移性收入－转移性支出）和自有住房折算净租金构成。

四、城乡一体化住户调查对城乡收入差距测度研究的影响

城乡一体化住户收支调查主要是将农村居民人均纯收入改为农村居民人均可支配收入，设置农村、城镇和全体居民可支配收入指标，建立城乡可比的、以可支配收入指标为核心的居民收支指标体系，全面反映不同收入层次居民的生活状况，为制定改善民生和收入分配政策、调节收入分配格局、推动城乡统筹提供决策依据。此次改革由于城乡居民都使用了"人均可支配收入"的标准，城乡居民收入数据可以进行直接比较，准确性提高。2013年之前，中国居民收入方面的调查是城乡分开的，基尼系数也是城乡分开的，由于城乡差距较大，全国基尼系数会既高于城镇基尼系数，也高于农村基尼系数。城乡一体化住户调查改革后，将得到城乡一体的居民可支配收入数据，指标含义和计算方法一致，可为计算全国居民统一的基尼系数提供资料，国家可以分别发布全国的、城镇的和农村的基尼系数。

城乡一体化住户调查制度改革后，城乡居民收入差距会出现什么样的变化存在较大争议。国家统计局农村司副司长王萍萍指出①，按照新的统计标准，长期外出的农民工打工收入不统计进入农村，会拉低农村居民的人均可支配收入。但是农民工收入统计计算到城市，也会使城镇居民的人均可支配收入降低。两边的收入都会降低，最后的城乡收入比是多少，要

---

① 肖明. 统计局将启城乡收入一体化统计改革［N］. 21世纪经济报道，2010－06－09：005.

具体再算。中国社科院经济所赵人伟告诉记者，农民工收入是统计到农村，还是城市，最后的结果大相径庭。如果单独统计出来也是一个解决的办法。但是统计改革改变不了城乡收入差距拉大的现实，因为目前城乡的财产收入差距，以及各种补贴的差距，比一般收入差距更大。国家统计局江西调查队农村住户调查处处长赖建军告诉记者，一般说来，如果农民工外出打工的收入是家庭的主要收入，特别是每年有汇回来的资金，都会统计进入每家的人均纯收入。如果不汇回来，主要在城市用，特别是像第二代农民工，通常不会计入农村居民的收入统计中。"所以农民工的收入是否统计到农村居民住户，要看具体情况"。他指出，像江西这样的农业大省，从事农业的收入占了很大的比重，打工收入没有完全统计进入农村住户收入，不会太大影响实际的农村居民收入。但是在沿海地区，打工收入是农村居民的主要收入，如没有有效统计，会影响到农户平均纯收入。

　　笔者认为，今后城乡居民收入差距的变化不能简单与2013年之前的状况进行比较。2013年，国家统计局公布的收入数据主要是城镇居民人均可支配收入和农村居民的人均纯收入，2013年城乡一体化住户调查改革后的收入数据统一为城乡居民人均可支配收入数据，2013年前后的城乡收入数据存在很多不可比之处：①农村居民人均纯收入不同于人均可支配收入，指标口径和涵盖范围发生变化；②随着农民工群体的不断壮大，以及长期居住和生活在城镇，农民工收入常住地的调查，对城镇和农村居民的人均收入水平同时起降低作用；③自有住房折算净租金的统计。

　　为了方便国家、政府和学者历史对比中国城乡居民收入差距问题，国家统计局可以从几个方面尝试努力：第一，保留几个与2013年之前口径一致的指标，如在公布农村居民人均可支配收入的同时，也公布农村居民人均纯收入指标；第二，在公布各地区城镇和农村居民收入数据的同时，可以将各地区农民工的收入数据单独统计和发布出来，方便随时转换到过去的收入口径；第三，城镇和农村居民可支配收入由工资性收入、经营性收入、财产性净收入和转移性收入四部分组成，同时将财产性净收入中的自有住房折算净租金单列出来。从国家统计局公布的2013年和2014年住户一体化调查数据看，第一点已经做到了，第二、第三方面的数据还未公开。

第五章　中国城乡居民收入差距
演变路径研究

一个国家和地区的居民收入分布随着社会经济发展在不断变化。中国正经历从计划经济到建立、完善社会主义市场经济体制的变革中，城乡居民收入分布及其差异性正在发生着结构性变化。在此背景下，研究中国城乡居民收入分布差异及其变迁，进而测度中国城乡居民收入差距的演变路径既有理论价值，更有实际意义。然而在实际研究中，测算居民收入分布变化无论在统计方法上，还是在统计数据上都是困难的。

尽管统计学意义上的收入分布形式较多，但正如第二章所言，研究者始终在城乡居民收入分布形式上没有达成一致看法，使得当前测度城乡居民收入差距的方法主要集中在传统的描述统计方法上，如直方图、P－P图、Q－Q图、均值、标准差、极差、峰度、偏度和分位数等。近年来，居民收入分布变迁的定量测度方法逐渐发展起来，但由于测度方法和数据的限制，多数研究仍假定居民收入服从某种分布形式，然后估计其中的特征参数，得到城乡居民收入分布函数或密度函数，从而比较城乡不同收入水平或收入区间的人口分布差异性。近年来，居民收入分布变迁的测度方法研究有了更进一步发展，不假定居民收入服从某种特定分布，只从数据出发合理估计城乡居民收入分布形式，并在此基础上测度和分析城乡居民收入分布之间的差异性及其变迁过程。

本章在核密度估计方法和国外相关文献基础上，提出居民相对收入分布方法，通过居民相对收入密度函数和相对分布函数取值的变化来测算不同年份、不同收入水平或收入区间城乡人口分布的差异性及其变动情况，进而分析城乡居民收入差距的形成路径。

第一节　基本概念和方法介绍

构建城乡居民收入差距演变路径的非参数统计测度方法需要用到系列统计方法和概念，这些概念和方法主要有概率密度函数（Probability Density Function，PDF）、分布函数（Cumulative Distribution Function，CDF）、分位数函数（Quantile Function）、复合函数（Composite Function）

的分布函数等，尤其是分位数函数和复合函数的分布函数概念对本章方法的构建极为重要。

一、概率密度函数

一般地说，如果变量的取值依赖于随机现象的基本结果，此变量为随机变量。如果随机变量的取值为有限多个，称此随机变量为离散随机变量；如果随机变量的取值充满数轴的一个区间，则称此随机变量为连续型随机变量。

定义 5.1：设 X 是离散随机变量，它的所有可能取值是 $x_1, x_2, \cdots,$ $x_n, \cdots$，假如 X 取 x_i 的概率为：

$$P(X = x_i) = p(x_i) \geqslant 0 \quad i = 1, 2, \cdots, n \tag{5-1}$$

且满足式（5-2）的条件：

$$\sum_{i=1}^{\infty} p(x_i) = 1 \tag{5-2}$$

则称这组概率 $[p(x_i)]$ 为该随机向量 X 的分布列，或 X 的概率分布，记为 $X \sim [p(x_i)]$。

定义 5.2：设 $p(x)$ 是定义在整个实数轴上的一个函数，假如它满足如下两个条件：

（1）$p(x) \geqslant 0$

（2）$\int_{-\infty}^{+\infty} p(x) = 1$

则称 $p(x)$ 为概率密度函数或密度函数，有时简称密度。

假如密度函数 $p(x)$ 与连续随机变量 X 有如下关系：对任意 $a, b \in R$，且 $a < b$，X 在区间 $[a, b]$ 上取值的概率为曲线 $p(x)$ 在该区间上曲边梯形的面积，即如式（5-3）所示：

$$P(a \leqslant x \leqslant b) = \int_a^b p(x) \mathrm{d}x \tag{5-3}$$

则称密度函数 $p(x)$ 为连续型随机变量 X 的概率分布，简称 $p(x)$ 为 X 的密度函数，记为 $X \sim p(x)$。

二、分布函数

定义 5.3：设 X 为一个随机变量，对任意实数 x，事件"$X \leqslant x$"的概率是 x 的函数，记为：

$$F(x) = P(X \leqslant x) \tag{5-4}$$

这个函数称为 X 的累积分布函数，简称分布函数。

离散、连续随机变量都存在分布函数，分布函数具有一些基本性质：

(1) $0 \leqslant F(x) \leqslant 1$

(2) $F(-\infty) = \lim\limits_{x \to -\infty} F(x) = 0$

(3) $F(+\infty) = \lim\limits_{x \to +\infty} F(x) = 1$

(4) 对任意的 $x_1 < x_2$，有 $F(x_1) \leqslant F(x_2)$

(5) $F(x)$ 是右连续函数，即 $F(x) = F(x+0)$

若已知离散随机变量 X 的分布列为 $\{p(x_i)\}$，容易写出 X 的分布函数：

$$F(x) = \sum_{x_i \leqslant x} p(x_i)$$

若已知连续型随机变量 X 的概率密度函数 $p(x)$，则其分布函数 $F(x)$ 可以表示为：

$$F(x) = P(X \leqslant x) = \int_{-\infty}^{x} p(x)\,\mathrm{d}x$$

可见，一个连续型随机变量的分布函数由它的密度函数所决定，$F(x)$ 在 $x = x_0$ 上的取值在几何上可以表达为横轴以上、曲线 $p(x)$ 以下、直线 $x = x_0$ 以左部分的面积，如图 5 - 1 所示。

一般情况下，分布函数 $F(x)$ 图形大体如图 5 - 2 所示。

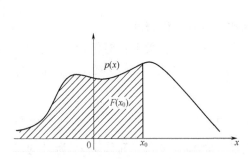

图 5 - 1　分布函数与概率密度函数的关系图

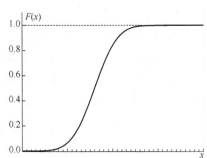

图 5 - 2　分布函数图

三、分位数函数

定义 5.4：设连续型随机变量 X 的分布函数为 $F(x)$，密度函数为 $f(x)$，对任意 $\alpha\,(0 < \alpha < 1)$，假如 x_α 满足式（5 - 5）的条件：

$$F(x_\alpha) = \int_{-\infty}^{x_\alpha} f(x)\,\mathrm{d}x = \alpha \qquad (5-5)$$

则称 x_α 为 X 分布的 α 分位数，或称 α 下侧分位数。假如 x_α' 满足式 (5-6) 的条件：

$$1 - F(x_\alpha') = \int_{x_\alpha'}^{\infty} f(x)\,\mathrm{d}x = \alpha \qquad (5-6)$$

则称 x_α' 为 X 分布的 α 上侧分位数。

对于下侧分位数函数而言：

$$Q(\alpha) = F^{-1}(\alpha) = \inf_x \{x \mid F(x) \geqslant \alpha\} \qquad (5-7)$$

即，对于 $0 \leqslant \alpha \leqslant 1$

$$F(Q(\alpha)) = \alpha$$

四、复合函数的分布函数

在理论研究和实际应用中经常会遇到这样的问题：已知随机变量 X 的概率分布，求其某个函数 $g(X)$ 的概率分布，就是复合函数的分布函数。关于随机变量复合函数的分布函数和密度函数求解，存在下列定理：

定理 5.1：设已知随机变量 X 的分布函数为 $F_X(x)$ 和密度函数 $p_X(x)$，又设 $Y = g(X)$，其中，函数 $g(\cdot)$ 是严格单调函数，且导数 $g'(x)$ 存在，则 Y 的分布函数和密度函数分别如式 (5-8) 和式 (5-9) 所示：

$$F_Y(y) = P(Y \leqslant y) = P(g(X) \leqslant y) = P(X \leqslant h(y)) = F_X(h(y)) \quad (5-8)$$

$$P_Y(y) = p_X(h(y))\,|h'(y)| \qquad (5-9)$$

其中，$h(y)$ 是 $y = g(x)$ 的反函数，$h'(y)$ 是其导数。

第二节 城乡居民收入分布差异性的统计测度方法构建

在核密度估计方法基础上，本节构建中国城乡居民收入分布差异性的测度方法——城乡居民相对收入分布方法。居民相对收入分布方法主要用来比较两组（参照组和对比组）居民收入分布之间的差异性。参照组和对比组既可以为同一时间的不同群体，也可以为不同时间的同一群体。因此，相对收入分布方法可以用来比较同一时间不同群体之间的居民收入分布差异性或者不同时间同一群体的居民收入分布变迁。

一、相对分布方法研究进展

尽管相对分布方法（Relative Distribution）的统计构建思想由来已久，

但国内外明确系统地研究相对数据（relative data）及其分布函数（CDF）、概率密度函数（PDF）的成果不多。

帕尔逊（Parzen，1977，1992）首次系统研究了相对数据及其密度函数，且帕尔逊提出的相对分布函数和相对密度函数是基于合并后的参照组构建和估计的，即将所有研究组的样本数据合并，将合并后的数据组作为新的参照组，选择合并前的某一组数据作为对比组，从而构建对比组和参照组之间的相对数据分布函数和密度函数，研究得到的相对分布函数和相对密度函数主要用来比较不同组分布的内部差异性。在帕尔逊的研究结论中，如果对比组在合并后的新参照组中所占的比例为 $\lambda(0 \leqslant \lambda \leqslant 1)$，且合并前的原参照组和对比组分布函数分别为 $F(y)$ 和 $F_0(y)$，则合并后的新参照组的分布函数如式（5-10）所示：

$$H(y) = \lambda F(y) + (1 - \lambda)F_0(y) \qquad (5-10)$$

帕尔逊的研究主要集中在分布函数 $F(y)$ 对分布函数 $H(y)$ 的相对分布上，即分析分布内部的变化。他的研究进一步证明，使用合并后的新参照组或者是合并前的原参照组得到的两个相对分布函数具有对应的关系，但当对比组与合并前的原参照组样本相互独立时，这种关系是不存在的。进一步的，如果用 $GP(p)$ 表示基于对比组与合并后的新参照组得到的相对数据的分布函数，且对比组在新参照组中所占的比例为 λ，$G(p)$ 表示基于对比组和合并前的原参照组得到的相对分布函数，那么 $GP(p)$ 和 $G(p)$ 的关系如式（5-11）所示：

$$GP^{-1}(p) = \lambda p + (1 - \lambda)G^{-1}(p) \qquad (5-11)$$

在参照组分布函数已知的情形下，基于参照组和对比组构建的相对分布函数很大程度上取决于对比组的分布函数形式。普利荷达（Prihoda，1981）进一步深入研究对比组分布函数形式的重要性，及其对相对分布函数的影响作用；亚历山大·威廉（Alexander William，1989）在对"两样本具有同样分布"原假设被拒绝后，基于帕尔逊的相对分布方法和理论，在实现计算机图形展示的同时，提出了相对分布方法中对比组分布的核密度估计方法，并使用 Gasser - Muller 边界核密度函数解决相对分布估计量在边界 0 和 1 附近的偏倚，最后在相对分布是均匀分布的假定下，证明了此时的估计量近似服从正态分布。马克·汉德科克（Mark S. Handcock）和玛蒂娜·莫里森（Martina Morris，1999）针对非合并的参照组，进一步发展了相对分布方法，完善该方法的理论内容和实际应用范围。

克威克（Cwik）和米尔尼祖克（Mielniczuk，1989；1993）探讨了相

对密度函数的非参数估计方法，他们将相对分布函数看作是基于参照组分布函数 $F_0(y)$ 的一种等级转换，将相对密度函数称之为等级密度函数（grade density），并发展了相对密度函数的一种核密度估计方法，证明该方法下的估计量几乎是处处收敛。吉贝尔斯和米尔尼祖克（Gijbels & Mielniczuk, 1995）进一步推广了克威克（Cwik）和米尔尼祖克（Mielniczuk）的研究结果，并计算出收敛的速度。尤班克和莱瑞卡（Eubank & LaRiccia, 1987, 1995）提出了测度对比组分布情况的概括性指标，如卡方分散指数（Chi – squared divergence index），并通过该指数进行非参数假设检验，从而判断参照组和对比组分布的一致性。

构建相对分布方法所使用的参照组究竟是否应该将样本合并，关键要看研究问题的需要。很多时候研究问题的经济背景适合将原参照组和对比组进行合并。另外，当对比组和参照组样本量很小，不足以估计相对分布函数时，也需要合并对比组和参照组作为新的参照组。但更多时候，参照组和对比组的样本不是来自同一个总体，它们之间彼此独立，此时将对比组和原参照组合并就显得很不合适。

二、城乡居民相对收入分布方法构建

（一）城乡居民相对收入分布函数和相对收入密度函数构建

此处将农村居民收入作为参照组，将城镇居民收入作为对比组。由于主要是分析和测度不同年份城乡居民收入分布之间的差异性，在构建城乡居民相对收入分布函数和相对收入密度函数时，不对参照组（农村居民收入水平数据）和对比组（城镇居民收入水平数据）进行合并。

令连续型随机变量 Y_0 代表参照组农村居民的收入水平，Y_0 的分布函数和密度函数[①]分别表示为 $F_0(y)$ 和 $f_0(y)$；令连续型随机变量 Y 代表对比组城镇居民的收入水平，Y 的分布函数和密度函数分别表示为 $F(y)$ 和 $f(y)$。

则收入水平 Y 与 Y_0 的相对状态，本书表示为随机变量 R，R 表示为式 (5 – 12)：

$$R = F_0(Y) \qquad (5 – 12)$$

随机变量 R 的取值通过城镇居民收入水平变量 Y 在农村居民收入水平 Y_0 的分布函数 $F_0(y)$ 中的取值获得，即通过函数 F_0 对变量 Y 进行等级转换

---

① 除明确指出，本章的居民收入分布函数和密度函数都是连续函数。

（grade transformation，Cwik & Mielniczuk，1989）得到 R。

由式（5-12）可知，随机变量 R 的取值范围在 $[0，1]$，且具有相应的分布函数和密度函数，本书表示为 $G(r)$ 和 $g(r)$，分别称为城乡居民相对收入分布函数和相对收入密度函数。由定义 5.4 和定理 5.1 中的式（5-8），可以得到随机变量 R 的分布函数如式（5-13）所示：

$$G(r) = F(F_0^{-1}(r)) = F(Q_0(r)) \qquad (0 \leqslant r \leqslant 1) \qquad (5-13)$$

其中，$Q_0(r)$ 是分布函数 $F_0(y)$ 的 r 分位数，表示参照组农村居民收入水平小于等于 $Q_0(r)$ 的农村居民比重为 r。

对式（5-13）求导得到变量 R 的密度函数如式（5-14），即城乡居民的相对收入密度函数 $g(r)$ 如式（5-14）所示：

$$g(r) = \frac{f(Q_0(r))}{f_0(Q_0(r))} \qquad (0 \leqslant r \leqslant 1) \qquad (5-14)$$

根据定义 5.4，令 $Q_0(r) = y_r$，因此式（5-14）可以进一步变形为式（5-15）：

$$g(r) = \frac{f(Q_0(r))}{f_0(Q_0(r))} = \frac{f(y_r)}{f_0(y_r)} \qquad (y_r = Q_0(r) \geqslant 0) \qquad (5-15)$$

式（5-15）即为对比组城镇居民收入水平 Y 和相对参照组农村居民收入水平 Y_0 等级转换后的相对变量 R 的密度函数，也被称为收入水平 Y 相对收入水平 Y_0 的相对密度函数，可以简单地解释为两个密度函数 $f(y)$ 和 $f_0(y)$ 的比值，而 f 和 f_0 的连续性保证了 $g(r)$ 在 $[0，1]$ 区间的连续性。

根据式（5-13）和式（5-15），城乡居民相对收入分布函数和相对收入密度函数的经济意义可以解释为：对于参照组农村居民的收入分位数 $Q_0(r)$（收入水平表示为 y_r），当 $G(r) > r(G(r) = r$ 或 $G(r) < r)$ 时，则对比组城镇居民中收入水平小于等于 y_r 的人口比重大于 r（等于 r 或小于 r）；当相对密度函数 $g(r)$ 的数值大于 1（等于 1 或小于 1）时，则对比组城镇居民收入水平等于 y_r 的人口比重大于（等于或小于）参照组农村居民收入水平等于 y_r 的人口比重。

（二）城乡居民相对收入分布函数和相对收入密度函数应用

为了我们更好地理解城乡居民相对收入分布函数和相对收入密度函数的作用，通过例题[①]理解城乡居民收入分布（收入密度函数）$f_0(y)$ 和

---

① 本例题根据上述原理，由 R 语言编程实现。

$f(y)$、相对收入分布函数 $G(r)$ 和相对收入密度函数 $g(r)$ 之间的关系及其应用价值。

图 5 – 3 为应用核密度估计方法得到的参照组农村居民的收入密度函数 $f_0(y)$ 和对比组城镇居民的收入密度函数 $f(y)$。

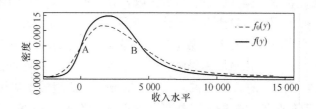

图 5 – 3　参照组农村居民和对比组城镇居民收入密度曲线

图 5 – 4 是图 5 – 3 对应的城乡居民相对收入密度函数 $g(r)$，上下两条虚线为相对收入密度曲线 $g(r)$ 的 95% 置信区间。根据定义 5.4 分位数的含义，图 5 – 4 下横坐标轴表示参照组农村居民的人口累计比重 r（$0 \leqslant r \leqslant 1$）；上横坐标轴表示参照组农村居民相应的收入分位数 y_r；纵轴表示不同收入水平 y_r 下，对比组城镇居民收入密度曲线相应值与参照组农村居民收入密度曲线相应值的比值 $f(y_r)/f_0(y_r)$，即相对收入密度函数值 $g(r)$。图中曲线大于 1 的点表示相应收入水平 y_r 下，对比组城镇居民收入密度相应值 $f(y_r)$ 大于参照组农村居民收入密度相应值 $f_0(y_r)$；小于 1 的点表示相应收入水平 y_r 下，对比组城镇居民收入密度相应值 $f(y_r)$ 小于参照组农村居民收入密度相应值 $f_0(y_r)$；与 1 相交的点表示对应收入水平 y_r 下，对比组城镇居民收入密度曲线相应值 $f(y_r)$ 等于参照组农村居民收入密度相应值 $f_0(y_r)$。因此，图 5 – 4 中的 A，B 点与图 5 – 3 中的 A，B 点是相对应的。

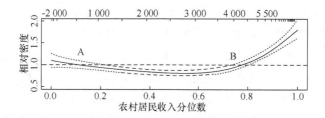

图 5 – 4　城乡居民相对收入密度函数曲线

图 5 - 5 是图 5 - 3 相应的城乡居民相对收入分布函数 $G(r)$ 。图 5 - 5 下横坐标轴表示参照组农村居民人口累计比重 r（$0 \le r \le 1$）；上横坐标轴表示参照组农村居民相应的收入分位数 y_r；纵轴表示不同收入水平 y_r 下，对比组城镇居民收入小于等于 y_r 的人口比重 β（$0 \le \beta \le 1$）。图中虚线为45 度对角线，表示对应参照组农村居民收入分位数 y_r，对比组城镇居民收入小于等于 y_r 的累计人口比重 β 始终等于参照组农村居民人口比重 r。如果图 5 - 5 中的相对收入分布函数曲线在虚线上方，表示对应参照组农村居民收入分位数 y_r，对比组城镇居民收入小于等于 y_r 的人口比重 β 始终高于参照组农村居民相应的人口比重 r，此种情况下对比组城镇居民的收入水平整体要低于参照组农村居民；如果相对收入分布函数曲线在虚线下方，表示对应参照组农村居民收入分位数 y_r，对比组城镇居民收入小于等于 y_r 的人口比重 β 始终低于参照组农村居民相应的人口比重 r，此种情况下对比组城镇居民的收入水平整体要高于参照组农村居民。

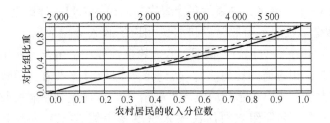

图 5 - 5　城乡居民相对收入分布函数曲线

观察图 5 - 3，对应 A 点之前的不同收入水平，对比组城镇居民人口比重均大于参照组农村居民人口比重，与此对应图 5 - 4 中的相对收入密度函数的值大于 1；A - B 收入区间的不同收入水平下，对比组城镇居民人口比重均比参照组农村居民低，与此对应图 5 - 4 中的相对密度函数在 A - B 段均小于 1；对应 B 点之后的不同收入水平，对比组城镇居民人口比重均高于参照组农村居民，与此对应图 5 - 4 中的相对收入密度值均大于 1。通过对比图 5 - 3 和图 5 - 4，我们不难发现收入水平在 A - B 区间时，对比组城镇居民人口比重比参照组农村居民更高。观察图 5 - 5 发现，当横轴 $r =$ 0.6 时，参照组农村居民对应的收入分位数 y_r 高于 3 000 元，参照组农村居民中 60% 的人口收入分位数低于 3 000 元；而纵轴对应的对比组城镇居民人口比重 β 为 0.5 ~ 0.6，小于 60%，说明对比组城镇居民收入水平低于 y_r（3 000 多元）的人口不足 60%。可见，相对收入分布函数可以反映参照组农村居民和对比组城镇居民收入小于等于某水平的累计人口比重差异。

通过对城乡居民相对收入分布函数和相对收入密度函数进行应用分析，得到四个应用结论。

第一，用核密度估计方法可以给出城乡居民收入分布，通过图形能大致观察参照组农村居民和对比组城镇居民收入分布的差异情况。

第二，城乡居民相对收入密度函数可以具体测度任意收入水平下，参照组农村居民和对比组城镇居民收入分布密度曲线的具体差异。

第三，城乡居民相对收入分布函数可以测度任意收入区间，参照组农村居民和对比组城镇居民在不同收入水平下的累计人口比重（或规模）差异性。

第四，相对收入分布不动点现象。如果在某个收入水平下相对密度函数 $g(r) = 1$（例如，图 5 – 4 中的 A 点和 B 点），对比组收入密度函数值与参照组收入密度函数值相等。根据相对收入密度函数的性质，在城乡居民收入分布差异中至少有一个这样的不动点，我们称之为相对收入分布不动点。

三、城乡居民相对收入分布函数和相对收入密度函数估计

在对城乡居民相对收入分布函数及相对收入密度函数进行估计时，参照组农村居民和对比组城镇居民的收入分布函数、收入密度函数将起到关键作用。研究中遇到最多的情形是：参照组农村居民和对比组城镇居民的收入分布函数均未知或仅有一组已知。因此，估计城乡居民的相对收入分布函数和相对收入密度函数时，多假定对比组城镇居民收入分布未知，同时考虑以下两种情形：①参照组农村居民收入分布形式已知；②参照组农村居民收入分布形式未知。在实际研究过程中遇到更多的是参照组农村居民和对比组城镇居民收入分布形式均未知的情况，因此本节仅考虑第二种情形下城乡居民相对收入分布函数和相对收入密度函数的估计问题。

假定参照组农村居民的收入分布函数形式为 $F_0(Y_0)$，对比组城镇居民的收入分布函数形式为 $F(Y)$。从参照组农村居民和对比组城镇居民中分别抽取独立同分布的样本，分别用 $Y_{01}, Y_{02}, \cdots, Y_{0n}$ 和 $Y_1, Y_2, \cdots, Y_m$ 表示。

基于对比组城镇居民的收入数据 $Y_1, Y_2, \cdots, Y_m$，参照组农村居民收入的分布函数 $F_0(Y_0)$，则对比组城镇居民收入水平 Y 相对参照组农村居民收入 Y_0 的相对数据 R 的数学表示如式（5 – 16）所示：

$$R_j = F_0(Y_j) \, j = 1, \cdots, m \qquad (5-16)$$

对比组城镇居民收入数据 $Y_1, Y_2, \cdots, Y_m$ 是独立同分布样本，因此，可以认为相对数据 R_j（$j = 1, \cdots, m$）是服从某一分布的独立同分布样本，相对数据 R_j 的分布函数和密度函数分别用 $G(r)$，$g(r)$ 表示。

统计方法中，一般通过经验累积分布函数来估计分布函数。参照组农村居民收入的经验累积分布函数 $F_{n0}(y)$ 可以用表达式（5-17）表示，将其作为参照组农村居民收入分布函数 $F_0(Y_0)$ 的一个估计。

$$F_{n0}(y) = \frac{1}{n} \sum_{i=1}^{n} I(Y_{oi} \leqslant y) \qquad (-\infty < y < \infty) \qquad (5-17)$$

式（5-17）中，指示函数 $I(Y_{0i} \leqslant y) = \begin{cases} 1 \\ 0 \end{cases}$，如果事件 $Y_{0i} \leqslant y$ 为真时，取值为 1；否则取值为 0。根据中心极限定理（Kelly，1994），$F_{n0}(y)$ 的渐进分布可以描述为：随着样本量的增加，$F_{n0}(y)$ 的分布渐进服从均值为 $F_0(y)$，方差为 $F_0(y)(1 - F_0(y))/n$。可知，对于给定的收入水平 y，$F_{n0}(y)$ 是 $F_0(y)$ 的一致性估计。且当 $n \to \infty$ 时，$F_{n0}(y)$ 渐近服从正态分布，即如式（5-18）所示：

$$F_{n0}(y) \sim AN\left\{ F_0(y), \frac{F_0(y)(1 - F_0(y))}{n} \right\} (-\infty < y < \infty) \qquad (5-18)$$

将式（5-16）（$j = 1, \cdots, m$）中 $F_0(y)$ 换作 $F_{n0}(y)$，则得到定义式（5-19）所示：

$$Q_j = F_{n0}(Y_j) \, j = 1, 2, \cdots, m \qquad (5-19)$$

式（5-19）计算得到的数据 Q_j（$j = 1, 2, \cdots, m$）称为拟相对数据。$Q_j(j = 1, 2, \cdots, m)$ 和式（5-16）定义的相对数据 R_j（$j = 1, 2, \cdots, m$）不同，拟相对数据 Q_j（$j = 1, 2, \cdots, m$）与参照组农村居民收入样本 Y_{01}，$Y_{02}, \cdots, Y_{0n}$ 相关，即拟相对数据 Q_j 之间不相互独立。但是，莱曼（Lehmann，1953）、林和苏克特马（Lin & Sukhatme，1993）对拟相对数据进行深入研究证明：拟相对数据 Q_j 两两之间的相关系数为 $\frac{1}{n}$ 的高阶无穷小，可以看作是不相关的。

（一）相对收入分布函数的估计

对比组城镇居民收入分布的经验分布函数形式用式（5-20）表示：

$$F_m(y) = \frac{1}{m} \sum_{j=1}^{m} I(Y_j \leqslant y) \qquad (5-20)$$

则经验相对分布函数可以表示为式 (5-21)：

$$G_{n,m}(r) = F_m(F_{n0}^{-1}(r)) \quad (0 < r < 1) \tag{5-21}$$

进一步，$G(r)$ 的估计量可以用拟相对数据表示为式 (5-22)：

$$G_{n,m}(r) = \frac{1}{m}\sum_{j=1}^{m} I(Q_j \le r)\ (0 < r < 1) \tag{5-22}$$

且 $0 < r < 1$ 时，$G_{n,m}$ 几乎处处收敛于 G（Hsieh & Trbull，1996），即柯尔莫诺夫—斯米尔诺夫距离 $D_m = \sup\limits_{0 < r < 1}|G_m(r) - G(r)|$ 依概率 1 收敛于 0，即 $P[\lim_{m\to\infty} D_m = 0] = 1$。

加斯特沃思（Gastwirth，1968）证明了 $G_{n,m}$ 的渐近分布，用定理表示如下：

定理 5.2：假定 $0 < r < 1$，$\lambda_r = F_0^{-1}(r)$，且 $F_0(x)$，$F(x)$ 分别在 λ_r 邻域内具有密度函数 $f_0(x)$，$f(x)$，且 $f_0(x)$，$f(x)$ 在 λ_r 处为正且连续，那么，当 $m \to \infty$，$m/n \to k^2 < \infty$：

$$G_{n,m}(r) \sim AN\left\{G(r), \frac{G(r)(1 - G(r))}{m} + \frac{r(1 - r)g^2(r)}{n}\right\} \tag{5-23}$$

此时，估计量 $G_{n,m}$ 的估计需要考虑两个样本量，即参照组样本量 n 和对比组样本量 m，并假定两个样本量以同样的速度增加。如果两个样本量中的任何一个固定，式 (5-23) 都将不成立。渐近分布 $G_{n,m}(r)$ 和 $G_m(r)$ 的渐近分布的差别体现在方差，可以理解为用 $F_{n0}(Y_0)$ 代替 $F_0(Y_0)$ 所付出的代价，即增加相对分布函数 $G_m(r)$ 估计的不确定性，进一步也增加了相对密度函数 $g(r)$ 的不确定性。

（二）相对收入密度函数的核密度估计

参照组农村居民和对比组城镇居民的相对收入数据密度函数的核密度估计中，核密度估计形式设定为式 (5-24) 所示：

$$g_m(r) = \frac{1}{mh_m}\sum_{j=1}^{m} K\left(\frac{r - R_j}{h_m}\right) \tag{5-24}$$

其中，核函数 $K(\cdot)$ 满足式 (2-12) 至式 (2-15) 要求的性质。

当 $m \to \infty$，$h_m \to 0$，$mh_m \to \infty$ 时，通过泰勒级数展开式，得到式 (5-25) 和 (5-26)：

$$\text{Bias}[g_m(r)] = \frac{1}{2}h_m^2 \sigma_K^2 g''(r) + O(h_m^4) \tag{5-25}$$

$$\text{Var}[g_m(r)] = \frac{g(r)\int K^2(u)\,\mathrm{d}u}{mh_m} + O(m^{-1}) \tag{5-26}$$

核密度估计的好坏可以通过偏差项进行判断，现在相对收入密度函数 $g(r)$ 的核估计 $g_m(r)$ 的估计偏差是和带宽 h_m^2 相关的。关于核密度估计量 $g_m(r)$ 和带宽 h_m 的关系存在四个定理。

定理 5.3：假定 $0 < r < 1$，参照组农村居民收入和对比组城镇居民的收入分布函数 $F_0(y)$ 和 $F(y)$ 分别具有光滑的密度函数 $f_0(y)$ 和 $f(y)$，核函数 $K(\cdot)$ 二阶可导。当 $h_m \to 0$，$mh_m \to \infty$，$m/n \to k^2 < \infty$，有：

$$g_m(r) \sim AN\left\{g(r) + \frac{1}{2}h_m{}^2\sigma_K^2 g''(r), \frac{g(r)\int K^2(u)\,\mathrm{d}u}{mh_m}\right\} \tag{5-27}$$

如果带宽 h_m 迅速趋近于 0 时，$g_m(r)$ 的偏差项是 h_m 的高阶无穷小，会以更快的速度趋于 0，此时 $g_m(r)$ 的偏差项和 $g_m(r)$ 的标准差相比会更小，因此可以忽略 $g_m(r)$ 的偏差项，从而可以进一步得到定理 5.4：

定理 5.4：假定 $0 < r < 1$，参照组农村居民收入和对比组城镇居民收入分布函数 $F_0(y)$ 和 $F(y)$ 分别具有光滑的密度函数 $f_0(y)$ 和 $f(y)$，核函数 $K(\cdot)$ 二阶可导。当 $h_m \to 0$，$mh_m^3 \to \infty$，$mh_m^5 \to 0$，$m/n \to k^2 < \infty$，有：

$$g_m(r) \sim AN\left\{g(r), \frac{g(r)\int K^2(u)\,\mathrm{d}u}{mh_m}\right\} \tag{5-28}$$

由定理 5.4 可知，为了得到相对收入密度 $g(r)$ 的一致估计量，需要选择一个合适的核密度函数 $K(\cdot)$ 和带宽 h_m。其中，核密度函数的选择主要取决于 $g(r)$ 的性质。

西蒙诺夫（Simonoff，1996）提供了很多选择核密度函数的方法，并证明不同的核密度函数选择方法的效果都很好。这与第二章第三节研究者关于核密度函数选择的研究结果是一致的。

为了得到最优带宽，需要使平均积分误差（MISE）最小，MISE 的渐近数学式为：

$$\frac{\int K^2(u)\,\mathrm{d}u}{mh_m} + \frac{1}{4}h^4\sigma_K^4\int (g''(r))^2\,\mathrm{d}r$$

得到的最优带宽为：

$$h_{OR} = \left[\frac{\int K^2(u)\,\mathrm{d}u}{\sigma_k^4\int (g''(r))^2\,\mathrm{d}r}\right]^{1/5}m^{-1/5}$$

将核密度估计方法应用到拟相对数据中，构建的 $g(r)$ 核密度估计为：

$$g_{n,m}(r) = \frac{1}{mh_m}\sum_{j=1}^{m}K\left(\frac{r - Q_j}{h_m}\right)$$

克威克和米尔尼祖克（Cwik & Mielniczuk，1989）研究证明：当参照组样本量 m 和对比组样本量 n 趋于 ∞，带宽 $h_m \to 0$ 时，$g_{n,m}(r)$ 几乎处处收敛到 $g(r)$（$0 \leqslant r \leqslant 1$）。

拟相对数据概率密度函数的核密度估计特点可以用定理5.5描述。

定理5.5：假定 $0 < r < 1$，且参照组农村居民收入分布函数 $F_0(Y_0)$ 和对比组城镇居民收入分布函数 $F(Y)$ 分别具有光滑的密度函数 $f_0(y)$ 和 $f(y)$（足够光滑以至相对密度函数 g 是均匀分布）。$K(\cdot)$ 是一个二次连续可微的核函数，那么，对于带宽序列 $\{h_m\}$，当 $h_m \to 0$，$mh_m^3 \to \infty$，$mh_m^5 \to 0$，$m/n \to k^2 < \infty$，则：

$$g_{n,m}(r) \sim AN\left\{g(r), \frac{g(r)\int K^2(u)\,\mathrm{d}u}{mh_m} + \frac{g^2(r)\int K^2(u)\,\mathrm{d}u}{nh_m}\right\} \quad (5-29)$$

将式（5-29）中相对收入密度函数估计量 $g_{n,m}(r)$ 与式（5-28）的 $g(r)$ 相比，发现估 $g_{n,m}(r)$ 渐近分布的方差比 $g(r)$ 大。这可以看作是使用参照组农村居民收入的经验累积分布 $F_{n0}(Y_0)$ 代替未知的收入分布 $F_0(Y_0)$ 付出的代价，即增加了 $g(r)$ 估计的不确定性。

第三节　中国城乡居民收入分布差异及其变迁分析

核密度估计方法得到的城乡居民收入密度曲线能反映不同收入水平人口的大致变动方向，但如何测度不同收入水平城乡人口分布的具体差异及其变动则显得更为重要。基于第四章第二节介绍的 CHNS 数据，通过本章第二节构建的城乡居民相对收入分布方法，本节分析和测度中国城乡居民收入分布差异及变动情况。

一、中国城乡居民收入分布差异及其总变迁

通过 R 语言编程估计得到1989年和2009年中国城乡居民收入密度函数的核密度估计、相对收入密度函数和相对收入分布函数，分别如图5-6至图5-11所示。

观察图5-6和图5-7发现，1989—2009年，中国城乡居民收入分布的集中程度降低，即伴随中国居民收入水平提高的同时，城镇居民内部、农村居民内部和城乡居民之间收入差距都在扩大。

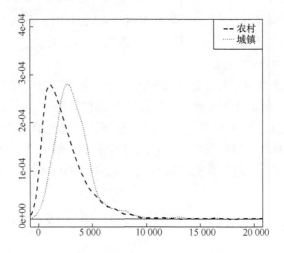

图 5 - 6 1989 年城乡居民收入的核密度估计

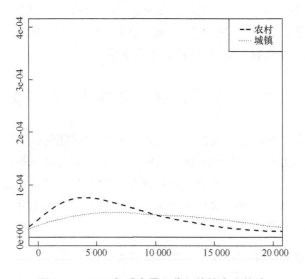

图 5 - 7 2009 年城乡居民收入的核密度估计

表 5 - 1 数据显示,1989 年城镇居民 90% 的人口收入集中在 5 342. 75 元以下,农村居民 90% 的人口收入集中在 5 043. 13 元以下,即城乡人口近 90% 的人口收入低于 5 500 元;2009 年城乡居民 5 500 元以下的人口比重降低,农村居民约 40% 的人口收入低于 5 500 元,城镇居民约 20% 的人口收入低于 5 000 元,城乡居民收入水平提高。2009 年,农村居民 90% 多的人口收入低于 22 000 元,城镇居民 80% 多的人口收入低于 21 000 元。较 1989 年,2009 年 5 500 ~ 22 000 元的人口比重上升,中国城乡居民收入水

平在提高的同时，收入分布的差异性加剧。与此对应，城乡居民相应收入
分位数的差距整体也呈现递增趋势。1989 年，城乡居民收入差距主要集中
在中等收入群体，高收入群体和低收入群体的收入差距相对较小；2009
年，城乡居民之间的收入差距与收入水平呈现高度正相关，即收入水平越
高群体间收入差距越大，且高收入群体收入差距扩大更明显。这反映出城
乡居民收入分布集中程度降低、收入差距扩大。

表 5 - 1　1989 年和 2009 年城乡居民收入分位数　　　　　　　元

分位数	1989 年 （以 2009 年为不变价进行调整）			2009 年		
	农村	城镇	差距	农村	城镇	差距
10	504.64	1 382.22	877.58	1 509.76	2 206.19	696.42
20	863.48	1 976.87	1 113.39	2 872.93	4 652.79	1 779.86
30	1 189.44	2 360.32	1 170.89	4 168.23	6 650.10	2 481.86
40	1 560.14	2 694.69	1 134.54	5 458.51	8 716.14	3 257.63
50	1 957.46	3 023.31	1 065.84	6 978.04	11 231.60	4 253.56
60	2 446.21	3 436.79	990.58	8 708.91	13 657.50	4 948.59
70	2 957.48	3 882.89	925.40	11 064.56	16 590.99	5 526.43
80	3 738.08	4 386.29	648.20	14 337.82	20 431.66	6 093.84
90	5 043.13	5 342.75	299.62	21 325.04	27 459.61	6 134.57

数据来源：根据"中国营养和健康调查"数据整理。

城乡居民收入分布是否存在收入分布差异不动点呢？进一步观察城乡
居民 1989 年和 2009 年的相对收入密度函数，如图 5 - 8 和图 5 - 9。

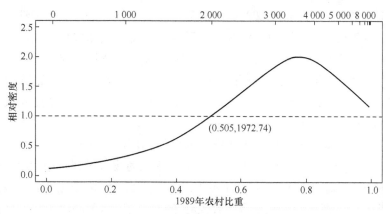

图 5 - 8　1989 年城乡居民相对收入密度曲线

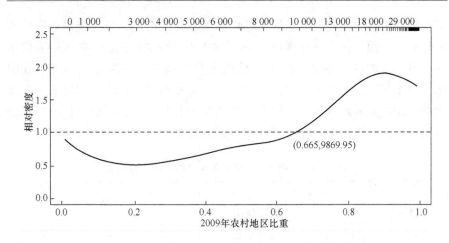

图 5 - 9　2009 年城乡居民相对收入密度曲线

观察图 5 - 8 可知，1989 年，城乡居民收入分布差异性的不动点为年收入 1 972.74 元，即 1989 年城镇居民收入密度曲线和农村居民收入密度曲线在年收入 1 972.74 元处相交，即在此点附近收入区间求极限积分（人口比重）是相等的，且 1989 年农村居民年收入低于 1 972.74 元的人口比重为 50.5%。年收入低于 1 972.74 元的收入区间，相对收入密度曲线小于 1，对应图 5 - 6 农村居民的收入密度曲线位于城镇居民的收入密度曲线上方，即对比组城镇居民收入处于此收入区间不同收入水平上的人口比重均低于参照组农村居民；年收入高于 1 972.74 元的收入区间，相对收入密度曲线大于 1，对应图 5 - 6 农村居民收入密度曲线始终位于城镇居民收入密度曲线下方，即对比组城镇居民收入处于此收入区间不同收入水平上的人口比重均高于参照组农村居民。

观察图 5 - 9 可知，2009 年，城乡居民收入分布差异性的不动点为年收入 9 869.95 元，即 2009 年城镇居民收入密度曲线和农村居民收入密度曲线在年收入 9 869.95 元处相交，即在此点附近收入区间求极限积分（人口比重）是相等的，且 2009 年农村居民收入低于 9 869.95 元的人口比重为 66.5%。年收入低于 9 869.95 元的收入区间，相对收入密度曲线小于 1，对应图 5 - 7 农村居民的收入密度曲线位于城镇居民的收入密度曲线上方，即对比组城镇居民收入处于此收入区间不同收入水平上的人口比重均低于参照组农村居民；年收入高于 9 869.95 元的收入区间，相对收入密度曲线大于 1，对应图 5 - 7 农村居民收入密度曲线始终位于城镇居民收入密度曲线下方，即对比组城镇居民收入处于此收入区间不同收入水平上的人口比重均高于参照组农村居民。

　　有关城乡居民不同收入区间人口累计分布差异情况，可以进一步观察图5-10和图5-11。1989年和2009年城乡居民相对收入分布函数曲线都在45度对角线下方，且偏离45度对角线的幅度很大。根据相对收入分布函数的经济意义可知：对应农村居民不同收入分位数，城镇居民收入水平小于等于该收入水平的人口比重均低于农村人口。图5-10进一步显示，1989年，农村居民收入小于等于1957.46元的人口比重为50%，相对收入分布函数值显示，城镇居民收入小于等于1957.46元的人口比重仅为19.5%，与农村居民相差30.5个百分点；1989年，农村居民收入小于等于5043.13元的人口比重为90%，相对收入分布函数值显示，城镇居民收入小于等于5043.13元的人口比重为88%，与农村居民相差两个百分点。图5-11进一步显示，2009年，农村居民收入小于等于6978.04元的人口比重为50%，相对收入分布函数值显示，城镇居民收入小于等于6978.04元的人口比重为31.84%，与农村居民相差18.16个百分点；2009年，农村居民收入小于等于21325.04元的人口比重为90%，相对收入分布函数值显示，城镇居民收入小于等于21325.04元的人口比重为81.15%，与农村居民相差8.85个百分点。可见，1989—2009年，城乡居民人口均由低收入区间不断向高收入区间流动，且收入分布的差异性从低收入区间向高收入区间集中，即高收入区间城乡人口分布差异性在不断拉大，低收入区间城乡人口分布差异性有所缩小。

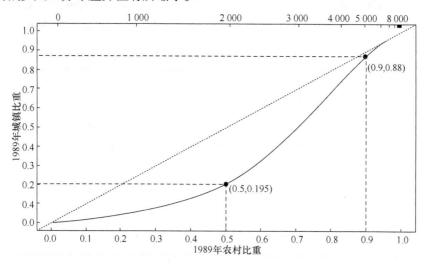

图5-10　1989年城乡居民相对收入分布函数

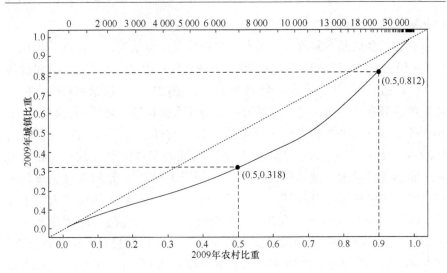

图 5 - 11　2009 年城乡居民相对收入分布函数

　　根据城乡居民相对收入分布函数计算得到城镇居民收入水平低于农村居民各收入分位数的人口比重，整理得到表 5 - 2。观察表 5 - 2 可以发现：相比 1989 年，2009 年城镇居民收入水平低于农村居民相应收入分位数的人口累计比重均低于农村居民相应的人口比重，且城镇居民收入低于农村居民各收入分位数的人口比重均呈上升趋势，上升的幅度不一致。总体看，城镇居民收入水平低于农村居民 50% 收入分位数的人口累计比重上升幅度大，50% 收入分位数以下收入区间城乡人口分布比重差异缩小，50% 收入分位数以上收入区间（高收入区间）城乡人口分布比重差异加大。

表 5 - 2　城乡居民不同收入区间人口累计分布差异

分位数	1989 年（以 2009 年为不变价进行调整）			2009 年		
	农村居民收入分位数	小于等于相应收入分位数的城乡人口累计比重（%）		农村居民收入分位数	小于等于相应收入分位数的城乡人口累计比重（%）	
		农村	城镇		农村	城镇
10	504. 64	10	1. 44	1 509. 76	10	7. 19
20	863. 48	20	3. 51	2 872. 93	20	11. 94
30	1 189. 44	30	7. 26	4 168. 23	30	18. 44
40	1 560. 14	40	12. 28	5 458. 51	40	23. 95

分位数	1989 年（以 2009 年为不变价进行调整）			2009 年		
	农村居民收入分位数	小于等于相应收入分位数的城乡人口累计比重（％）		农村居民收入分位数	小于等于相应收入分位数的城乡人口累计比重（％）	
		农村	城镇		农村	城镇
50	1 957.46	50	19.46	6 978.04	50	31.84
60	2 446.21	60	32.70	8 708.91	60	39.87
70	2 957.48	70	47.45	11 064.56	70	49.16
80	3 738.08	80	67.46	14 337.82	80	62.01
90	5 043.13	90	88.28	21 325.04	90	81.15
90 以上	—	100	100	—	100	100

　　在表 5 - 2 基础上，进一步整理得到农村居民不同收入分位数区间城镇居民人口分布，数据如表 5 - 3 所示。2009 年相比 1989 年，对应于农村居民不同收入分位数区间城镇人口比重变动情况如图 5 - 12 所示。

表 5 - 3　农村居民各收入分位数之间城乡居民人口分布差异

分位数	1989 年（以 2009 年为不变价进行调整）			2009 年			城镇人口比重的变动
	农村居民收入分位数	分位数之间的人口比重（％）		农村居民收入分位数	分位数之间的人口比重（％）		
		农村	城镇		农村	城镇	
10	504.64	10	1.44	1 509.76	10	7.19	5.75
20	863.48	10	2.07	2 872.93	10	4.75	2.68
30	1 189.44	10	3.75	4 168.23	10	6.49	2.74
40	1 560.14	10	5.02	5 458.51	10	5.52	0.5
50	1 957.46	10	7.18	6 978.04	10	7.89	0.71
60	2 446.21	10	13.24	8 708.91	10	8.03	− 5.21
70	2 957.48	10	14.75	11 064.56	10	9.29	− 5.46
80	3 738.08	10	20.02	14 337.82	10	12.85	− 7.17
90	5 043.13	10	20.81	21 325.04	10	19.13	− 1.68
90 以上	—	10	11.72	90 以上	10	18.86	7.14

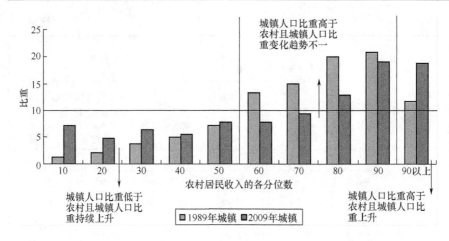

图 5 – 12　城镇居民人口比重（处于农村居民相应收入分位数之间的）变动情况

观察表 5 – 3，1989—2009 年，农村居民各收入分位数之间城镇人口比重变动不具有同步性。下面分别以农村居民 0.5 收入分位数和 0.9 收入分位数为分界点，分析城镇人口比重的变动特点可知，变动趋势呈现区间性变化特征。

（1）农村居民收入的低收入区间城乡人口分布差异性不断降低，城镇居民落入低收入区间的人口在增多，收入水平越低，差异性降低得越明显。1989 年和 2009 年，在农村居民收入 10% 分位数以下、10% ~ 20% 分位数、20% ~ 30% 分位数、30% ~ 40% 分位数、40% ~ 50% 分位数的城镇人口比重均低于相应的农村人口比重值 10%；不同收入区间的城镇人口比重均呈现上升趋势，且在农村居民收入 10% 分位数以下的城镇人口比重上升最多，从 1.44% 上升到 7.19%，上升了 5.75 个百分点。在农村居民收入 10% ~ 20% 分位数、20% ~ 30% 分位数的城镇人口比重分别从 2.07% 和 3.75% 上升到 4.75% 和 6.49%，分别上升 2.68 和 2.74 个百分点；收入水平处于农村居民收入 30% ~ 40% 分位数、40% ~ 50% 分位数的城镇人口比重变动不大，分别上升 0.5 和 0.71 个百分点。可见，落入低收入区间的城镇人口比重不断提高。

（2）农村居民收入的中高收入区间城乡人口分布差异在降低，城镇居民落入中等收入区间的人口在减少，收入水平越高，差异性降低得越明显。1989 年，收入水平处于农村居民收入 50% ~ 60% 分位数、60% ~ 70% 分位数、70% ~ 80% 分位数、80% ~ 90% 分位数的城镇人口比重均高于相应的农村人口比重值 10%；2009 年，收入水平处于农村居民收入 70% ~ 80% 分位数、80% ~ 90% 分位数的城镇人口比重仍高于相应的农村人口比重值10%。1989—2009年，（农村居民收入的）中高收入区间城镇人口比重呈现下降趋势，城乡人口分布差异性在降低。其中，1989年收入水平处于农村居民收入50%~60%分位数、60%~70%分位数、70%~80%分位数、80%~90%分位数的人口比重分别为13.24%，14.75%，20.02%，20.81，2009年分别为8.03%，9.29%，12.85%，19.13%，分别降低5.21，5.46，7.17，1.68个百分点。

（3）农村居民收入的高收入区间城乡人口分布差异性越来越明显，城镇居民落入高收入区间的人口在增加。1989年和2009年，收入水平高于农村居民收入90%分位数的城镇人口比重高于相应的农村人口比重值10%，1989年，城镇人口比重为11.72%，2009年，城镇人口比重为18.86%，上升了7.14个百分点。可见，1989—2009年，在农村居民收入的高收入区间，城镇居民的人口比重不仅没有降低而且是大幅上升。

综上分析，相对于农村居民收入的人口分布，1989—2009年，城镇居民收入的人口分布呈现厚尾平峰分布，即收入水平两端人口比重不断加大，中间人口比重不断分散化并降低，即城乡居民收入分布差异性不断明显。由于城镇人口在低收入区间人口和高收入区间人口比重不断提高，城镇居民内部收入差距提高的同时，城乡居民之间的收入差距也在持续扩大。

二、中国城乡居民收入分布变迁两阶段分析

中国城乡居民收入分布变迁的过程可分为1989—2000年和2000—2009年两个时期，为了对比发现城乡居民收入分布差异性的具体变化及城乡居民收入差距的具体形成过程，将1989—2000年和2000—2009年相应年份的城乡居民相对收入密度曲线放在同一张图上，如图5-13和图5-14所示。

观察图5-13发现，1989—2000年，中国城乡居民相对收入密度曲线变动趋势基本保持一致。城乡居民收入分布的不动点位置变化不明显，1989—2000年基本集中在农村居民收入水平的50%分位数左右。在不动点位置左侧（农村居民收入水平50%分位数以下），历年相对收入密度函数值持续扩大但始终小于1，即城镇居民收入密度曲线始终在农村居民收入密度曲线下方，且两条曲线越来越靠近，在不动点位置相交，即在该收入区间城镇居民人口比重/农村居民人口比重比值小于1，且随着收入区间的提高比值逐渐接近1，城乡居民收入的人口分布差异性逐年在缩小。

在不动点位置右侧（农村居民收入50%分位数以上区间），历年相对

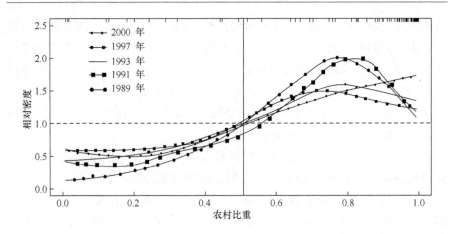

图 5 – 13　1989—2000 年城乡居民相对收入密度曲线

收入密度函数值基本上大于 1，即城镇居民人口比重大于农村居民人口比重，城镇居民收入密度曲线始终在农村居民收入密度曲线上方，但历年城乡居民收入的人口分布变动趋势不一致。具体看，不动点位置之后一段收入区间（约农村居民收入 50% ~ 80% 分位数），随着收入水平的提高，城乡收入的人口分布差异性在不断扩大，城镇居民人口比重越来越高于农村居民人口比重；但随着时间的延续，这种差异性扩大的速度在放慢，因此该收入区间 1989 年的相对收入密度曲线在最上方，2000 年的相对收入密度曲线在最下方；农村居民收入的 80% 分位数之后，相对收入密度曲线值均呈现下降趋势，即随着收入水平的提高，城乡居民收入的人口分布差异性在缩小，且随着时间的延续，差异性缩小的速度也在放慢。2000 年的相对收入密度曲线显示，各收入水平城乡人口比重分布的差异性在持续扩大；在农村居民收入 50% ~ 90% 分位数收入区间，城乡人口比重分布的差异性小于以前年份；在农村居民收入 90% 分位数以上收入区间，城乡人口比重分布的差异性则高于以前年份。

　　观察图 5 – 14，2000—2009 年，中国城乡居民相对收入密度曲线变动趋势与 1989—2000 年阶段差异性较大，主要表现在城乡居民收入分布两端、收入分布不动点的位置，城镇居民收入的人口分布开始出现两极分化趋势。

　　（1）在农村居民最低收入区间（如农村居民收入 5% 分位数以下），相对收入密度函数值接近 1，即城镇人口比重与农村居民人口比重接近；2004 年和 2006 年相对收入密度函数值甚至大于 1，意味着城镇居民收入密

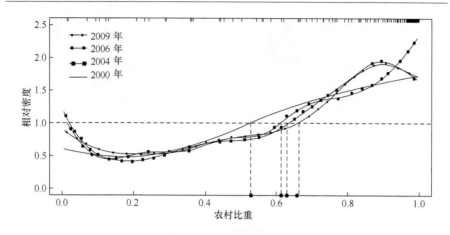

图 5 - 14　2000—2009 年城乡居民相对收入密度曲线

度曲线在农村居民收入密度曲线上方，即城镇居民人口比重高于农村居民人口比重。这意味着在农村居民的最低收入区间内，城镇人口比重接近农村居民，甚至开始高于农村居民人口比重。

（2）在农村居民收入 5% ~20% 分位数区间，相对收入密度曲线值偏离 1 越来越远，收入水平越高，城镇人口比重与农村人口比重比值越来越小；在农村居民收入 20% ~40% 分位数区间，相对收入密度曲线值逐渐增大，收入水平越高，城镇人口比重与农村人口比重比越大；农村居民收入 5% ~40% 分位数区间，城镇人口比重始终低于农村居民，且随着时间的推移，城乡收入分布的差异性变化不大。

2000 年以来，城乡居民收入分布不动点（相对密度曲线值等于 1）对应的农村居民收入分位数不断提高，即城镇人口较农村人口更快地流入高收入区间。在收入分布不动点以上收入区间，城镇居民人口比重大于农村居民人口比重，城镇居民收入密度曲线始终在农村居民收入密度线上方，且收入水平越高，城乡居民收入的人口分布差异越大。2006 年和 2009 年的相对收入密度曲线右侧尾部有回落趋势，即城镇居民人口分布的右侧厚尾有所减弱，但仍高于 2000 年的水平。

将 1989—2009 年城乡居民相对收入分布函数曲线做在同一张图上，如图 5 - 15 所示。观察图 5 - 15 发现，1989—2009 年，城乡居民相对收入分布曲线变化明显，图中以农村居民 50% 收入分位数为分界线，在农村居民较低收入分位数区间，城乡居民相对收入分布函数曲线变动较大，且呈现逐渐向对角线靠近趋势，说明在农村居民低收入区间，农村人口累计比重

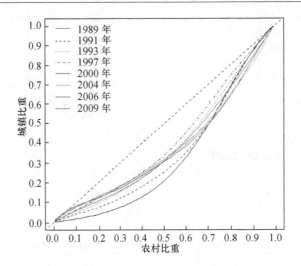

图 5 - 15   1989—2009 年城乡居民相对收入分布函数

始终高于城镇人口累计比重，且城乡居民人口累计比重的差异性要高于高收入区间，但这种差异性在不断缩小。在农村居民较高收入分位数区间，城乡居民相对收入分布曲线变化相对较小，且变化趋势不统一，基本呈现偏离对角线，即在农村居民高收入区间，城乡居民人口累计比重差异性低于低收入区间，但这种差异性却在逐渐扩大。1989—2000 年和 2000—2009 年两阶段的城乡居民收入分布变化过程，见两个阶段的相对收入分布曲线（图 5 - 16 和图 5 - 17）。

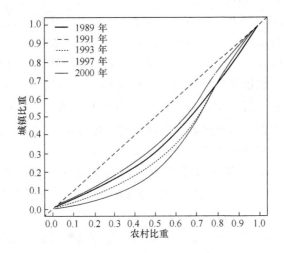

图 5 - 16   1989—2000 年城乡居民相对收入分布函数

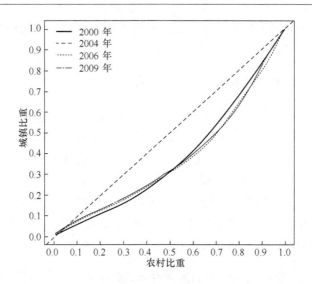

图 5 - 17　2000—2009 年城乡居民相对收入分布函数

观察图 5 - 16 和图 5 - 17 发现，1989—1997 年，城乡居民相对收入分布曲线变化明显，在农村居民较低收入分位数区间，城乡居民收入分布的累计人口比重差异性高于高收入区间，相对收入分布曲线逐渐向对角线靠近，说明城乡居民人口累计比重的差异性不断缩小，但始终是农村人口累计比重大于城镇居民。在农村居民较高收入分位数区间，城乡居民相对收入分布曲线变化相对要小，也呈现逐渐向对角线靠近，说明在高收入区间，城乡居民人口累计比重的差异性也有所缩小。1989—1997 年，相对收入分布函数曲线变化明显，说明该时期城乡居民收入分布变动较明显，但整体呈现人口由低收入区间向高收入区间的持续流动。但应注意到：相比 1997 年，2000 年城乡居民相对收入分布曲线无论是低收入区间还是高收入区间，相对收入分布函数曲线更加偏离对角线，即城乡人口累计比重差异性均有所拉大。

相对 1989—1997 年，2000—2009 年城乡居民相对收入分布函数曲线的变化较小，但相对收入分布函数曲线上下两端较为对称，且变化主要集中在相对收入分布函数曲线的两端，这意味着此阶段城乡居民收入分布的差异性不如前一阶段明显，且变化主要发生在收入分布的两端尾部。在农村居民较低收入分位数区间，相对收入分布曲线逐渐向对角线靠近，说明在低收入区间，城乡人口累计比重的差异性不断缩小；在农村居民收入分位数较高区间，城乡居民相对收入分布曲线逐渐偏离对角线，说明在高收入区间，城乡居民人口累计比重的差异性不断扩大，城乡居民收入分布的两端差异越来越凸显。

三、中国城乡居民收入分布变迁的经济意义

描述分析和定量测算结果显示：中国城乡居民收入分布变迁具有时段性。20 世纪 90 年代，伴随着中国经济持续高速增长，城乡居民整体收入水平不断提高。与此同时，城乡居民收入分布之间的差异性不断扩大，1989—1997 年是中国城乡居民收入分布变迁比较剧烈的时期，且多体现为城乡居民收入分布的整体变迁，主要表现为人口从低收入水平区间流向高收入水平区间；1997 年以后，中国城乡居民收入分布之间的差异性及其变迁的速度在减弱，且不同收入区间居民收入分布变化特征不一样。

（一）城乡居民收入分布的差异性越来越集中在高收入区间

1989—2009 年，城乡居民收入分布的差异性从低收入区间向高收入区间转变，即人口分布的差异越来越集中在高收入区间。

通过对中国 1989—2009 年城乡居民相对收入密度函数和相对收入分布函数进行估计发现：在农村居民低收入区间（50% 分位数以下），城镇人口比重低于相应的农村居民人口比重，但城镇人口比重随时间在持续上升，说明城乡人口分布的差异在不断缩小。在农村居民中高收入区间（60% ~90% 分位数），1989 年，城镇人口比重均高于农村居民人口比重，2009 年相应收入区间的城镇人口比重持续下降，且 60% ~70% 收入分位数的城镇人口比重低于农村人口比重。在农村居民高收入区间（90% ~100% 分位数），城镇居民人口比重始终高于农村居民人口比重，且城镇居民人口比重还在不断上升。

（二）人口分布的流动性与中国深化改革的进程相对应

中国城乡居民收入分布差异性变迁所表现出来的人口分布的流动性高低，正好与中国深化改革的进程相对应。

20 世纪 90 年代，随着中国市场经济体制改革的确立和深化，重视效率优先，不同收入群体流动加快，居民原有的收入分层不断被打破，居民收入分布变迁激烈，城乡居民收入分布差异性不断加大，主要表现在人口整体由低收入区间向高收入区间流动。这种现象除了家庭结构和人力资本的变化外，主要是由于市场化导致的收入来源和获得收入的要素变化所造

成的。进入 21 世纪，收入分配问题不断显现，在发展经济的同时国家更加关注收入分配公平问题，更加重视社会和谐对经济增长的作用，社会领域的各项改革不断完善，不同收入区间人口流动性在趋缓，城乡居民收入分布变得相对稳定，但收入分布的两端变动和差异性较大。

（三）城乡居民收入差距扩大的速度与收入分布变迁程度不成正比

城乡居民收入差距扩大的速度与城乡居民收入分布变迁的剧烈程度并不成正比，而是与收入分布变迁的具体特征高度相关。

在实际政策调控中，要考虑城乡居民收入分布差异及变迁的具体特征。1989—1997 年，城乡居民收入分布差异表现为居民收入水平的整体提高，城乡人口持续从低收入水平区间流向高收入水平区间；1997—2009 年，城乡居民收入分布差异表现为城乡居民中低收入区间和高收入区间人口分布差异很大，且收入水平越高，比重差异越大。因此，尽管 1989—1997 年城乡居民收入分布差异和变迁剧烈，但城乡居民收入差距扩大的速度并没有 1997—2009 年明显。依据城乡居民消费价格指数调整后的城乡居民收入比值，1989 年，城镇居民人均可支配收入与农村居民人均纯收入比值为 2.21，2000 年为 2.46，2009 年为 3.12，城乡居民收入差距 2000—2009 年的扩大速度要快于 1989—2000 年。

随着中国城乡居民收入水平的不断提高，城乡居民收入差距问题亦不断凸显，政府已经十分重视收入分配公平问题，并逐渐制定和出台了相关政策。可以预计，在落实科学发展观和构建社会主义和谐社会的大背景下，如果未来宏观经济政策特别是收入分配政策没有大的改变，中国不同收入群体流动将不会再现 20 世纪 90 年代的剧烈变化情况，城乡居民收入分布差异的变迁也将进入平稳期，城乡居民收入分布的差异多表现为居民收入分布的两端，如何优化收入分布两端的人口分布将是今后政策制定的重点。今后，可以多出台一些调整居民收入分布形状，特别是降低收入分布两端尾部厚度的收入分配政策，如出台系列"限高、扩中、提低"等调节收入分配关系的政策，特别是扩大中等收入群体规模，会逐渐改变中国城乡居民收入分布差异性特征，进而起到有效地调整城乡居民收入差距的目的。

第六章 中国城乡居民收入差距扩大的成因研究

当前，中国城乡居民收入差距的持续扩大是个不争的事实，且逐渐成为影响国民经济持续发展和社会稳定的突出问题。导致城乡居民收入差距扩大的根本因素是什么？这些因素在经济发展的不同阶段和不同水平上发生着怎样的变化？一直是学者广泛研究和争论的焦点，学者从不同方面对该问题展开了大量定性和定量研究。事实上，并非哪个单一因素或现成理论可以全部解释中国城乡居民收入差距存在及扩大的现实。中国城乡居民收入差距的不断扩大，是经济发展和社会转型过程中多种因素、多重力量共同作用的必然结果。

第一节 中国城乡居民收入差距扩大成因的理论分析

中国城乡居民收入差距持续扩大有其经济发展阶段的必然性，其产生的直接原因是经济发展战略选择和收入分配制度、收入分配体系的设定问题。除此之外，从深层次看，分配以外的社会、政治、文化和道德等方面的因素，也影响着城乡居民收入差距的演变。

与中国历史发展和特殊国情相吻合，有关中国城乡居民收入差距成因的现有研究文献也具有时段性，主要体现在三个阶段：1949—1978 年（新中国成立以来）、1978—2000 年（改革开放以来），2000 至今（新时期）。本文依据新中国成立以来大量的定性和定量研究文献，同时借鉴国外研究成果，引证翔实的统计数据，分别从历史发展、生产力与生产关系、国家政策、经济和社会人文等角度，全面剖析中国城乡居民收入差距扩大的原因，以期对此问题有一个客观、完整的认识和把握。

一、经济发展阶段

在过去的半个多世纪里，学者对经济发展和居民收入差距之间的关系进行了广泛而深入的研究。世界各国发展的历史经验和大量研究资料表明：在经济发展初期，城乡居民收入差距扩大具有一定的历史必然性，符合客观规律；且伴随着一个国家从农业社会进入工业社会，伴随经济的持续增长，该国居民的收入差距会出现"先扩大，后稳定，再缩小"的趋势，即"倒U"型规律。1955年，美国经济学家、统计学家西蒙·史密斯·库兹涅茨（Simon Smith Kuznets）在《经济发展与收入不平等》中基于翔实的现实数据，分别对经济增长早期阶段的普鲁士（1854—1875年），经济增长后期阶段的美国、英国和德国萨克森地区（1880—1950年）的居民收入差距进行了深入分析，并提出"倒U"型理论。文章指出，收入分配不平等的长期趋势表现为：在前工业文明向工业文明过渡的经济增长早期阶段迅速扩大，之后会短暂稳定，在经济增长的后期阶段会逐渐缩小。1971年，库兹涅茨荣获诺贝尔经济学奖，他提出的收入分配状况随经济发展过程而变化的"倒U"型规律也得到世界各国的进一步认同。

　　当前，中国居民收入分配状况正处于"倒U"型规律的经济增长初期阶段。1949年新中国成立后，开始现代化建设，逐步从农业社会向工业社会转变，经过60多年的经济建设和社会发展，尤其是1978年以来改革开放取得的巨大成就，中国已经建立了坚实完备的工业体系，城市化进程加速，农村

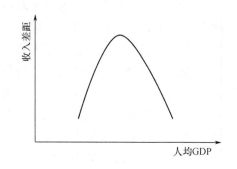

图6-1　库兹涅兹的收入分配"倒U"规律

经济活力显现。但是，总体来看，中国并没有完成彻底的工业化改造，仍处于从传统社会向现代社会、从农业社会向工业社会的转型期。基于"倒U"型规律，中国目前处于"农穷城富"的初始阶段，未来一段时间将进入"农富城富"的中间阶段，之后随着现代农业的兴起和农业生产力的解放，可能会出现"农富城穷"的时期。

　　中国现有研究文献显示，九成以上学者认同中国城乡居民收入差距扩大的状况与所处的特殊经济发展阶段有关，符合人类社会发展史的一般性规律。刘力等（2005）对改革开放以来中国的经济增长与基尼系数进行考察得出：中国经济在保持高增长的同时，基尼系数也呈不断扩大趋势，城乡居民收入差距、区域和行业收入差距都很明显；张嫚等（2007）对1978—2003年城乡居民收入差距与人均GDP进行协整分析和格兰杰因果关系检验，认为无论长期还是短期经济增长都是城乡居民收入差距变化的原因；陈卫萍等（2012）对1990—2008年实际数据进行实证分析，结果

表明中国城乡居民收入差距与经济增长之间具有长期稳定关系，通过格兰杰因果检验进一步证实了二者存在双向因果关系，特别是经济增长直接导致城乡居民收入差距的扩大。

二、经济发展战略

（一）"梯度推进"的区域发展战略

"梯度推进"的区域发展战略是地区收入差距的主要原因，也拉大了城乡居民收入差距。

发展经济学关于落后国家经济发展道路的选择理论，主要有平衡模式和不平衡模式两种。前者主张落后国家在发展经济的过程中，各工业部门应平衡发展，强调了大规模投资的重要性和全面发展经济的必要性，而在如何实现平衡增长的问题上，主张国家干预，由国家制定统一的经济发展计划。然而，平衡增长过分依赖于计划和国家干预，忽视了政府失灵的可能性，一旦计划失误，大规模投资所造成的损失往往是灾难性的。发展不平衡理论认为，从发展中国家现有资源的稀缺和企业家的缺乏等方面看，平衡增长理论不可取。发展中国家不能将有限的资源同时投放到所有经济部门和所有地区，而应当集中有限的资本和资源首先发展联系效应大的产业，以此为动力逐步扩大对其他产业的投资，带动其他产业的发展。

改革开放以后，中国经济发展大体上遵循了不平衡的发展模式，工业相对于农业继续得到优先发展；经济基础较好、文化、教育、科技等较为发达的东部地区相对于西部地区得到了更多倾斜政策而优先发展起来。与此相对应的是，农村和西部高素质劳动力大量流入城市和东部地区，造成了城市相对于农村越来越发达，东部地区相对于西部地区经济发展越来越快，城乡之间、东西部之间的收入差距越来越大。由此分析得知，收入差距扩大与"梯度推进"的不平衡区域发展战略和经济增长模式之间存在着必然的联系。

（二）二元经济为主的城乡分割发展战略

二元经济为主的城乡分割发展战略是城乡收入差距持续扩大的历史根源。

1979 年，诺贝尔经济学奖得主威廉·阿瑟·刘易斯（William Arthur Lewis）提出，二元经济结构是指一个社会的经济存在两个不同的部门：一个是城市中以制造业为中心的现代部门，也称资本主义部门或商业化部门；一个是农村中以农业和手工业为主的传统部门，也称非资本主义部门或非商业化部门。二元经济结构背后的实质是社会资源配置的基础手段或社会经济的运行机制并非一致，而是存在两种形式。从中国国情看，二元经济结构体现在以现代工业部门为主的城市经济与以传统农业部门为主的小农经济并存，且城市经济与小农经济在生产方式、生产规模、生产效果、资源投入、技术状况和产品交换等方面有着明显差异，具体差异如表6－1所示，这些差异化导致了城乡居民收入产生较大差距。

表6－1　中国城市和农村的二元经济结构特征

特征	农村	城市
生产方式	手工劳动	机器大生产
生产规模	小规模劳动	大规模作业
生产效果	规模报酬递减	规模报酬递增
资源投入	土地和体力劳动力	资本和智力劳动力
技术状况	劳动密集型耕种技术且更新速度慢	现代化生产技术且更新速度快
产品交换	主要是自给自足	社会化分工明确

从农业经济的收入特征看，农村中的传统农业部门以自给自足型为主要特征，主要投入资源是土地和体力劳动力。由于土地资源有限，直接决定了农民收入增长具有缓慢性和受制约性特征。因为农业总产量受到土地数量限制，不能随着人口增长而增加，直接引起农业部门的边际收益递减。当前，中国土地小规模分散经营格局、好差搭配和户均承包土地等做法造成土地使用上的细碎化，加上各个农户种植结构上的差异，致使农业机械化不能有效地发挥作用，科技的推广应用也受到很大制约。生产力方面，农民的生产方式主要建立在传统的经验积累基础上，采用落后的劳动密集型耕种技术，且技术进步非常缓慢。生产关系方面，农业生产的组织方式是以一家一户为主的小农经济，大规模机械化生产模式尚未形成。总体而言，中国农村生产方式和劳动对象决定了农业部门的生产率比较低，农村居民收入增长面临一定障碍。

从城市经济的收入特征看，城市中的现代工业部门和现代服务业以资本和智力劳动力作为主要投入。厂房和设备等物质资本、知识和技术等智力资本、金融服务等都对工业和服务业起着助推作用，可以极大地解放生产力,不断创造出新的有活力的生产关系。与农业部门受边际收益递减规律制约不同,工业部门和服务业的规模和总产出随着物质资本和智力资本的不断积累而持续扩大。生产力方面,工业部门生产方式多使用现代化的生产技术,而且技术更新较快。服务业以知识和技能为支撑,发展空间不受限制。从生产关系看,工业和服务业的生产组织形式是多元化的协作和社会分工,工人和职员专业化程度高,岗位分工明确,有科学的管理机制保证相互协作的顺畅和效率,同时工人和职员与企业主之间的雇佣关系受现代企业治理结构和国家法律保护,工人和职员得到工资并享受社会保障,企业主得到利润并把利润用于再投资,进行扩大再生产。总体而言,中国城市的生产方式和生产力特征决定了工业和服务业的生产率比较高,产出能够实现持续增长,从事这两个行业的城镇居民的收入会有持续稳定的增长。

三、国家政策

当前,中国城乡居民收入差距状况有深刻的历史原因,与60多年来中国在农业、农村、农民等"三农"问题上实施的系列"剪刀差"政策密切相关。首先,新中国成立后,在强军兴国现实需要和苏联工业化发展道路影响下,实行了倾斜的工业化发展战略,农业成了工业化资本积累的主要渠道,农业自身积累受到严重影响,城乡收入差距开始出现明显扩大的趋势。其次,改革开放后,随着城市化进程加速,农业征地潮出现,农民的土地所有者利益未能按照市场化原则得到充分补偿,城乡居民收入差距进一步扩大。再者,与城市相比,农村没有充分分享到中国金融体制改革的成果,金融政策有待于对普通农民进一步开放,农民的财产性收入增长有限,也造了城乡居民收入差距扩大。最后,农民工与城镇职工同岗不同酬问题也导致城乡居民收入差距的产生。

(一) 农产品"剪刀差"

1953年10月16日,中共中央政治局通过了《中共中央关于粮食的计划收购与计划供应的决议》,政务院发布了相关命令和执行办法,通过强制性命令,国家以低于粮食实际价值的价格收购和售出粮食,而农民购买的工业产品的价格则高于其实际价值,由此形成了农业产品价格"剪刀差"。除此之外,国家还对生猪、鸡蛋、烤烟、桑丝和水产品等多达132种产品实行派购,农民对这些产品不能自由买卖,且价格由国家统一规定。这些措施直接影响到农村居民收入的增长速度，加剧了中国农村的贫困，加剧了城乡分割格局，拉大了城乡居民收入差距。

中国很多学者对农产品"剪刀差"做过统计测算：王锋（2005）统计结果显示，1950—1978 年，国家通过农产品"剪刀差"从农业取得了5 100亿元收入，约等于现在的 49 万亿元人民币；1979—1994 年（改革开放以来），国家通过农产品"剪刀差"从农业提取了 15 000 亿元收入，平均每年937.5 亿元；20 世纪 90 年代以来，国家每年通过农产品"剪刀差"从农业得到的收入绝对额都在 1 000 亿元以上，"剪刀差"占农民总负担的比重一般在 40% 左右。国务院农业发展研究中心推算认为，1953—1978 年计划经济时期的 25 年间，农业产品价格"剪刀差"总额估计在 6 000 亿 ~ 8 000 亿元。

（二）土地价格"剪刀差"

土地价格"剪刀差"是指国家通过行政强制手段对农民土地所有权权益的剥夺，且在征地过程中，农民的土地所有者利益未能按照市场化原则得到充分补偿。中国在城市化和工业化取得巨大成就的同时，城镇居民从中获得了生活条件的改善，甚至是个人财富的增加，但大量农民并没有从城市化推进过程中获益，甚至有人认为，农村和农民是城市化带来的征地行为的牺牲者。陈锡文（2004）估算认为，1978—2001 年，中国城市化建设明显加快，国家通过土地价格"剪刀差"的形式，为城市建设积累了至少 2 万亿元的资金。孔祥智、何安华（2009）对中国东中西部共 9 个城市的农户进行调研发现，失地农民愿意接受的土地补偿额是土地实际征用价格的 5 倍左右，由此根据地方政府 1992—1995 年给予失地农民的 91.7 亿元补偿费，推算出农民在此期间仅被征收土地一项就为国家工业化做出了366.8 亿元的贡献。

（三）金融存贷"剪刀差"

随着中国金融服务业的发展，农村的大量储蓄在资金融通和支持工业发展方面做出了重要贡献，但农民自身并未享受到充分的资本收益。这就是农村金融存贷"剪刀差"，有人将金融存贷"剪刀差"形象比喻为新的"抽水机"。长期以来，金融存贷"剪刀差"让农村经济"失血"严重。人民网报道，近年来，中国农民的存款，自己能用的只占 46%，而 54% 的存款流向城市。2008 年年底，农村居民储蓄存款余额是 5.25 万亿元，而金融机构向农业和乡镇企业贷款为 2.5 万亿元。总体来看，占全国 70% 的农民仅用了全国 6% 的贷款，所有这些客观上加大了城乡居民收入差距。

（四）工资"剪刀差"

2000 年以来，中国出口加工、建筑、服务等劳动密集型产业快速发展，随之出现了大规模农村劳动力外出务工现象。尤其是年轻一代的农村居民大多外出务工，家庭收入主要来源于打工收入。然而，农民工在就业岗位、工资水平等方面与城镇职工相比有较大差异，所享受的福利差异更大，因此产生了同工不同酬的工资"剪刀差"。李艳玲等（2008）计算结果显示，2001—2005 年，中国城镇职工年平均工资增长了 69.3%，以平均每年 14.1% 的速度在快速增长，同期农民工的年平均工资仅增长了 19.5%，年平均增长率仅为 6.3%。万向东等（2011）测算结果显示，2000 年以后，中国农民工工资与城镇在岗职工工资的差距明显增大，城镇在岗职工的工资迅速提高，而农民工的工资增长基本停滞，到 2008 年两者工资差距已达 2 倍多。

四、政府公共管理

从公共管理角度看，国家收入再分配的财政和税收机制也会影响城乡居民收入差距变化。在中国，公共财政的支农惠农政策具有带动和示范效应，引导社会资源向农业和农村转移，推动农业产业的更新换代，鼓励支持农业技术创新，通过解放生产力增加农民收入。税收是调节劳动者收入最直接和有效的方式，同时也是与人民生活息息相关、影响收入最敏感的一种调节手段。

调节居民收入差距是财政的重要职能之一。20 世纪 70 年代末，中国开始改革经济体制，伴随经济快速增长，收入分配逐渐向个人和少数群体倾斜，城乡居民收入差距逐步扩大。居民收入差距问题是经济发展初期和市场经济运行中的必然现象，这种市场缺陷应当由政府通过财政提供公共服务和产品来弥补。但中国城市和农村地区的公共财政投入存在严重不均等化，例如，当前的社会保障财政支出主要流向城镇居民，占人口比例绝大多数的农村居民社会保障的广度和深度都远不足。刘乐山等（2005）测算结果显示，以 2003 年为例，占全国总人口 65% 左右的农民的社会保障支出只占社会保障费用总支出的 11%。再例如，从公共卫生的财政支出看，城乡之间的卫生经费投入存在很大差距，占人口 65% 的农民只享有

20%的卫生资源，据国务院发展研究中心课题研究（2001）发现，1991—2000年，全国新增的卫生经费投入中只有14%投到了农村，而14%中又有89%成了"人头费"，真正成为专项经费的只有1.3%。这种公共财政支出的城乡差异不但不利于缩小城乡居民收入差距，反而使得财政调节收入分配状况的职能弱化。这与本研究测算结果一致，中国收入再分配政策甚至存在一定的逆向调节作用。

中国税收调节城乡居民收入差距的功能有待增强。一是从纳税额占收入的比例看，李实、赵人伟（1999）研究提出，1995年农村居民的纳税比例是城镇居民的9倍；二是农村的各种税费基本上按人头分摊，是一种累退税，累退税的再分配效应无疑扩大了城乡居民收入差距；三是农村还未实施贫困人口税费减免政策。2006年取消农业税以前，农民上缴的税费大体可以分为四个部分：

第一部分是交给市以上政府，主要包括需上缴国库的农业税和特产税、农业开发基金，以及全市统一征收的一级电排费和血防统筹费等。据统计，在20世纪90年代末期，此项全国每年大约为300亿至400亿元。

第二部分是镇政府征收的"五统"，即指乡（镇）合作经济组织依法向所属单位（包括乡镇企业、村办企业、联户企业）和农户收取的，用于乡村两级办学、计划生育、优抚、民兵训练和修建乡村道路等民办公助事业的款项。尽管税费改革取消了这些方面的收费，但增加了农业税，实际上以农业税的形式收取了这些费用。村级提留包括"三提"，即：公益金、公积金和村行政管理费，村共同生产费和村集资等。这一项在20世纪90年代末期约为600亿元。

第三部分是义务工负担，这项每年大致在2 000亿元以上。

第四部分是各种名目的摊派和集资，保守地估计，农民每年的税费至少应在1 500亿元以上[①]。

刘文勇（2004）的测算结果显示，2001年，城镇居民人均可支配收入是农村居民人均纯收入的2.9倍，当年全国个人所得税收入中农民占了60%左右，考虑到农民缴纳税费的因素（如果将摊派和集资看作是农民上缴的个人收入所得税），则当年城乡居民收入差距扩大到了3.17倍。另外，从个人所得税的收入征收点看，农民人均收入要在未扣除生产成本的

---

① 刘文勇. 中国城乡收入差距扩大的程度、原因与政策调整［J］. 农业经济问题，2004（3）：56－60.

情况下缴纳 8.4% 的农业税及附加，而当年农民年人均纯收入不足 2 500 元，距离中国个人所得税起征线相差甚远。2006 年，中国全面取消了农业税，以直接的方式减少了农民负担，增加了农民收入。但近年来许多研究表明，取消农业税在缩小城乡收入差距、调整分配格局中的作用不是很明显，蔡金阳、张同龙（Jinyang CAI & Tonglong Zhang，2012）根据中国 2000—2007 年 31 个省份数据研究得出：取消农业税政策仅使得农民人均纯收入增加了 2%，如果以 2006 年农村年人均纯收入 3 587 元为基准，则取消农业税使得农民年人均纯收入增加了 71.7 元。该结果进一步验证了以往的研究经验，即农民负担的最主要构成并非农业税，而是借各类名义征收的其他费用。因此，农民减负的任务还任重道远。

五、基础设施建设

中国农村基础设施建设薄弱。当前，城乡基础设施①差距是导致城乡居民收入差距的一个基础性因素，农村基础设施薄弱是制约农村发展的重要瓶颈。

从硬环境看，公路、电网、通信、管网和水利等硬件基础设施是经济发展和居民生活提高的必要条件。良好的基础设施能够提高经济运行效率，减少市场交易摩擦，降低交易成本，有利于商流、物流、信息流和资金流的畅通，能够提升人才和资本投入，有助于培育形成产业集群和规模经济，有效刺激经济的发展，提高居民收入水平。改革开放以来，中国各项基础设施建设紧紧围绕城市为中心展开，尤其在当今信息全球化和资本全球化背景下，城市在资金投入密集和运行高效、基础设施齐备、信息畅通等方面比农村有明显优势，甚至将农村远远抛在了后面。一些偏远山村至今尚未通车和通电，一些自然条件差、交通闭塞、易涝易旱"靠天收"的地方，农民几乎失去了种田的积极性，更别谈农民增收问题。高帆（2007）通过构造比较静态模型分析表明，基础设施是社会公共服务业的重要内容，基础设施建设首先要依托工业发展而发展，随后渗透到农村。

---

① 世界银行《1994 年世界发展报告》将基础设施定义为两类：一类是经济性基础设施，即指永久性工程构筑、设备、设施和它们所提供的为居民所用和用于经济生产的服务。这些基础设施包括：电力、通信、供水、管道煤气、环境卫生设施和排污系统、固体废弃物的收集和处理系统等公共设施，大坝、灌渠和道路等公共工程，以及铁路、城市交通、海港、水运和机场等其他交通部门。经济性基础设施通常反映一个地区的硬件水平。另一类是社会性基础设施，一般指商业金融服务业、科教文体等设施。社会性基础设施通常反映一个地区的软件水平。

这就造成城乡基础设施差距的扩大，进一步引起城乡产出效率和居民收入差距的不断扩大。骆永民（2010）根据中国2001—2005年31个省份面板数据，从交通、环保、通信、水利和能源五个方面进行实证分析，得出结论：基础设施尤其是交通、通信和环保三类基础设施的城乡差距越大，工农业人均产出、城乡生活水平以及城乡社会性基础设施的差距就越大，农民获取工资收入的机会就越少。可见，城乡基础设施的这种物质基础差距最终将投射到城乡经济发展差距上，继而引起城乡居民收入差距的不断扩大。

从软环境看，一个地区公共基础设施软环境与当地居民的收入水平密切关系。以金融服务业为例，中国金融发展在结构和功能上存在着明显的城市化倾向，金融歧视造成城乡金融资源配置严重不均，而金融资源配置的失衡使得资本在农村产业生产过程中的参与不足，导致城乡发展能力存在巨大差异，农村发展严重滞后于城市。中国学者对金融发展与收入差距关系进行了大量的实证研究。程开明（2007）等研究得出"我国金融发展扩大了城乡居民收入差距"的结论。孙永强、万玉琳（2011）和刘立民（2012）研究发现：金融发展显著扩大了城乡居民收入差距，且农民人均纯收入与金融发展效率负相关，原因是改革开放以来，金融系统在资源的分配上表现出巨大的城乡差异，将吸收的农村存款转移到非农领域，农业贷款严重不足，农村金融发展滞后，资源配置效率低下，影响农村居民收入水平的提高。近年来，中国农村的金融发展取得了一定进步，农业小额贷款和农业保险等服务对于支持农业生产经营、帮助农民增收发挥了积极作用。但仍然存在一些问题：一是农村金融规模相对较小，农村金融需求受到抑制；二是农村金融资源的转化效率低下，农村金融资源流失严重；三是用于发展农村第二、第三产业的乡镇企业贷款短缺，农业贷款尚未形成规模经济，农村金融资源配置效率依然较低；四是内生于农村经济的非正规金融发展遭遇瓶颈，相对规模逐渐缩小。从支持农村金融发展、促进农民增收的角度看，需要在规模上扩大农村金融机构网点和业务类型；效率上防止农村金融资金的流失，对农业领域内的资金进行有效率的利用和配置，促进农业投资的收益；结构上提高农村正规金融机构的商业性和自主性，规范非正规金融机构，形成合理的农村金融结构。

六、教育文化

国内外研究和经验表明，教育文化差异与居民收入差距有着密不可分的关系，城乡教育的初始差异直接导致农村居民"输在起跑线上"，从而显著拉大城乡居民收入差距。1964 年，贝克尔（Becker）在其人力资本理论中指出，教育程度差异将直接拉大居民收入差距，且居民的教育程度越高收入水平也越高，反之教育程度越低收入水平也越低。1974 年，明瑟（Mincerk）建立的收入分配人力资本模型显示，总体人口的平均受教育程度和教育分布状况都会影响收入分配状况，且教育不平等与收入不平等存在正相关关系。1994 年，佩罗蒂（Perotti）研究指出，收入差距水平受教育负担水平与人均收入水平的影响，教育费用相对人均收入水平较高时，有利于富人接受更好的教育，从而提升他们的人力资本存量和未来收益，使得收入分配不均等，居民收入差距扩大；反之，当教育费用相对人均收入水平较低时，能够使大部分穷人也接受好的教育，使得收入分配均等化，缩小居民收入差距。

从中国实际情况看，城市和农村居民的教育文化程度差异巨大。新中国成立以来，一直采取重城市、轻农村的长期倾斜的教育政策，使得农村教育很难与城市相提并论，主要体现在教育经费、重点学校建设、师资待遇等方面。长期倾斜的教育政策使得占学生数量绝大多数的农村学生一出生便输在了人生的"起跑线"上。城乡教育差异主要体现在四个方面。

（1）城乡学校数量差距大。据统计，中国绝大多数重点学校设在城市，城市重点学校占全国重点学校数量的 70%，农村只占 2%。1983—1998 年，因为无校读书而错失上初中的农村学生平均每年高达 476 万人，期间共有 7 148 万人为此而失学①。

（2）城乡教育经费投入差距大。从义务教育看，由于对农村义务教育政府财政投入实行乡财政或县财政负担的体制，而县乡财政普遍困难，因此农村义务教育经费普遍低于城市。统计数据显示：1997 年，城镇和农村学生的人均教育经费分别为 1 397 元和 316 元，前者为后者的 4 倍；2001 年，中国城镇和农村人均预算内公用经费分别为 95 元和 28 元，前者为后者的 3.39 倍；2002 年，全国财政预算对农村义务教育的拨款仅占全国教育拨款总额的 31.79%，与农村人口占全国人口 69.91% 的比例极不相称。

（3）城乡师资待遇差距大。由于国家给农村中小学的财政预算很少，甚至不够给公办教师发工资，因此需要农民自己负担其他的办公经费、图

---

① http://View.news.99.com/zt2012/nys/mdex.htm

书资料以及民办教师工资等。2008 年，民进中央教育委员会曾对东部的山东省、中部的湖北省以及西部的甘肃省三个较有代表性省份的城乡教师待遇状况进行调查。调查结果显示，城乡中小学教师的工资待遇和福利待遇存在较大差别，如 2008 年湖北荆门市城乡教师月工资差距为 955 元；绝大多数农村教师没有享受福利性房改政策，也难以申请住房公积金贷款购买商品房；农村中小学教师的养老保险、医疗保障、失业保险与住房公积金的保障力度普遍不如城市公办中小学教师①。

（4）农村教育歧视依然存在。从农民工子女就学看，很多孩子被父母留在农村读书，即使被父母带到城市就读，也存在着有些学校不肯接收没有本地户口的农民工子女的现象，即使肯接收农民工子女就读，但农民工却付不起高昂的就读费，最后只能将子女送进所谓的"打工子弟学校"。

七、行业收入差距

中国行业收入差距加剧了城乡收入差距，已引起全社会的广泛关注，且对社会主义和谐社会的构建产生了不良影响。随着经济建设的发展和经济体制改革的推进，各行业职工工资水平都有了较大幅度的增长。据统计数据计算，2000—2012 年，职工平均工资增长率最高的前几个行业是：金融保险业、房地产业、科学研究和综合技术服务业、交通运输业和邮电通信业，其平均工资的年均增长率分别为 19.3%，18.2%，17.4%，16.8%，而建筑业和农林牧渔业则位居最后两位，其增长率分别为 13.8% 和 12.7%。可以看出，新兴产业和垄断行业职工收入高且增长快，而传统行业的职工收入低且增长慢。在平均工资增长率差异拉大的同时，工资水平排名逐渐清晰，排在前几位的是垄断性行业以及金融、证券等服务业，排在后面的基本是基础性行业和充分竞争性行业，最高行业和最低行业形成明显的两极分化，高低行业之间差距不断拉大。近年来，知识密集型、技术密集型、资金密集型行业收入水平大幅提高。科学研究、技术服务业职工的平均收入始终高于全国平均水平，基本上保持在前五位，而且总体上有上升趋势。可见，当前中国行业收入差距问题主要表现在：垄断性行业职工收入水平远高于非垄断行业职工收入水平；新兴行业的职工收入水平高于传统行业的职工收入水平；知识密集型行业的职工收入水平要远高

---

① 两会聚焦，特别报道．民进调查显示：教师待遇保障城乡差别大 [J]．生活教育，2009 (4)：6 - 6.

于劳动密集型行业的职工收入水平。

国家统计局 2013 年 5 月 27 日发布的《2012 年全国农民工监测调查报告》显示，制造业、建筑业、批发零售和住宿餐饮等劳动密集型行业为新生代农民工的主要就业行业。其中，从事制造业的比重最大，占 35.7%，其次是建筑业占 18.4%，服务业占 12.2%，批发零售业占 9.8%，交通运输仓储和邮政业占 6.6%，住宿餐饮业占 5.2%。报告数据显示，变化较明显的是建筑业，农民工从事建筑业的比重在逐年递增，从 2008 年的 13.8% 上升到 18.4%，从事制造业的比重则趋于下降。可见，农民工从事的行业均属于行业收入差距中收入水平最低且收入增长速度较慢的行业，一定程度上又加剧了城乡收入差距的扩大。而当前农民工从事行业的选择，一定程度上又受城乡户籍管理制度、城乡教育文化差异、国家长期以来的城乡差异性政策、城乡二元经济结构等因素的综合影响，因此后面定量测度分析中将综合考虑前面几项因素。

八、户籍制度

中国的户籍管理制度把农民束缚在土地上，随着人口不断增长和土地资源越来越稀缺，农民增收受到限制，客观上加剧了城乡居民收入差距。中国的户籍制度对城乡居民收入差距的影响体现在三个方面。

（一）导致城乡居民就业机会不平等

理论上讲，凡是具有劳动权利能力和行为能力的人，都应该有平等的就业机会。然而，在中国现实经济社会里，户籍制度的存在使得农民工的就业机会被剥夺、排斥、损害的现象十分普遍。城市用工单位往往直接对农民工就业进行总量、职业和工种限制，如行政管理事业单位公务员录用和正式部门招聘员工往往要求必须具备城镇户口。1995 年，上海市发布《上海市单位使用和聘用外地劳动力分类管理办法》，明确规定其中 20 个职业"不准使用外地劳动力"。改革开放以后，虽然农民被允许进城务工，但所从事的都是收入低、福利差、工作环境差以及安全、待遇、劳保都无法得到保障的次属劳动力市场。即便如此，对农民工就业还存在一些歧视性收费，如农民工在城市要交费办理暂住证、健康证等，这些都提升了农民工的就业门槛。

（二）造成劳动力市场扭曲

不少学者（蔡继明，1998；姚先国等，2004）提出城乡分割的户籍管理阻碍了人力资源优化配置和合理流动，造成劳动力市场扭曲。当前，由于城市一些就业岗位对城镇户口的偏向性，使得城镇居民和农民之间在社会地位、发展机会、收入水平上都存在着明显的等级差别，甚至对农村劳动力存在着歧视性和排斥性，如有的用人单位对农民工没有指定最低工资标准，甚至存在农民工报酬低于城市最低生活保障线的情况，企业克扣、拖欠农民工工资问题已成为当前影响社会稳定的主要问题，使得农村劳动力流动和就业面临着巨大的风险和压力，造成农村劳动力要素流动的短期性和不稳定性，限制了农村居民收入的增长。

（三）形成城乡社会保障差异

中国社会保障体系与户籍制度紧密挂钩。在户籍制度下，城市已经建立起一套能够基本符合城镇居民需求的社会保障体系，涵盖养老保险、医疗保险、工伤保险、失业保险、生育保险和最低生活保障等系列完善的保障制度。农村的社会保障落后于城镇，农村居民不能享受城镇居民享受的完善的保障制度，农村仅建立了五保户、灾害补助、合作医疗等低水平、低层次的保障制度。在农村，因病致贫、因伤致贫、因灾致贫、因老致贫的现象普遍存在，限制了农村居民收入增长，拉大了城乡居民收入差距。以农民工群体为例，农民工绝大部分人在社会保障安全网之外。一些企业片面追求经济利益，导致工伤事故不断，农民工的健康状况持续下降。甚至有的用人单位不与农民工签订劳动合同，农民工因此无法获得各项针对职业危害的补贴和保险。

九、以社会力量为主导的第三次分配体系不健全

在经历了市场与政府的二次分配之后，收入分配格局还可以通过社会力量为主导的第三次分配措施进行调节。第三次分配是在国民收入再分配之后，在公民自愿的基础上，依靠"精神力量"，以募集、资源捐赠和资助等慈善公益方式对社会资源和社会财富进行的另一层面的配置。

近几年，中国捐赠事业有了较快的发展，慈善机构的数量逐渐增多，捐款额也明显增加，但是，整个慈善捐赠事业的发展还存在着一些"瓶颈"因素。主要表现在：相关法律法规不健全，中国还没有针对性的、特定性的专门规范慈善组织内容的法律法规，包括对慈善组织的性质定位、运行的政策规范、监督机制以及机构的活动领域都缺乏规范；捐赠观念落后，捐赠规模小。中国慈善事业的发展滞后于经济发展，慈善捐款占 GDP

比重较低。2003 年，美国人捐赠 2 410 亿美元给慈善公益机构，人均捐赠善款 460 美元，占当年人均 GDP 的 2.17%；而中国内地在捐款额度最高的 2008 年也仅为 458 亿元人民币，人均捐款仅为 4.99 美元，仅占当年人均 GDP 的 0.18%。此外，中国慈善事业还存在慈善机构组织形式过于行政化，政府干预太多；各种基金会设立的准入门槛高；税收优惠力度不够；慈善捐赠行为体现为集中性、突击性等特点。

第二节　中国城乡居民收入差距及其理论影响因素关系检验

一、数据来源、变量构造及变量之间关系初判

与城乡居民收入差距扩大成因的理论分析一致，本节将影响因素概括为七大类：经济发展阶段、生产力和生产关系、国家政策导向、政府公共管理、基础设施建设、教育文化和户籍制度。由于无法按照东部、中部、西部、东北四大区域收集数据，因此区域发展战略因素不在此部分内容体现（第七章将会论证不同区域城乡居民收入差距的差异性及其成因）。由于行业收入差距多是其他成因的综合作用结果，间接对城乡收入差距有一定推动作用，所以这个因素也不在下面实证测度中出现。由于有些影响因素过于抽象化，难以进行指标量化，同时考虑到数据的可得性问题，本节最终构造了 8 个统计指标（可量化的）组成的实证分析指标体系，如表 6 – 2 所示。

表 6 – 2　我国城乡居民收入差距及其影响因素的变量设置

收入差距及其影响因素	具体指标	变量	计算所需的指标	量化
城乡居民收入差距	城镇居民人均可支配收入/农村居民人均纯收入	Y	城市居民人均可支配收入；农村居民人均纯收入	√
经济发展阶段	人均国内生产总值	X_1	国内生产总值；人口数量	√
经济发展战略：城乡二元经济结构	非农业部门生产率/农业部门生产率	X_2	第一、第二、第三产业增加值；第一、第二、第三产业就业人数	√

续表

收入差距及其影响因素	具体指标	变量	计算所需的指标	量化
城乡"剪刀差"政策	农产品价格"剪刀差"	—	—	×（数据不可得）
	土地价格"剪刀差"	—		
	金融存贷"剪刀差"	—		
	工资"剪刀差"	—		
财政和税收的收入再分配调节作用	国家财政支农资金占财政支出比重	X_3	国家财政支农资金；国家财政支出	√
	农牧业税占税收总额比重	X_4	农牧业税；税收总额	√
	城镇居民人均转移性收入/农村居民人均转移性收入	X_5	城镇居民人均转移性收入；农村居民人均转移性收入	√
基础设施建设	城镇全社会投资/农村全社会投资	X_6	城镇全社会投资；农村全社会投资	√
教育文化	城镇居民人均教育文化支出/农村居民人均教育文化支出	X_7	城镇居民人均全年教育文化娱乐用品及服务支出；农村居民人均全年教育文化娱乐用品及服务支出	√
户籍制度	农民工福利与工资	—	—	×（数据不可得）

表6-2构造的变量分为自变量和因变量两类：城乡居民收入差距是因变量；影响城乡居民收入差距扩大的各类因素是自变量。8个统计指标（可量化的）组成的实证分析指标体系具体如下：城乡居民收入差距状况——城镇居民人均可支配收入/农村居民人均纯收入（Y），经济发展阶段因素——人均国内生产总值（X_1），生产力和生产关系、城乡二元经济结构因素——非农业部门生产率/农业部门生产率（X_2），政府公共管理因素——国家财政支农资金占财政支出比重（X_3）、农牧业税占税收总额比重（X_4）、城乡居民人均转移性收入比值（X_5），基础设施建设因素——城

乡全社会投资比值（X_6），教育文化因素——城乡居民人均教育文化支出比值（X_7）。

本节通过查阅历年《中国统计年鉴》《中国农村统计年鉴》《中国农村金融年鉴》《中国金融年鉴》《中国乡镇企业统计资料》《中国财政年鉴》，根据表 6 - 2 列示的 8 个实证分析指标计算所需的具体指标进行数据收集、整理，即得到实证分析需要的 8 个统计指标数据（个别指标的极少量缺失数据利用插值技术补齐）。

需要注意的是，指标 X_6 的计算需要城镇全社会投资额与农村全社会投资额进行对比，自 2011 年起，除房地产投资、农村个人投资外，固定资产投资的统计起点由 50 万元提高至 500 万元；城镇固定资产投资数据发布口径改为固定资产投资（不含农户），固定资产投资（不含农户）等于原口径的城镇固定资产投资加上农村企事业组织的项目投资。统计起点的提高，使得 2011 年之后公布的城镇全社会投资额以及由此计算得到的农村全社会投资额与之前年份之间完全不具有可比性，农村全社会投资额降低，如依据《中国统计年鉴》公布的统计数据计算出来的 2011 年农村全社会投资额为 9 089 亿元，远低于 2010 年的 36 691 亿元。除此之外，由于 2013 年国家统计局实行城乡一体化住户调查，2013 年、2014 年的城镇居民人均可支配收入与农村居民人均纯收入与 2012 年之前的数据也不具有可比性。因此，此处采集的数据时限为 1978—2010 年。

中国城乡居民收入差距及其影响因素各变量之间的时序图如图 6 - 2 所示。观察图 6 - 2 可直观发现，城乡居民收入差距 Y 与人均国内生产总值（X_1）、城乡生产率差异（X_2）、城乡居民平均每人转移性收入比（X_5）、城乡全社会投资比（X_6）之间具有一定的线性同步变化趋势，与其他变量之间的线性关系不明确。虽然城乡居民收入差距及各影响因素的时序图能直观地展现变量之间的统计关系，但并不精确。相关系数能够以数值的方式精确地反映两个变量之间的线性相关程度。由于存在抽样的随机性和样本数量较少等原因，通常相关系数需要通过假设检验的方式对因素之间是否存在显著线性相关进行推断。

帕尔逊简单相关系数可用来度量定距型变量间线性相关关系。计算自变量 Y 和各影响因素之间的帕尔逊简单相关系数和假设检验结果，如表 6 - 3 所示。

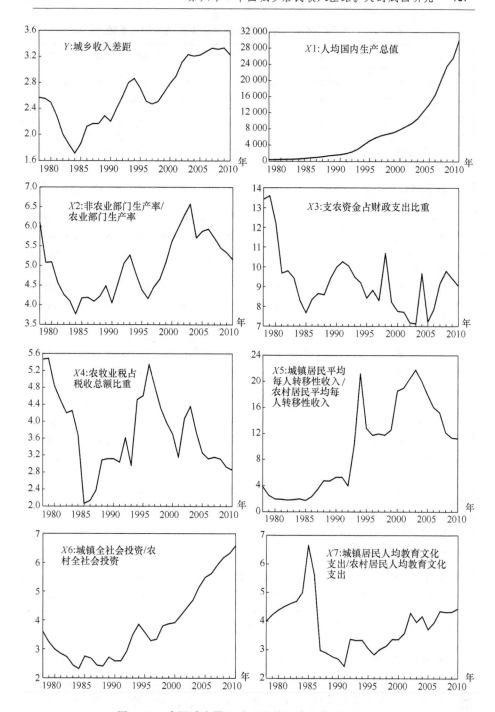

图 6-2 我国城乡居民差距及其影响因素时序折线图

表 6 - 3　城乡居民收入差距与各影响因素之间的相关系数

变量		Y	X2	X1	X3	X4	X5	X6	X7
Y	相关系数	1	0.827**	0.814**	0.728**	0.815**	0.794**	0.916**	-0.130
	P 值（双侧）	—	0.000	0.000	0.000	0.000	0.000	0.000	0.472
	观测数	33	33	33	33	33	33	33	33
X_2	相关系数	0.827**	1	0.514**	0.423**	0.530**	0.685**	0.695**	0.021
	P 值（双侧）	0.000	—	0.002	0.014	0.002	0.000	0.000	0.906
	观测数	33	33	33	33	33	33	33	33
X_1	相关系数	0.814**	0.514**	1	0.978**	0.996**	0.559**	0.955**	0.092
	P 值（双侧）	0.000	0.002	—	0.000	0.000	0.001	0.000	0.612
	观测数	33	33	33	33	33	33	33	33
X_3	相关系数	0.728**	0.423**	0.978**	1	0.976**	0.402**	0.905**	0.156
	P 值（双侧）	0.000	0.014	0.000	—	0.000	0.020	0.000	0.385
	观测数	33	33	33	33	33	33	33	33
X_4	相关系数	0.815**	0.530**	0.996**	0.976**	1	0.554**	0.955**	0.120
	P 值（双侧）	0.000	0.002	0.000	0.000	—	0.001	0.000	0.505
	观测数	33	33	33	33	33	33	33	33
X_5	相关系数	0.794**	0.685**	0.559**	0.402**	0.554**	1	0.668**	0.238
	P 值（双侧）	0.000	0.000	0.001	0.020	0.001	—	0.000	0.182
	观测数	33	33	33	33	33	33	33	33
X_6	相关系数	0.916**	0.695**	0.955**	0.905**	0.955**	0.668**	1	0.113
	P 值（双侧）	0.000	0.000	0.000	0.000	0.000	0.000	—	0.530
	观测数	33	33	33	33	33	33	33	33
X_7	相关系数	-0.130	0.021	0.092	0.156	0.120	0.238	0.113	1
	P 值（双侧）	0.472	0.906	0.612	0.385	0.505	0.182	0.530	—
	观测数	33	33	33	33	33	33	33	33

注：＊＊表示在10%显著性水平下（双侧）相关系数显著。

表6-3结果显示，在显著性水平为0.05的情形下，自变量 Y 与影响因素 X_1 ~ X_6 线性相关系数均显著，X_1 ~ X_6 各因素彼此线性相关系数也显著。X_7 与 Y 及其他影响因素之间线性关系不显著，为后面建立统计模型分析城乡居民收入差距与各影响因素的关系提供了一定的参考。

二、城乡居民收入差距及其影响因素的长期稳定关系检验

城乡居民收入差距及其各影响因素是否有统计意义上的长期稳定关系，可以通过协整检验分析。协整检验（Cointegration Test）是指通过一定方法和标准考察变量之间是否具有长期稳定的均衡关系。中国城乡居民收入差距理论上受经济发展阶段、生产力和生产关系、国家政策导向、政府公共管理、基础设施建设、教育文化和户籍制度等因素影响，从定量角度看，需要进一步验证城乡居民差距及其理论影响因素的代表变量之间是否有长期稳定关系，具体而言就是检验变量 Y 与 X_1，X_2，X_3，X_4，X_5，X_6，X_7 之间的长期稳定关系。

城乡居民收入差距及其影响因素各变量之间的协整检验结果如表 6 - 4 所示。表 6 - 4 结果显示：城乡居民收入差距变量 Y 与各影响因素变量 X_1 ~ X_7 之间均存在协整关系，即长期稳定关系。

表 6 - 4　城乡居民收入差距与其影响因素长期关系的协整检验结果

序列	滞后期	协整关系个数假设	特征值	Trace统计量	临界值（5%）	P 值
Y，X_1	1 to 1	无*	0.413 432	21.827 99	15.494 71	0.004 9
		最多一个*	0.156 894	5.290 530	3.841 466	0.021 4
Y，X_2	2 to 2	无*	0.539 531	29.418 83	25.872 11	0.017 3
		最多一个	0.185 449	6.153 536	12.517 98	0.441 0
Y，X_3	1 to 1	无*	0.408 802	19.187 99	15.494 71	0.013 2
		最多一个	0.089 138	2.894 279	3.841 466	0.088 9
Y，X_4	1 to 6	无*	0.329 034	19.603 58	15.494 71	0.011 3
		最多一个*	0.298 789	9.228 603	3.841 466	0.002 4
Y，X_5	1 to 6	无*	0.421 618	15.831 51	15.494 71	0.044 5
		最多一个	0.059 538	1.595 987	3.841 466	0.206 5
Y，X_6	1 to 2	无*	0.484 132	20.515 39	15.494 71	0.008 0
		最多一个	0.021 702	0.658 242	3.841 466	0.417 2
Y，X_7	1 to 7	无*	0.678 509	28.427 14	15.494 71	0.000 3
		最多一个	0.002 297	0.057 495	3.841 466	0.810 5

注：＊表示在 0.1 显著性水平下拒绝假设。

一是城乡居民收入差距指标（Y）与人均国内生产总值（X_1）、非农业部门生产率/农业部门生产率（X_2）、国家支农资金占财政支出比重（X_3）、农牧业税占税收总额比重（X_4）、城乡居民人均转移性收入比值（X_5）、城乡全社会投资比值（X_6）、城乡居民人均教育文化支出比值（X_7）系列指标均存在一定的长期关系。

二是收入再分配调节政策对城乡居民收入差距的影响具有一定的非同步性。税收调节因素（如农牧业税占税收总额比重 X_4）和居民转移性收入调节因素（如城乡居民人均转移性收入比值 X_5），对城乡居民收入差距的影响并非立竿见影，需要经过一段时间的影响作用才会凸显。

三是教育因素（如城乡居民人均教育文化支出比值 X_7）对城乡居民收入差距的影响具有长期性特点，影响作用大约在 7 年左右显现。

四是非农业部门与农业部门的生产率差异（X_2）与城乡社会投资差异（X_6）对城乡居民收入差距的影响传导时间较短，产生影响的传导时间不超过两年。

三、城乡居民收入差距及其影响因素的格兰杰因果关系检验

格兰杰因果关系检验（Granger Test of Causality），是基于历史数据分析不同变量之间"因果"关系的统计方法。该方法为 2003 年诺贝尔经济学奖得主克莱夫·格兰杰（Clive W. J. Granger）所创，原理是某一变量的变化受其自身及其他变量过去行为的影响，当两个变量在时间上有先导—滞后关系时，可以从统计上考察这种关系是单向的还是双向的。如果主要是一个变量过去的行为在影响另一个变量的当前行为，存在单向因果关系；如果双方的过去行为在相互影响着对方的当前行为，存在双向因果关系。需要说明的是，格兰杰因果关系检验的结论只是统计意义上的因果性，而不一定是真正的因果关系。虽然可以作为真正的因果关系的一种支持，但不能作为肯定或否定因果关系的最终根据。当然，即使格兰杰因果关系不等于实际因果关系，也并不妨碍其参考价值，因为统计意义上的因果关系也是有意义的，对于揭示经济变量之间的关系仍然能起很大的作用。

本书针对 1 个城乡居民收入差距变量 Y 和 7 个理论影响因素变量 X_1，X_2，X_3，X_4，X_5，X_6，X_7 进行了格兰杰因果检验，格兰杰因果检验结果如表 6-5 所示。结果显示：在 10% 的显著水平下，国家财政支农资金占财政支出比重（X_3）是城乡居民收入差距（Y）的格兰杰原因，滞后

期为 1 年；农牧业税占税收总额比重（X_4）是城乡居民收入差距（Y）的格兰杰原因，滞后期为 1 年；城乡居民人均转移性收入比值（X_5）是城乡居民收入差距（Y）的格兰杰原因，滞后期为 3 年；城乡居民人均教育文化支出比值（X_7）是城乡收入差距（Y）的格兰杰原因，滞后期为 5 年。可见，财政和税收政策见效最直接，直接影响下期的城乡居民收入差距；转移性收支影响的时滞相对较长，教育是见效相对慢的一种影响因素。

表 6 - 5　城乡居民收入差距与其影响因素的格兰杰因果检验结果

序列	滞后	原假设	观测	F 统计量	P 值
Y，X_3	1	X_3 不是 Y 的格兰杰因*	32	3.063 92	0.090 6
		Y 不是 X_3 的格兰杰因		0.009 45	0.923 2
Y，X_4	1	X_4 不是 Y 的格兰杰因*	32	8.736 01	0.006 1
		Y 不是 X_4 的格兰杰因		1.029 21	0.318 7
Y，X_5	3	X_5 不是 Y 的格兰杰因*	30	2.748 29	0.066 0
		Y 不是 X_5 的格兰杰因		2.296 86	0.104 4
Y，X_7	5	X_7 不是 Y 的格兰杰因*	28	2.436 31	0.077 1
		Y 不是 X_7 的格兰杰因		1.339 90	0.295 0

注：＊表示在 0.1 显著性水平下拒绝假设。

第三节　中国城乡居民收入差距影响因素作用测度

一、影响因素对城乡居民收入差距的影响作用测度

（一）回归模型的变量筛选

多元线性回归模型是用来确定两个以上变量间相互依赖关系的一种统计方法，一般形式为 $Y = \beta_0 + \beta_1 X_1 + \beta_2 X_2 + \cdots + \beta_n X_n + \varepsilon$，其中 Y 为因变量，X 为自变量。线性回归模型一方面可以揭示因变量与自变量之间是否有统计意义上的显著关系，另一方面可以测度变量间的定量关系。

在多元线性回归分析中，模型应引入多少解释变量是需要重点研究

的。如果引入的变量较少，回归方程将无法更好地解释被解释变量的变化。但是引入的变量过多，变量之间可能存在多重共线性。因此要采取一定策略对变量引入回归方程加以控制和筛选。在多元回归分析中，变量的筛选一般有向前筛选、向后筛选、逐步筛选三种，主要考虑的是自变量之间的线性相关程度及其对回归模型的影响。

向前筛选是解释变量不断进入回归方程的过程。首先，选择与被解释变量具有最高线性相关系数的变量进入方程，并进行回归方程的各种检验；然后，在剩余的变量中寻找与解释变量偏相关系数最高且通过检验的变量进入回归方程，并对新建立的回归方程进行各种检验；这个过程一直重复，直到再也没有可进入方程的变量为止。

向后筛选是变量不断剔除回归方程的过程。首先，所有变量全部引入回归方程，并对回归方程进行各种检验；然后，在回归系数显著性检验不显著的一个或多个变量中，剔除 t 检验值最小的变量，并重新建立回归方程和进行各种检验；如果新建回归方程中所有变量的回归系数检验都显著，则回归方程建立结束。否则按照上述步骤再依次剔除最不显著的变量，直到再也没有可剔除的变量为止。

逐步筛选是向前筛选和向后筛选策略的综合。向前筛选是变量不断进入回归方程的过程，变量一旦进入回归方程就不会被剔除。随着变量的不断引入，由于解释变量之间存在一定程度的多重共线性，使得某些已经进入回归方程的解释变量的回归系数不再显著，这样造成最终的回归方程可能包含一些不显著的解释变量。逐步筛选法是在向前筛选的基础上，结合向后筛选，在每个变量进入回归方程后再次判断是否存在应该剔除出方程的变量。因此，逐步筛选法在引入变量的每一个阶段都提供了再剔除不显著变量的机会。

从单个变量同城乡居民收入差距指标（Y）之间的相关系数显著性看，7 个变量除城乡居民人均教育文化支出比（X_7）外，其他变量均与城乡收入差距变量（Y）有显著的线性相关性。为了消除量纲影响，在建立线性回归模型时，对变量 X_1 计算年增长率，即人均 GDP 年增长率，表示为 X_{11}。对表 6 - 2 中变量 Y 与 X_{11}，X_2，X_3，X_4，X_5，X_6，X_7 建立线性回归模型，在变量筛选上，采取逐步筛选策略，最终引入回归方程的变量有（在显著性水平 10% 下）：X_{11}，X_2，X_5，X_6。回归结果如表 6 - 6、表 6 - 7 和表 6 - 8 所示。

表6-6　中国城乡居民收入差距与其影响因素回归结果——模型概述①

模型	R	R方	调整的R方	标准估计的误差	D-W值
1	0.965②	0.932	0.922	0.132 60	0.592

注：①因变量：Y。

②预测变量：（常数项），X_{11}，X_6，X_5，X_2。

表6-7　中国城乡居民收入差距与其影响因素回归结果——方差分析①

模型		平方和	自由度	均方	F统计量	P值
1	回归	6.525	4	1.631	92.768	0.000②
	残差	0.475	27	0.018		
	总计	7.000	31			

注：①因变量：Y。

②预测变量：（常数项），X_{11}，X_6，X_5，X_2。

表6-8　中国城乡居民收入差距与其影响因素回归结果——回归系数①

模型		非标准化系数		标准系数	T统计量	P值	多重共线性统计量	
		系数	标准误差	系数			容忍度	VIF值
1	（常数项t）	0.714	0.196	—	3.636	0.001	—	—
	X_{11}	0.006	0.005	0.065	1.297	0.106	0.995	1.005
	X_2	0.169	0.049	0.274	3.465	0.002	0.403	2.484
	X_5	0.014	0.005	0.211	2.776	0.010	0.437	2.291
	X_6	0.227	0.033	0.572	6.997	0.000	0.376	2.662

注：①因变量：Y。

表6-6显示，此线性回归模型拟合较好，判定系数R为0.965；表6-7显示，在5%的显著水平下此回归模型通过F检验，即模型具有显著性；表6-8显示，在10%显著性水平下，变量X_{11}，X_2，X_5，X_6对城乡居民收入差距Y均具有显著影响作用。

（二）回归模型的自相关检验

多元回归模型的基本假设之一是模型的随机扰动项相互独立或不相关。如果模型的随机扰动项违背了相互独立的基本假设，则存在序列相关性。多元回归模型一旦存在自相关，如果仍采用普通最小二乘法估计模型参数，会使得参数估计量是非有效的，变量的显著性检验失去意义，模型的预测失效等缺陷。通常，检验自相关的方法主要有图示法、冯诺曼比检验法、回归检验法、D. W. 检验法等，这些检验方法的共同思路是：首先采用普通最小二乘法估计模型，以求得随机干扰项的"近似估计量"，用 $\tilde{e}_t$ 表示：

$$\tilde{e}_t = Y_t - (\hat{Y})_{\text{OLS}}$$

然后通过分析这些"近似估计量"之间的相关性以达到判断随机干扰项是否具有序列相关性。

D. W. 检验法是用来检验回归模型随机扰动项是否存在一阶自相关。表 6-6 结果显示，模型的 D. W. 值为 0.592，当样本量为 32，解释变量个数为 4 时，D. W. 的临界值区域为 [1.24，1.65]，模型存在高度一阶正相关。进一步通过回归检验法判断回归模型的二阶以上自相关情况，分别以 $\tilde{e}_t$ 为被解释变量，以各种可能的 $\tilde{e}_{t-k}$（$k=1，2，\cdots$）为解释变量，建立各种方程：

$$\tilde{e}_t = \rho \tilde{e}_{t-1} + \varepsilon_t \quad t = 2,\cdots,n$$
$$\tilde{e}_t = \rho_1 \tilde{e}_{t-1} + \rho_2 \tilde{e}_{t-2} + \varepsilon_t \quad t = 3,\cdots,n$$
$$\cdots\cdots$$

对上述方程进行估计并进行显著性检验，如果存在某一种函数形式，使得方程显著性成立，则说明原模型存在序列相关性。采取向前筛选选择引入变量，最后发现原模型仅存在一阶自相关。

在表 6-6 至表 6-8 回归模型基础上用 AR（1）过程描述残差序列，从而提高回归参数的有效性，回归结果如表 6-9 至 6-11 所示。

表 6-9　引入 AR（1）后城乡居民收入差距与其影响因素回归结果——模型概述

模型	R	R^2	调整后的 R^2	标准估计的误差	D-W 值
1	0.999[①]	0.999	0.999	0.091 63	1.41

注：①预测变量：AR1，X_5，X_{11}，X_6，X_2。

表 6-10　引入 AR（1）后城乡居民收入差距与其影响因素回归结果——方差分析

	模型	平方和	自由度	均方	F 统计量	P 值
1	回归	217.903	5	43.581	5 190.274	0.000[①]
	残差	0.218	26	0.008		
	总计	218.121	31			

注：①预测变量：AR1，X_5，X_{11}，X_6，X_2。

表 6-11　引入 AR（1）后城乡居民收入差距与其影响因素回归结果——回归系数[①②]

模型		非标准化系数		标准系数	T 统计量	P 值
		系数	标准误差	系数		
1	X_2	0.160	0.032	0.301	4.933	0.000
	X_5	0.006	0.003	0.027	1.775	0.088
	X_6	0.077	0.030	0.113	2.601	0.015
	X_{11}	0.006	0.003	0.033	2.074	0.048
	AR1	0.539	0.080	0.534	6.779	0.000

注：①因变量：Y。
　　②原始数据进行线性回归分析。

表 6-9 结果显示，模型的 D. W. 值为 1.41，当样本量为 32，解释变量个数为 4 时，D. W. 的临界值区域为 [1.24，1.65]，修正后模型不存在自相关，判定系数 R 为 0.999，此线性回归模型拟合较好；表 6-10 显示，在 5% 的显著水平下此回归模型通过 F 检验，即模型具有显著性；表 6-11 显示，在 10% 显著性水平下，变量对城乡居民收入差距 Y 均具有显著影响作用。

（三）变量间多重共线性检验

多重共线性是指变量之间存在线性相关关系的现象。解释变量间高度的多重共线性会给回归方程带来许多影响，如偏自回归系数估计困难，偏回归系数的估计方差随解释变量相关性的增大而增大，偏回归系数的置信区间增大，偏回归系数估计值的不稳定性增强，偏回归系数假设检验的结果不显著等。测度解释变量间多重共线性一般有容忍度、方差膨胀因子（VIF）、特征根和方差比、条件指数等方式。本书主要通过容忍度和方差膨胀因子测度回归模型中自变量间的多重共线性。其中，方差膨胀因子是容忍度的倒数，方差膨胀因子大于等于 1。解释变量间的多重共线性越弱，方差膨胀因子越接近 1。通常，如果方差膨胀因子大于等于 10，说明解释变量 x_i 与回归方程中的其他解释变量之间有严重的多重共线性，且可能会影响方程的最小二乘估计结果。

变量间方差膨胀因子计算结果显示，最终建立的回归方程模型中方差膨胀因子 VIF 值均介于 1~6.6，因变量之间的多重共线性关系较弱。

（四）异方差检验

无论解释变量 x 取怎样的值，对应残差的方差都应相等，它不应随着解释变量或被解释变量取值的变化而变化，否则认为出现了异方差现象。当存在异方差时，参数的最小二乘估计不再是最小方差无偏估计，不再是有效性估计；容易导致回归方程系数显著性检验的 t 值偏高，进而容易拒绝其零假设，使那些本不应留在方程中的变量被保留下来，方程的最终预测误差较大。异方差分析可以通过绘制残差图或计算残差与解释变量之间的等级相关系数进行检验。

绘制自变量 X_{11}，X_2，X_5，X_6 与多元线性回归模型残差序列之间的散点图，如图 6 - 3 所示，残差值随着自变量取值不呈现任何规律性变化。进一步计算自变量 X_{11}，X_2，X_5，X_6 与多元线性回归模型残差序列绝对值之间的 Spearman 等级相关系数，并计算检验统计量的 P 值，结果如表 6 - 12。结果显示，所有相关系数检验统计量的 P 值均大于显著性水平 0.05，因此接受零假设，认为解释变量与残差之间不存在显著的相关关系，没有出现异方差现象。

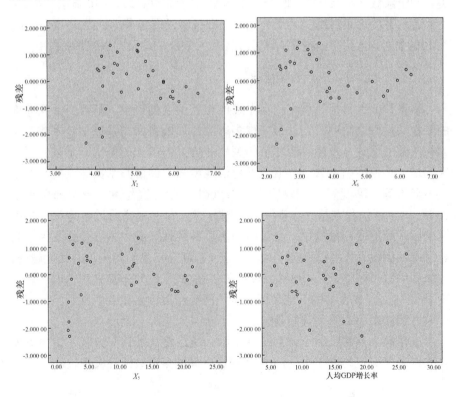

图 6 - 3　残差与自变量的散点图

表 6 - 12　残差与各自变量的 Spearman 等级相关系数

变量	X_2	X_5	X_6	X_{11}
相关系数	- 0.098	0.073	- 0.042	0.573
P 值（双侧）	0.602	0.698	0.821	0.100
观测数	31	31	31	31

回归模型因变量的回溯预测值与真实值很接近，预测的残差序列值在 ±0.04 区间波动（如图 6 - 4 所示）。

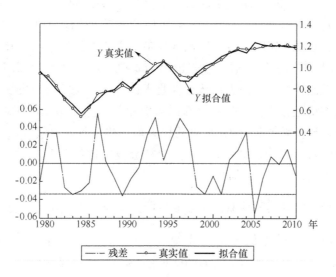

图 6 - 4　多元线性回归模型的拟合效果图

为了更方便地理解多元线性回归结果，根据表 6 - 11，进一步整理出表 6 - 13。

表 6 - 13　中国城乡居民收入差距与其影响因素的线性回归结果

影响因素	变量	系数	相关性	经济意义
经济发展阶段	X_{11}	0.006	正向	人均 GDP 增长率增加 1%，城乡居民收入比值增加 0.006
二元经济结构	X_2	0.160	正向	农业和非农部门生产率比值增加 1，城乡居民收入比值增加 0.169

影响因素	变量	系数	相关性	经济意义
收入再分配调节	X_5	0.006	正向	城乡人均转移性收入比值增加1，城乡居民收入比值增加0.014
基础设施建设	X_6	0.077	正向	城乡全社会投资比值增加1，城乡居民收入比值增加0.227

表6-13回归结果显示，当前中国人均 GDP 的增长速度与城乡居民收入差距正相关，即经济增长引起城乡居民收入差距持续扩大，且人均 GDP 增长速度每增加1个百分点，城乡居民收入比值增加0.006。如，人均 GDP 增长速度为 $a\%$ 时城乡居民收入比值为 b，则当人均 GDP 增长速度提高到 $(a+1)\%$ 时，城乡居民收入比值为 $b+0.006$。非农业部门与农业部门的生产率比，城乡居民人均转移性收入比，城乡全社会投资比均与城乡居民收入差距正相关，且非农业部门与农业部门生产率比值每增加1，城乡居民收入比值增加0.160；城乡居民人均转移性收入比值（X_5）增加1，城乡居民收入比值增加0.006；城乡全社会投资比值（X_6）每增加1，城乡居民收入比值（Y）增加0.077。

二、影响因素对不同阶段城乡居民收入差距的影响作用测度

分位数回归思想最早由克恩克（Koenker）和巴西特（Bassett）于1978年提出。分位数回归（Quantile Regression）模型是依据因变量的条件分位数对自变量进行回归分析，得到因变量不同分位数下与自变量的回归关系。多元线性回归方法只能描述自变量 X 对因变量 Y 均值的影响，而分位数回归方法则更能精确地描述自变量 X 对因变量 Y 变化范围以及条件分布形状的影响。分位数回归方法能够捕捉因变量分布的尾部特征，当因变量分布存在左偏或右偏情形时，分位数回归方法能更加全面地刻画自变量对因变量不同分位数的具体影响。

如图6-5所示，中国城乡居民收入差距变量（Y）呈现"尖峰拖尾"特征，且 Y 的统计特征偏度为 -0.046，表明因变量 Y 的对数分布为左偏，长尾巴拖在左边；峰度为 -0.998，表明比正态分布的高峰更加平稳。可见，对中国城乡居民收入差距进一步采用分位数回归方法进行分析具有一定的合理性，有助于反映城乡居民不同收入差距情形下，各影响因素对城

乡居民收入差距的影响方向和影响程度及其动态变化①。

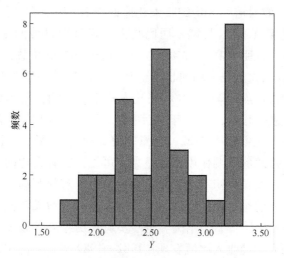

图6-5　城乡居民收入差距（Y）的分布特征

中国城乡居民收入差距与各影响因素之间分位数回归的结果如表6-14所示。

表6-14　城乡居民收入差距与其影响因素分位数回归结果①②

系数 Tau，Y	X_{11}	X_2	X_5	X_6
Tau=0.2　Y=2.17	-0.044	0.159*	0.014	0.285**
Tau=0.3　Y=2.29	0.900**	0.129**	0.015**	0.248**
Tau=0.4　Y=2.50	0.892**	0.115*	0.014**	0.247**
Tau=0.5　Y=2.57	0.546	0.114**	0.014	0.238**
Tau=0.6　Y=2.71	0.665**	0.144**	0.011*	0.224**
Tau=0.7　Y=2.86	0.619**	0.140**	0.011*	0.223**
Tau=0.8　Y=3.22	0.485	0.127**	0.007	0.223**

注：①＊为显著性水平10%；＊＊为显著性水平5%。

　　②因变量：Y。

① 为了防止样本年份数据的减少，分位数回归模型中的变量"城乡居民收入差距指标Y"用每年城乡居民收入水平，没有用城乡居民消费价格指数进行调整，因此城乡居民相对收入差距值会比第三章测算结果偏大。这不影响分位数回归模型对城乡居民收入差距影响因素、影响方向和影响程度的测度。

第一，当城乡居民收入差距 Y 处于 20% ~ 80% 分位数，即城镇居民人均可支配收入/农村居民人均纯收入比值处于 2.17 ~ 3.22 时，人均国内生产总值增长速度（X_{11}）与城乡居民收入差距呈现显著的正向相关关系；当城乡居民收入差距 Y 高于 80% 分位数或低于 20% 分位数，即城镇居民人均可支配收入/农村居民人均纯收入比值大于 3.22 或小于 2.17 时，人均国内生产总值增长速度 X_{11} 对城乡居民收入差距的影响作用不再显著。具体到实际经济发展过程看，2006 年之后中国城镇居民人均可支配收入与农村居民人均纯收入比值高于 3.22，这意味着 2006 年之后，中国经济增长对城乡居民收入差距的影响作用不再显著。可见，随着人均国内生产总值的不断提高，经济增长最初对城乡居民收入差距没有显著影响，随后不断拉大城乡居民收入差距；随着经济的持续增长，经济增长对城乡居民收入差距的影响强度不断降低直至消失。进一步对比历年城镇居民人均可支配收入与农村居民人均纯收入比值发现：1982—1989 年，经济增长对城乡居民收入差距扩大的影响作用不显著，1990—2005 年（2003 年除外），经济增长加速了城乡居民收入差距扩大，2006—2010 年经济增长对城乡居民收入差距扩大的影响作用不显著。

第二，城乡居民收入差距与城乡生产率差异（X_2）始终呈现显著的正相关关系，即：非农业部门生产率与农业部门生产率比值越大，城乡生产率差异越大、城乡二元经济结构越突出，城乡居民收入差距就越大。在不同的城乡居民收入差距状况下，城乡生产率差异指标 X_2 对其影响强度有所不同，如图 6 – 6 所示。

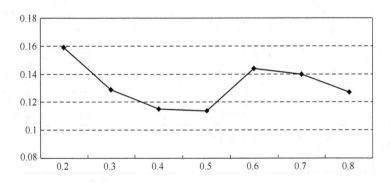

图 6 – 6　城乡居民收入差距不同分位数下 X_2 的影响系数

第三，城乡居民人均转移性收入比（X_5）对城乡居民相对收入差距指标 Y 分布的两端影响不显著。当城乡居民收入差距指标 Y 处于 20% ~ 80%

分位数，即城镇居民人均可支配收入与农村居民人均纯收入比值处于 2.17~3.22 时，Y 与 X_5 存在显著的正向相关关系，即城乡居民人均转移性收入比越大，城乡居民收入差距越大。随着城乡居民收入差距的持续扩大，城乡人均转移性收入差异对城乡居民收入差距的拉大作用在慢慢弱化。当城乡居民收入差距 Y 高于 80% 分位数或低于 20% 分位数，即城镇居民人均可支配收入与农村居民人均纯收入比值大于 3.22 或小于 2.17 时，城乡居民人均转移性收入差异对城乡居民收入差距影响不显著。

第四，城乡全社会投资差异（X_6）与城乡居民收入差距始终存在显著的正向相关关系，即城镇全社会投资与农村全社会投资比值越大、城乡全社会投资差异越大，城乡居民收入差距就越大。但随着城乡居民收入差距的持续扩大，城乡全社会投资差异的影响强度在逐渐减小，如图 6-7 所示。这与同一地区内投资的边际收益递减规律，国家和政府不断加强农村投资有一定关系。

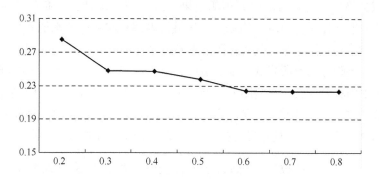

图 6-7 城乡居民收入差距不同分位数下 X_6 的影响系数

多元线性回归结果显示：显著影响中国城乡居民收入差距变化的因素主要有：经济增长因素（如人均 GDP 增长速度指标）、基础设施建设因素（如城乡全社会投资差异指标）、城乡二元经济结构因素（如城乡生产率差异指标）、财政支出因素（如城乡人均转移性收入差异指标）四大因素。从城乡居民收入差距的历史发展过程看，经济增长的拉大作用最强，远高于其他影响因素；其次是城乡全社会投资差异的影响。分位数回归结果进一步显示：在当前城乡居民收入差距状态下（城乡人均收入比值 3.22 以上），依然显著影响城乡居民收入差距变动的两大因素为：基础设施建设和城乡二元经济结构，政府应该从这两方面着手降低城乡居民收入差距。

三、经济意义分析

（一）城乡居民收入差距进入"倒 U"型曲线底部拐点，与中国工业化中期相适应

实证分析结果表明：多年来经济增长持续拉大城乡居民收入差距，但随着中国经济的持续增长，经济增长对城乡居民收入差距的拉大作用持续降低，2006 年以来，这种影响作用不再显著。著名的库兹涅茨曲线（"倒 U"曲线）反映了西方国家经济和社会发展过程中收入分配状况变化的一般规律：即在工业化初期，收入分配的不平等程度不断加剧；随着工业化的完成，不平等程度逐渐缓解。根据"倒 U"型曲线形状，在经济发展初期，随着人均 GDP 的增加，收入差距呈现扩大趋势；到了经济发展中期，收入差距趋缓；当跨过"拐点"后，随着经济水平进一步提升，收入差距呈现减少趋势。与笔者的研究预测结果一致，国家统计局公布的城乡居民收入差距数据显示：2010 年以来，中国城镇内部和农村内部基尼系数、城乡居民相对收入差距、行业收入差距、不同经济类型收入差距、不同分组城乡居民收入差距等均有所降低。本节实证分析进一步显示，2006—2010 年经济增长对中国城乡居民收入差距的影响作用不再显著，也就是说，中国经济发展接近"倒 U"型曲线所言的中期阶段"底部"，出现了伴随经济发展而城乡居民收入差距缩小的趋势，收入差距进入"倒 U"型曲线的拐点。

（二）基础设施建设（如社会性投资）对城乡居民收入差距的拉大作用显著，但拉大强度持续缓慢放低

社会性投资对拉动地区经济增长和提高居民收入水平的作用显著，尤其是在"投资拉动型"的中国更是不能忽视。中国城乡社会投资不均衡因素与（不同时期的）城乡居民收入差距始终具有显著相关关系。但城乡社会投资差异对城乡居民收入差距拉大作用的强度持续缓慢放低，出现这种现象的原因在于随着城市改革的深入和资源在城市的集聚，城镇投资对拉动城镇居民收入的边际作用逐渐降低。

在目前农村投资不足和城镇投资边际作用递减的情况下，应当将资源从城市转移到农村，即加大农村的社会性投资力度，特别是固定资产投资力度，促进农民增收。要确保财政支出优先支持农业农村发展，预算内固定资产投资优先投向农业基础设施建设和农村民生工程，土地出让收益优先用于农业土地开发和农村基础设施建设。加大农村基础设施建设，本身可以增加农民收入，解决农民就业问题；加大农村基础设施建设，特别是农业科研和技术服务的增强，能够提供劳动者的技能和物质生产要素的生产率；加强农村医疗卫生设施的建设，有利于提高劳动者的身体素质，提高农村劳动生产率；加大水利、气象、能源等基础设施建设，直接促进农业生产的发展，降低自然灾害的成灾率，增强农业抵御自然风险的能力，保障农业生产的稳定性；加大农村仓储、市场、交通等基础设施的建设，降低农业生产的成本。

（三）城乡二元经济结构拉大了城乡收入差距，中国城乡关系有待协调发展

城乡在道路、通信、卫生和教育等基础设施方面的差异性是城乡二元结构的一定表现。城乡全社会投资的巨大差异，一定程度上强化了城乡二元经济结构。城乡二元经济结构是造成城乡居民收入差距持续扩大的因素之一，实证分析显示二元经济结构下的城乡生产率差异与城乡居民收入差距（不同时期的）始终具有显著相关关系。从中国二元经济结构转化的实际情况看，城市化的滞后发展是阻碍二元经济结构的主要因素。因此，在二元经济结构转化过程中，必须协调好工业化与城市化的关系，加快城市化进程。同时要加强发挥市场机制的作用，促进中国城乡关系的协调发展，消除二元经济结构转化的负效应。

（四）财政税收的收入再分配政策效果较弱甚至逆向调节，中国宏观收入再分配政策有待调整和强化

实证分析显示，当前财政支农和税收手段对缩小中国城乡居民收入差距的效果并不十分显著。长期以来，财政支出都是重城市轻农村，城乡居民人均转移性收入差距在一定时期还起到了拉大城乡居民收入差距的作用。尽管近年来财政支出加大了对农村的投入，但这种逆向调节作用在2006年之后不显著了。历史原因造成的农村硬环境及软环境落后现象依然很强地影响着农民收入的增加。因此，要真正实现财政支出的收入再分配效应，就要继续加大对农村的财政支出力度，直至真正有效地提升农村硬环境和软环境。另外，中国的宏观收入再分配调节政策还应该在社会保障、教育、公共卫生和救济救助等方面综合进行调整和强化，切实发挥缩小居民收入差距、优化居民收入分配结构的功能。

第七章 区域城乡居民收入差距扩大的成因研究

中国地理版图辽阔，各区域经济发展、社会人文情况等差异较大。改革开放初期，政府因地制宜，发挥区域优势，采取了非均衡发展战略，通过发展经济特区，鼓励东部沿海地区优先发展，开放沿江沿边等战略举措，东部沿海地区发展迅速。随着改革开放的不断深入，以"西部大开发"战略的实施为标志，中国开始区域发展战略调整，进入了缩小区域发展差距，促进区域协调发展的新阶段。随后振兴东北地区等老工业基地、促进中部地区崛起等区域政策不断推出，至此，中国以西部大开发、振兴东北地区、中部崛起、鼓励东部地区率先发展为先导的国家区域协调发展格局基本形成。

第一节 中国各区域城乡居民收入差距演变状况

一、中国区域划分标准

将中国划分为东部、中部、西部三个地区的时间始于1986年，由第六届全国人民代表大会四次会议通过的"七五"计划正式公布。东部地区包括：北京、天津、河北、辽宁、上海、江苏、浙江、福建、山东、广东和海南等11个省（市）；中部地区包括：山西、内蒙古、吉林、黑龙江、安徽、江西、河南、湖北、湖南、广西等10个省（区）；西部地区包括：四川、贵州、云南、西藏、陕西、甘肃、青海、宁夏、新疆等9个省（区）。

1997年，第八届全国人民代表大会五次会议决定设立重庆市为直辖市，并划入西部地区后，西部地区的省级行政区由9个增加为10个省（区、市）。

由于内蒙古和广西两个自治区人均国内生产总值的水平正好相当于上述西部10省（市、区）的平均状况，2000年，国家制定的在西部大开发中享受优惠政策的范围又增加了内蒙古和广西。

当前，国家统计局有关东部、中部、西部地区划分标准主要为：东部地区包括：北京、天津、河北、辽宁、上海、江苏、浙江、福建、山东、

广东、海南11个省（市）；中部地区包括：山西、吉林、黑龙江、安徽、
江西、河南、湖北、湖南8个省；西部地区包括：内蒙古、广西、重庆、
四川、贵州、云南、西藏、陕西、甘肃、青海、宁夏、新疆12个省（市、
自治区）。

2005年开始，国家统计局公布的区域性城乡居民收入数据分为四大经
济区域，即东部、中部、西部和东北地区。统计上东中西和东北地区分组
的方法是：东部地区包括北京、天津、河北、上海、江苏、浙江、福建、
山东、广东、海南10个省市；中部地区包括山西、安徽、江西、河南、湖
北、湖南6省；西部地区包括重庆、四川、贵州、云南、西藏、陕西、甘
肃、青海、宁夏、新疆、内蒙古、广西12省市区；东北地区包括辽宁、吉
林、黑龙江3省，分别将原有的东部地区中的辽宁、原中部地区的吉林、
黑龙江地区列入东北地区。

国家统计局2013年实行城乡一体化住户调查，2014年不再公布各区
域农村居民人均纯收入数据，因此本章分析时限截至2013年。

二、中国各区域城乡居民收入差距状况

将2005—2013年中国各区域城乡居民绝对收入差距（城镇居民人均
可支配收入－农村居民人均纯收入）进行整理，如表7－1所示。各区域
城乡居民收入差距的变动趋势如图7－1所示。

表7－1　中国各区域城乡居民绝对收入差距　　　　　　元

年份	全国	东部地区	中部地区	西部地区	东北地区
2005	7 238.10	8 654.60	5 851.92	6 404.26	5 350.98
2006	8 172.41	9 779.15	6 619.12	7 140.08	6 085.19
2007	9 645.45	11 119.24	7 790.00	8 281.07	7 115.04
2008	11 020.14	12 605.22	8 772.50	9 453.43	8 018.49
2009	12 021.48	13 797.68	9 574.36	10 397.00	8 867.75
2010	13 190.43	15 130.02	10 452.40	11 388.55	9 506.49
2011	14 832.49	16 821.00	11 793.20	12 912.70	10 510.70
2012	16 648.14	18 804.10	13 262.00	14 573.60	11 912.80
2013	18 059.18	20 419.90	14 359.60	15 876.60	12 965.40

数据来源：根据各年《中国统计年鉴》中"人民生活"模块整理。

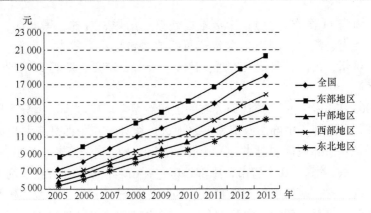

图7-1　中国各区域城乡居民绝对收入差距的变化趋势

观察图7-1发现，中国各区域城乡居民绝对收入差距呈现递增趋势，2007年，东部地区城乡居民收入差距首先突破万元，并于2008年带动全国城乡居民收入差距突破万元。2009年，西部地区城乡居民收入差距也迈入万元大关；2010年，东部、中部和西部地区城乡居民收入差距均超过万元，东北地区接近万元（9 506.49元），当前东北地区的城乡居民收入差距是四个区域中最低的。

将2005—2013年中国各区域城乡居民相对收入差距（城镇居民人均可支配收入/农村居民人均纯收入）进行整理，如表7-2所示。各区域城乡居民相对收入差距的变动趋势如图7-2所示。

表7-2　中国各区域城乡居民相对收入差距

年份	全国	东部地区	中部地区	西部地区	东北地区
2005	3.22	2.83	2.98	3.69	2.58
2006	3.28	2.88	3.02	3.76	2.62
2007	3.33	2.90	3.03	3.73	2.64
2008	3.31	2.91	2.97	3.69	2.57
2009	3.33	2.93	3.00	3.72	2.63
2010	3.23	2.86	2.90	3.58	2.48
2011	3.13	2.86	2.90	3.58	2.48
2012	3.10	2.75	2.81	3.46	2.35
2013	3.03	2.74	2.78	3.42	2.35

数据来源：根据《中国统计年鉴》中"人民生活"模块整理。

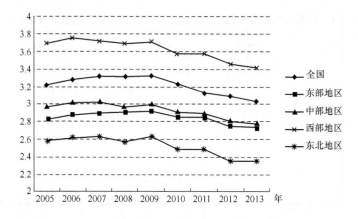

图 7 - 2 中国各区域城乡居民相对收入差距的变化趋势

观察图 7 - 2 发现,当前西部地区城乡居民相对收入差距最大,2013年为 3.42,高于全国平均水平(3.03);东部和中部地区城乡居民相对收入差距接近,2013 年分别为 2.74 和 2.78;东北地区城乡居民相对收入差距最低,2013 年为 2.35。从发展趋势上看,2005—2007 年,各区域(除西部地区外)城乡居民相对收入差距有所上升;2007—2009 年,各区域城乡居民相对收入差距波动保持平稳;2010 年以后,各区域城乡居民相对收入差距均出现一定的下降,幅度最大的地区是西部和东北地区,与前面中国城乡居民收入差距在 2010 年呈现回落趋势一致。

根据 2005—2013 年各区域城乡居民收入数据,计算得到 2006—2013年各区域城乡居民收入增长速度及其差距,如表 7 - 3 和表 7 - 4 所示。

表 7 - 3 中国各区域城乡居民人均收入增长速度 %

| 年份 | 城镇居民人均可支配收入增长速度 | | | | | 年份 | 农村居民人均纯收入增长速度 | | | | |
	全国	东部地区	中部地区	西部地区	东北地区		全国	东部地区	中部地区	西部地区	东北地区
2006	12.07	11.91	12.42	10.76	12.60	2006	10.20	9.91	11.05	8.80	10.83
2007	17.23	13.41	17.49	16.25	16.61	2007	15.43	12.85	17.09	17.00	16.11
2008	14.47	13.13	13.68	14.69	14.45	2008	14.98	12.69	15.84	16.16	17.32
2009	8.83	9.11	8.63	9.58	9.18	2009	8.25	8.45	7.62	8.49	6.97
2010	11.27	11.07	11.10	11.21	11.29	2010	14.86	13.80	14.96	15.76	17.92
2011	14.13	13.46	14.79	14.89	14.81	2011	17.88	17.71	18.52	18.76	21.08
2012	12.63	12.18	12.96	13.44	13.43	2012	13.46	12.86	13.86	14.86	13.55
2013	9.73	9.62	9.85	10.24	10.19	2013	12.37	11.41	12.66	13.39	12.01

表7-4　各区域城乡居民相对收入差距及城乡居民收入增长速度差距　%

年份	全国		东部地区		中部地区		西部地区		东北地区	
	收入差距	增长速度差	收入差距	增长速度差	收入差距	增长速度差	收入差距	增长速度差	收入差距	增长速度差
2005	3.22	—	2.83	—	2.98	—	3.69	—	2.58	—
2006	3.28	1.87	2.88	2	3.02	1.37	3.76	1.96	2.62	1.77
2007	3.33	1.8	2.9	0.56	3.03	0.4	3.73	-0.75	2.64	0.5
2008	3.31	-0.51	2.91	0.44	2.97	-2.16	3.69	-1.47	2.57	-2.87
2009	3.33	0.58	2.93	0.66	3	1.01	3.72	1.09	2.63	2.21
2010	3.23	-3.59	2.86	-2.73	2.9	-3.86	3.58	-4.55	2.48	-6.63
2011	3.13	-3.75	2.86	-4.25	2.90	-3.73	3.58	-3.87	2.48	-6.27
2012	3.10	-0.83	2.75	-0.68	2.81	-0.9	3.46	-1.42	2.35	-0.12
2013	3.03	-2.64	2.74	-1.79	2.78	-2.81	3.42	-3.15	2.35	-1.82

　　观察表7-4发现，各区域城乡居民相对收入差距的演变趋势与城乡居民收入增长速度差距存在对应关系。观察图7-3发现：当城乡居民收入增长速度差距为正数，城乡居民相对收入差距扩大，城镇居民收入增长速度比农村居民高的越多，相对收入差距增加也越大。城乡居民收入增长速度差距为负数，城乡居民相对收入差距缩小，城镇居民收入增长速度比农村居民低的越多，相对收入差距缩小也越快。表7-4数据显示：2010年以来，中国各区域农村居民人均纯收入增长速度都高于城镇居民，因此，各区域城乡居民相对收入差距普遍缩小。因此，当前降低城乡居民收入差距，可以从调控城乡居民收入增长速度，特别是提高农村居民收入增长速度入手。

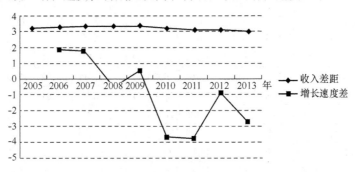

图7-3　中国城乡居民收入差距与城乡居民收入增长速度差距

第二节 中国各区域城乡居民收入差距
影响因素实证分析

中国城乡居民收入差距扩大与区域发展战略之间存在着必然的联系，不同区域城乡居民收入差距的演变有其自身特点，因此城乡居民收入差距扩大的成因也有区域性特点。本节对已有的代表性研究成果进行梳理，对东部、中部、西部和东北地区的城乡居民收入差距成因进行总结和对比分析。

一、东部地区

以北京市、江苏省、上海市、广东省为例。

（一）北京市实证分析

陈红霞等（2009）对北京市城乡居民收入差距变化及影响因素进行了分析。研究选取1985—2007年北京市城乡居民收入相关统计数据，以城乡居民相对收入差距为因变量，从社会结构、经济结构、外部环境等角度分析北京市城乡居民收入差距产生的原因。基于城乡居民收入差距产生原因的理论分析，选取四类变量分析北京市城乡居民收入差距的影响因素。四类变量为：第一，就业结构（SOEV），以第二、第三产业就业人员占总就业人员的比重和第三产业就业人员占总就业人员比重的年增长率等指标进行测度；第二，社会结构（SSV），选取城市化水平为测度指标；第三，经济结构（ESV），选取人均GDP增长率、二元结构系数、非农产业产值年增长率与农业产值年增长率之比等指标进行测度；第四，农业商品的生产环境（EV），选取商品零售价格指数与农业生产资料价格指数之比、政府支农比例等指标进行测度。

各指标的表示方法及内涵如表7−5所示。

表7−5 北京市城乡居民收入差距及其影响因素变量

因素	变量	内涵与计算
	GBUR	城乡居民相对收入差距，城镇居民人均可支配收入与农村居民人均纯收入之比
就业结构（SOEV）	1. POSTIE	第二、第三产业就业人员占总就业人员的比重
	2. GROEITI	第三产业就业人员占总就业人员比重年增长率

因素	变量	内涵与计算
社会结构 （SSV）	3. UL	城市化水平，城镇人口与总人口之比
	4. GROPCG	人均 GDP 增长率
经济结构 （ESV）	5. DSC	二元结构系数，用城乡比较劳动生产率衡量，即城镇比较劳动生产率与农村比较劳动生产率之比
	6. RONAA	非农产业产值年增长率与农业产业产值年增长率之比
农业商品的 生产环境 （EV）	7. CEOA	基于农业的商品生产环境，为商品零售价格指数与农业生产资料价格指数之比。其中，商品零售价格指数是反映一定时期内商品零售价格变动趋势和程度的相对数，农业生产资料价格指数是一定时期内农业生产资料价格变动趋势和程度的相对数
	8. POGSFA	政府财政支出比率，为财政中农业支出与地方总的财政支出之比

研究采用模型和方法：多元线性回归模型。具体分析过程如下：假设 t 年的城乡居民相对收入差距是一系列因素的函数，应用向后剔除法，共剔除四次，最终保留了四个影响因素，模型及各变量均通过显著性检验，模型及主要参数如表 7−6 所示。

表 7−6　北京市城乡居民收入差距影响因素模型及主要参数

	系数	T 统计量	P 值	VIF 值
常数项	−11. 11	−6. 864	0. 000	—
POSTIE	11. 016	7. 055	0. 000	2. 261
GROEITI				
UL	5. 522	2. 566	0. 019	2. 015
GROPCG	—			
DSC	0. 084	1. 917	0. 071	3. 402
RONAA				
CEOA				
POGSFA	−5. 620	−2. 013	0. 059	1. 193
R	—	0. 940	—	—
R²	—	0. 884	—	—
调整后的 R²	—	0. 858	—	—
F 统计量	—	34. 322	—	—

模型结果如式（7 - 1）：

$$IGBUR_t = -11.110 + 11.016POSTIE_t + 5.522UL_t + 0.084DSC_t - 5.620POGSFA_t \qquad (7-1)$$

主要研究结论如下：

（1）从第二、第三产业就业人员占总就业人员的比重看：相对于农业从业人员，第二、第三产业就业人员越多，城乡收入差距越大。这是因为就业是收入的来源，农民的主要收入来源是农业活动，而城镇居民的主要收入来源是第二、第三产业。在目前的生产条件下，第二、第三产业的效益远高于第一产业，显然，这是城市化的动因之一，也是造成城乡收入差距加大的重要原因。

（2）从城市化水平看：城市化水平的提升会加大北京市城乡居民的收入差距。城市化水平每提升 1 个单位，将引起城乡收入差距扩大 5.522 个单位。北京市是人口总量超过 2 000 万的大城市，推进城市化进程的重要因素是外来人口的快速增长，以及向城市中心的快速集聚，不同于其他部分地区的本地城市化模式，北京市郊区农民的城市化并不显著。因此，城市化水平的提高并不意味着本地农村居民收入水平的提高，自然对收入差距没有明显的正向影响。

（3）从城乡比较劳动生产率看：城镇比较劳动生产率与农村比较劳动生产率之比越大，城乡居民收入差距越大。这是因为比较劳动生产率反映了 1% 的劳动力在该部门创造的产值（或收入）比重，城乡比较劳动生产率越高，证明 1% 的劳动力在非农业部门创造的产值（或收入）比重大于 1% 的劳动力在农业部门创造的产值（或收入）比重，非农业劳动生产率效率高于农业劳动生产效率，城乡收入差距自然扩大。北京的城乡比较劳动生产率每提高一个单位，将引起城乡收入差距扩大 0.084 个单位。

（4）从政府财政支农比例看：北京市财政中农业支出占地方总财政支出比例越高，城乡收入差距越小。政府财政支农比例每提高 1 个单位，将引起城乡收入差距缩小 5.620 个单位。

（二）江苏省实证分析

施会文（2011）对江苏省城乡收入差距成因和变动趋势进行了分析。研究选取江苏省 13 个市 2000—2009 年的统计数据。数据来源：2001—2010 年《江苏省统计年鉴》，2010 年《中国统计年鉴》。研究以城乡居民相对收入差距为因变量，从产业结构、就业结构、经济发展水平、教育投资水平和金融发展水平等角度选取五类影响因素。五类因素分别为：第一，产业结构，以第一产业产值占 GDP 比重指标进行测度；第二，就业结构，以城乡就业人数比值进行测度；第三，经济发展水平，以人均 GDP 指标进行测度；第四，教育投资水平，以教育支出占财政支出比重指标进行测度；第五，金融发展水平，以金融机构贷款余额占地区 GDP 比重指标进行测度。

研究采用模型和方法：面板数据模型。构造的计量经济模型如式（7 - 2）：

$$y_{it} = \beta_0 + \beta_1 x1_{it} + x2_{it} + \cdots + \varepsilon_{it} \tag{7 - 2}$$

其中，y_{it} 指城乡居民收入差距比值变量取对数，计算公式为 Log（城乡居民收入之比）；

$x1_{it}$ 指产业结构，计算公式为 Log（第一产业产值占 GDP 比重）；

$x2_{it}$ 指就业结构，计算公式为城乡就业人数比值；

$x3_{it}$ 指经济发展水平，计算公式为 Log（人均 GDP）；

$x4_{it}$ 指教育投资水平，计算公式为 Log（教育支出/财政支出）；

$x5_{it}$ 指金融发展水平，计算公式为 Log（金融机构贷款余额/地区 GDP）。

回归模型结果如表 7 - 7 所示。

表 7 - 7　江苏省城乡居民收入差距影响因素回归结果

变量	1	2	3	4	5	6	7
C	0.332 4***	0.267 9***	-0.261 9***	-0.268 8***	0.021 5	-16.393 7***	-17.231 9***
X_1	-0.012 5	0.024 8*	0.040 4***	0.040 4***	-0.012 9	-0.053 5***	-0.055 6***
X_2		0.084 3***	0.028 4**	0.028 0**	0.053 0***	0.038 7***	0.034 9**
X_3			0.123 3***	0.123 6***	0.075 1***	-0.067 5	-0.071 4
X_4				0.004 7	-0.047 0	-0.026 6	
X_5					-0.150 0***	-0.152 5***	-0.147 6***
@ trend						0.008 5***	0.008 9***
R^2	0.627 5	0.774 0	0.838 8	0.838 8	0.877 4	0.888 0	0.887 3
调整的 R^2	0.585 8	0.746 5	0.817 6	0.816 0	0.858 8	0.869 9	0.870 3
F 值	15.032 3	28.136 3	39.551 1	36.760 3	47.143 8	48.901 1	51.893 3

从表 7 - 7 中每个回归方程的回归结果发现：随着自变量的逐个加入，

调整的 R^2 值总体上是不断增加的，从方程 1 的 0.585 8 增加到方程 6 的 0.869 9，F 值也在不断增加（除了方程 4 减少外），方程 4 至方程 6 中变量 $X4$ 的回归估计值都不显著，而且当变量 $X4$ 进入方程 4 至方程 6，方程调整的 R^2 和 F 值都有所下降。因此，对除了 $X4$ 以外的所有其他解释变量再做回归分析，如方程 7 所示，除了 $X3$ 不显著，其他所有变量都高度显著，与方程 6 相比调整的 R^2 和 F 值都有所增加，与方程 3 相比调整的 R^2 和 F 值都明显增加。为此，选择方程 7 为最终的估计模型，并对方程 7 进行 Hausman 检验，结果为：Chi – Sq. Statistic = 24.163 6，Prob. = 0.007 8，表明不接受原假设，本文构造的模型是固定影响模型。

主要研究结论如下：

（1）中国城乡居民收入差距属于政策导向型。这就直接影响到江苏省城乡收入差距的变动，使之总体上呈现出 W 形状的发展，每个阶段的变动都伴随着国家的经济政策改革进行。

（2）第一产业产值占 GDP 比重和金融发展水平对江苏省城乡居民收入差距均具有显著的负效应，就业人数比值对城乡差距也有显著影响。目前江苏省的金融覆盖面还不广，应该加大省内农村偏远地区的金融覆盖力度和范围，大力推行小额贷款。人均 GDP 对城乡居民收入差距也有较大的影响，更高的人均 GDP 意味着较低的城乡居民之间的消费差距。

（三）上海市实证分析

徐伟斌（2011）对上海城乡收入差距及其影响因素进行了研究。研究选取 1990—2009 年上海市经济发展及城乡居民收入相关统计数据，数据来源于 1991—2010 年《上海统计年鉴》。研究选取上海经济综合发展水平、经济发展结构、对外开放程度和二元化程度等方面的影响因素。选取的具体指标主要有：人均 GDP（X_1）、居民消费价格水平（X_2）、城乡居民平均期望寿命（X_3）、城镇登记失业率（X_4）、全员劳动生产率（X_5）、城镇人口占总人口比重（X_6）、国有经济比重（X_7）、第一产业比重（X_8）、农民人均占有耕地面积（X_9）、第三产业比重（X_{10}）、外贸依存度（X_{11}）、财政收入（X_{12}）、外商直接投资（X_{13}）、固定资产投资（X_{14}）和农村固定资产投资占比（X_{15}）。其中，城乡居民平均期望寿命（X_3）是所有上海市民的期望寿命，包括城市居民和农村居民；农村固定资产投资占比（X_{15}）采用集体投资及农村私人建房投资之和占全社会总固定投资之比。

　　研究采用模型和方法：多元线性回归模型、主成分分析方法。用 SPSS 将原始数据进行标准化，标准化后因变量及自变量分别用 Y', X_i' 表示，其中 i 为 1 到 15 的整数；对标准化后的数据进行主成分分析，首先得到变量共同度的信息，变量共同度刻画了全部公共因子对总变量、总方差所做的贡献，说明全部公共因子反映出原变量信息的百分比。进一步观察主成分分析的总方差解释结果发现，前两个特征值累计贡献率达到 93.822%，说明前两个主成分已基本包含全部指标具有的信息，且降维效果较好，因此选择前两个主成分作为评价指标代替原来的 15 个指标。根据两个主成分 F_1, F_2 包含的指标信息，分别将它们命名为经济发展变量 1 及经济发展变量 2。利用主成分相关系数和相应的特征值的平方根计算，得到两个主成分中每个指标所对应的系数，如式（7-3）：

$$F_1 = 0.273X_1' + 0.253X_2' + 0.272X_3' + 0.262X_4' + 0.276X_5' + 0.273X_6'$$
$$- 0.234X_7' - 0.262X_8' - 0.241X_9' + 0.262X_{10}' + 0.258X_{11}'$$
$$+ 0.257X_{12}' + 0.267X_{13}' + 0.272X_{14}' - 0.197X_{15}'$$

$$F_2 = 0.177X_1' - 0.313X_2' + 0.033X_3' - 0.194X_4' + 0.135X_5' + 0.167X_6'$$
$$+ 0.393X_7' + 0.164X_8' - 0.417X_9' - 0.202X_{10}' + 0.069X_{11}' \qquad (7-3)$$
$$+ 0.318X_{12}' + 0.152X_{13}' + 0.130X_{14}' + 0.494X_{15}'$$

　　将标准化后各变量值代入表达式（7-3），可得到两个主成分的值。再以两个主成分 F_1, F_2 作为解释变量，以城乡收入比 Y' 作为因变量，对其进行线性回归，回归方程如式（7-4）所示。

$$Y' = C + aF_1 + bF_2 + \varepsilon \qquad (7-4)$$

　　回归结果如表 7-8 和表 7-9 所示，可知城乡居民收入比变量 Y' 与两个主成分 F_1, F_2 的最终回归方程如式（7-5）所示。

$$Y' = 0.266F_1 - 0.137F_2 \qquad (7-5)$$

表 7-8　上海市城乡居民收入差距影响因素回归模型参数

	未标准化系数		标准化系数		
	系数	标准差	Beta	t 值	Sig.
常数	-1.243E-07	0.064	—	0.000	1.000
F_1	0.266	0.018	0.950	14.512	0.000
F_2	0.137	0.056	-0.161	-2.458	0.025

表 7 - 9 上海市城乡居民收入差距影响因素回归模型拟合优度

R	R^2	调整后 R^2	标准差
0.963 (a)	0.927	0.919	0.285

由于各主成分是对诸多影响因素进行的综合，式（7 - 5）得到的是各个影响变量综合以后的回归结果。为了进一步判断各变量对城乡居民收入差距的具体影响，将（7 - 3）式代入（7 - 5）式，经过整理，得到标准化后的回归方程，如式（7 - 6）所示。

$$Y' = 0.048X_1' + 0.110X_2' + 0.068X_3' + 0.096X_4' + 0.055X_5' + 0.049X_6'$$
$$- 0.116X_7' - 0.093X_8' - 0.007X_9' + 0.097X_{10}' + 0.059X_{11}' \qquad (7-6)$$
$$+ 0.025X_{12}' + 0.005X_{13}' + 0.054X_{14}' - 0.120X_{15}'$$

主要研究结论如下：

（1）从回归结果看：人均 GDP、居民消费价格水平、城乡居民平均期望寿命、城镇登记失业率、全员劳动生产率、城镇化率（即城镇人口占总人口比重）、第三产业比重、外贸依存度、财政收入、外商直接投资和固定资产投资，对上海市城乡居民收入差距都有显著拉大作用，即这些变量越大，城乡居民收入差距越大。国有经济比重、第一产业比重、农民人均占有耕地面积、农村固定资产投资占比对上海市城乡居民收入差距都有显著的缩小作用，即这些变量越大，上海城乡居民收入差距越小。

（2）人均 GDP、城乡居民平均期望寿命、全员劳动生产率、城镇化率、外贸依存度、财政收入、外商直接投资和固定资产投资等都是衡量经济发展综合水平的变量，这些变量的系数符号为正数，表明 20 世纪 90 年代以来，上海的经济发展对城乡收入差距有显著的拉大作用。这符合多数学者研究经济增长与收入差距得出的一般规律，即在经济发展的初始阶段，经济发展或增长可以扩大收入差距包括城乡差距。

（3）反映经济结构变化的第三产业比重的上升与第一种产业比重的下降会扩大城乡收入差距。原因是上海在实现工业化过程中忽视农业的同步发展而造成农民与农村的弱势地位，造成城乡二元经济结构。城镇登记失业率与城乡收入差距也存在正向关系。原因是城镇失业人口增加会造成上海郊区农民进城打工求职困难，压低农民打工工资，进而放缓了农民工资性收入的增长。上海郊区农民工资性收入目前已占到总收入的 70% 以上，城市居民仅为 65% 左右，因此导致城乡居民收入差距进一步扩大。同时，研究发现居民消费价格水平与城乡收入差距呈正比，表明物价水平的上升对于城乡居民的收入差距会产生实质影响。

（4）国有经济比重、第一产业比重、农民人均占有耕地面积和农村固定资产投资占比四个因素与城乡收入差距成反比，表明农业越发展，政府对农村投资越大，城乡居民收入差距越小。而近年来上海郊区农民人均占有耕地面积上升，有一部分原因是越来越多的农村居民进城打工取得工资性收入，从而对城乡收入差距的扩大有一定的抑制作用。

（四）广东省实证分析

刘宛洁（2009）对广东省城乡收入差距进行了实证研究。研究选取1978—2007年广东省城乡居民收入相关统计数据，数据来源于1980—2008年《广东省统计年鉴》。研究以城市居民人均可支配收入与农村居民人均纯收入之比为因变量（Y），选取的自变量主要有：二元结构系数（X_1），以非农产业的比较劳动生产率与农业比较劳动生产率之比的指标测度；人均 GDP（X_2）；城市化水平（X_3），以城镇人口占总人口的比重指标测度；产业比（X_4），以非农产业增加值与农业产业增加值之比指标测度；就业结构比（X_5），以第二、第三产业就业人员占总就业人员的比重指标测度；政府财政支农增长率（X_6），以政府每年财政支出中对农业支出的增长率指标测度。

研究采用模型和方法：多元线性回归模型。多元线性回归模型的公式如式（7 – 7）所示。

$$Y = C + a_1 X_1 + a_2 X_2 + \cdots + a_6 X_6 \qquad (7-7)$$

为避免变量间存在多重共线性，运用 SPSS 软件对模型进行逐步回归，结果如表7 – 10 和表7 – 11 所示。

表7 – 10   广东省城乡居民收入差距影响因素逐步回归结果

模型	R	R^2	调整后的 R^2	标准估计的误差
1	0.929[①]	0.863	0.858	37 684 498
2	0.951[②]	0.904	0.896	32 191 100
3	0.963[③]	0.928	0.920	28 354 806

注：①预测变量：（常数项），X_5

②预测变量：（常数项），X_5，X_1

③预测变量：（常数项），X_5，X_1，X_2

表 7 - 11　广东省城乡居民收入差距影响因素逐步回归系数

模型		非标准化系数		标准化系数	T 统计量	P 值
		系数	标准误	系数		
1	（常数项）	- 4. 372E - 16	0. 069	0. 929	0. 000	1. 000
	X_5	0. 929	0. 070		13. 274	0. 000
2	（常数项）	- 4. 682e - 16	0. 059		0. 000	1. 000
	X_5	0. 813	0. 069	0. 813	11. 781	0. 000
	X_1	0. 233	0. 069	0. 233	3. 372	0. 002
3	（常数项）	- 5. 149E - 16	0. 052		0. 000	1. 000
	X_5	0. 770	0. 062	0. 770	12. 318	0. 000
	X_1	0. 278	0. 063	0. 278	4. 439	0. 000
	X_2	0. 162	0. 055	0. 162	2. 967	0. 006

方程的拟合结果显示 $R^2 = 0.928$，且通过了 F 检验，表明方程拟合良好。并且变量的系数均通过显著性检验，模型有效。根据对实际情况的分析，选用模型 3 作为多元回归模型。

主要研究结论如下：

（1）广东省的就业结构比与城乡居民收入差距拉大呈正相关关系。实证结果显示，第二、第三产业就业人员占总就业人员比重的偏回归系数为0.77，表明农业剩余劳动力向第二、第三产业的转移每提高 1 个单位，就会使城乡居民收入比值提高 0.77，说明广东省的就业结构比的提高对城乡居民收入差距起拉大的作用。这与农业剩余劳动力向第二、第三产业转移会导致城乡居民收入差距不断缩小的一般结论相反。原因是，由于农民的人力资本较低和制度约束，他们从事的行业和工种较差，只能获得较低的收入，而城市职工因人力资本总体上比农民高，加之制度上的优越权，则进入了第二、第三产业中具有较高报酬的工作岗位，从而获得的收入较高。因此，农民年均纯收入增长的幅度赶不上城市居民的可支配收入。

（2）广东省的二元结构系数与城乡收入差距拉大呈正相关关系。非农产业的比较劳动生产率与农业比较劳动生产率之比的偏回归系数为 0.278，表明二元结构系数每提高 1 个单位，就会使城乡居民收入比值提高 0.278，说明广东省的非农产业比较劳动生产率与农业比较劳动生产率之比的提高会拉大城乡居民收入差距。可以看出，广东城乡居民收入差距还受制于二元经济结构。

（3）广东省的人均 GDP 与城乡收入差距拉大呈正相关关系。人均 GDP 的偏回归系数为 0. 162，表明人均 GDP 每提高一个百分点，就会使城乡居民收入比值提高 0. 162。这说明广东省人均 GDP 的提高会拉大城乡居民收入差距，验证了"倒 U"型假说在广东省成立，并说明广东目前正处于"倒 U"型曲线的底部，并且已经接近拐点，广东省的城乡居民收入差距系数由 2006 年的最高值 3. 152 下降到 2007 年的 3. 147，可以预计随着广东省经济的增长，其城乡居民收入差距变化趋于平缓。

（4）广东省政府财政支农增长率对城乡收入差距的影响有限。广东省地理特征和产业结构的特殊，农业的发展一般都采用大规模机械化和产业化的经营方式，可广东省的地形地貌不适合农业的大规模机械化生产。一直以来，广东省奉行工业强省的政策，没有把农业放到优先发展的位置，对农业的财政支出不稳定，政府财政支农增长率与城乡收入差距的相关系数为 - 0. 029，相关性极低。

二、中部地区

中部地区以安徽省、湖北省为例。

（一）安徽省实证分析

张士云等（2007）对安徽省城乡居民收入差距进行了实证研究。研究选取 1978—2004 年安徽省城乡居民收入相关统计数据，以城镇居民人均可支配收入与农村居民人均纯收入之比（城乡居民相对收入差距）为因变量 Y，选取的影响因素及代表变量主要有：城乡比较劳动生产率（X_1），以农业与非农业比较劳动生产率的比值指标测度；人均 GDP 增长率（X_2）；城市化水平（X_3），以城镇人口占总人口的比重指标测试；政府财政支农（X_4），以政府每年财政支出中对农业支出的比例指标测度；就业结构（X_5），以第二、第三产业就业人员占总就业人员的比重指标测度；产业比（X_6），以非农产业增加值与农业产业增加值之比指标测度。

研究采用模型和方法：多元线性回归模型。为了能科学地筛选各影响因素，通过 SPSS 软件计算各变量间的相关系数并进行显著性检验，结果如表 7 - 12 所示。

表 7 - 12　安徽省城乡居民收入差距与影响因素的相关系数

相关系数	Y	X_1	X_2	X_3	X_4	X_5	X_6
Y	1.000	—	—	—	—	—	—
X_1	-0.210	1.000	—	—	—	—	—
X_2	0.563	0.290	1.000	—	—	—	—
X_3	0.682	0.069	-0.208	1.000	—	—	—
X_4	-0.644	-0.231	-0.032	-0.750	1.000	—	—
X_5	0.453	0.206	-0.140	0.740	-0.644	1.000	—
X_6	0.838	-0.127	-0.118	0.697	-0.580	0.516	1.000

表 7 - 12 结果表明：

（1）各解释变量与被解释变量的相关性。城市化水平（X_3）、产业比（X_6）、政府财政支农（X_4）与城乡居民相对收入差距 Y 的相关性强，相关系数分别为 0.682，0.838，-0.644；人均 GDP 增长率（X_2）、就业结构（X_5）与城乡居民相对收入差距 Y 的相关程度次之，相关系数为 0.563，0.453；城乡劳动生产率之比（X_1）与城乡居民相对收入差距相关性较弱，相关系数为 -0.210。

（2）各解释变量间的相关性。除 X_3 与 X_4；X_5，X_6，X_4 与 X_5；X_6，X_5 与 X_6 相关系数超过 0.5 外，其余均低于 0.3。结果显示变量间的多重共线性不强。估计得到的多元线性回归模型如式（7 - 8）所示。

$$Y = 2.258 - 1.814X_1 + 5.538 \times 10^{-3}X_2 - 1.04 \times 10^{-2}X_3 - 8.93 \times 10^{-3}X_4 - 1.8X_5 + 0.615X_6$$

$$(2.264)^{**} \quad (-9.613)^{**} \quad (4.054)^{**} \quad (-2.365)^{**} \quad (5.468)^{**} \quad (2.583)^{**} \quad (15.693)^{**}$$

$$R^2 = 0.984 \quad \text{Adjust } R^2 = 0.894 \quad F = 22.696 \quad \text{S. W.} = 0.029\,056 \quad \text{D. W.} = 2.071\,5$$

$$(7 - 8)$$

方程拟合结果显示，所有系数的估计都在 5% 水平上显著，肯定了模型建立的有效性。

主要研究结论如下：

（1）城乡比较劳动生产率的提高有利于缩小城乡居民收入差距。城乡居民比较劳动生产率的回归系数为 -1.814，表明安徽省的城乡比较劳动生产率每提高 0.1，就会使城乡居民收入相对差距降低 0.181 4，说明农业与非农业比较劳动生产率的提高，能够较好地缩小城乡居民收入差距。

（2）安徽省人均 GDP 增长率的提高拉大了城乡居民收入差距。安徽省人均 GDP 增长率对城乡居民收入相对差距虽有拉大影响，但影响幅度已经不大。说明随着安徽省经济的增长，城乡居民收入差距还处于扩大之势。利用库兹涅茨的"倒 U"型理论来解释，说明安徽省经济发展还处于较低发展阶段。

（3）城市化水平的提高能缩小城乡居民收入差距。安徽省城市化水平每提高 1 个百分点，城乡居民相对收入差距就会缩小 1.04×10^{-2}，说明城市化水平的提高能够缓解城乡居民收入差距扩大的现状。城市化水平越高，越有利于农村剩余劳动力的转移，提高农业生产率，增加农民收入，缩小城乡居民收入差距。

（4）政府财政支农比率的提高有利于缓解不断扩大的城乡居民收入差距。安徽省政府财政支农的比率每提高 1 个单位，城乡居民收入差距就会降低 8.93×10^{-3}，表明政府财政支农力度的加大有利于缩小城乡居民收入差距。主要原因是政府的财政投入有相当部分投入到农田水利基本设施建设，能够改善农业生产条件。另外，政府对农民的直接补贴、减税免税能够提高农民生产的积极性，这些都能提高产出效率，增加农民收入，缩小城乡居民收入差距。

（5）劳动力的就业结构与城乡居民收入差距变动呈负相关关系。劳动力就业结构的回归系数为 -1.8，表明劳动力就业结构每提高 1 个单位，城乡居民收入相对差距就会缩小 1.8 个单位，说明就业结构的提高有利于缩小城乡居民收入差距。这主要是因为第一产业劳动力向第二、第三产业转移有利于促进农业劳动生产率的提高，农村劳动力转移到第二、第三产业就业，也有利于提高其收入水平，从而缩小城乡居民收入差距。

（6）产业比的提高拉大了城乡居民收入差距。安徽省产业比每提高 1 个单位，城乡居民相对收入差距就会提高 0.615 个单位，说明产业比的提高拉大了城乡居民收入差距。这是因为一般情况下，非农产业 GDP 的增长速度快于农业 GDP 的增长速度，产业比上升，城镇居民收入增长幅度大于农村居民收入增长幅度，从而城乡居民收入差距加大。

（二）湖北省实证分析

兰肇华等（2009）对湖北省城乡居民收入差距进行了实证研究。研究选取 1981—2005 年湖北省城乡居民收入相关统计数据，以城镇居民人均可支配收入与农村居民人均纯收入之比（城乡居民相对收入差距）为因变量 Y。选取的自变量主要有：人均 GDP 增长率（X_1）；政府财政支农的比率

（X_2）；就业结构（X_3），以第一产业就业人数占总就业人数的比重指标测度；城乡比较劳动生产率（X_4），用第二、第三产业劳动生产率与第一产业劳动生产率之比指标测度；乡镇企业生产总值（X_5）；第一产业产值占GDP的比重（X_6）。

研究采用模型和方法：多元线性回归模型。首先通过 SPSS 软件对各变量进行相关性分析，发现变量 X_3，X_5，X_6 存在较强的相关性，其中 X_5，X_6 的相关系数达到 0.944。另外在对所有变量进行回归分析时，有些变量的正负号同定性分析违背，且一些重要变量系数通不过显著性检验，因此考虑用岭回归方法解决多重共线性。岭回归方法可以在存在严重的多重共线性问题时，提供一个比最小二乘法更为稳定的估计，且回归系数的标准差也比最小二乘估计要小。最终选择岭回归参数 K = 0.18，拟合优度为0.813 15，得到标准回归方程如式（7 - 9）所示。

$$Y = 0.543\,356X_1 - 0.022\,950X_2 + 0.145\,528X_3 + 0.433\,474X_4 - \\ 0.005\,330X_5 - 0.190\,567X_6 \tag{7-9}$$

主要研究结论如下：

湖北省人均 GDP 增长率、就业结构、城乡比较劳动生产率等自变量的增大都会扩大城乡居民收入差距。其中，湖北省人均 GDP 增长率对城乡居民收入差距影响显著，湖北省人均 GDP 每提高 1 个单位，城乡居民相对收入差距将拉大 0.543。政府财政支农的比率、乡镇企业生产总值、第一产业占 GDP 的比重等自变量的增大都会缩小城乡居民收入差距，其中影响最为显著的是第一产业占 GDP 的比重，湖北省产业比每提高 1 个单位，城乡居民相对收入差距就会缩小 0.191；其次为政府财政支农的比率；影响最弱的是乡镇企业生产总值。

三、西部地区

西部地区以四川省为例。

宁冬梅（2011）对四川省城乡居民收入差距进行了实证研究。研究选取 1979—2009 年四川省城乡居民收入相关统计数据，数据来源于 1985—2010 年《四川省统计年鉴》和四川统计网。研究以四川省城乡居民绝对收入差距为因变量（Y），以四川省城镇居民人均可支配收入与农村居民人均纯收入差测度。选取的自变量主要有：二元结构系数（X_1），以城市非农产业比较劳动生产率/农业产业比较劳动生产率测度；四川省生产总值（X_2）；第一产业的相对发展速度（X_3），以第一产业的产值/地区生产总值测度；非农产业从业人员比重（X_4），以非农产业就业人口数量/就业人口总数测度；农村居民人均生活消费支出（X_5）；城镇居民人均消费支出（X_6）。

研究采用模型和方法：多元线性回归模型。因为模型中涉及的变量单位不一，因而不采用简单的线性回归模型，采用对数线性模型，以求得各影响因素的收入弹性。模型设定如式（7－10）所示。

$$Ln\ Y = C + \sum_{i=1}^{n} \beta_i Ln\ X_i \qquad (7-10)$$

运用 EVIEWS 进行回归分析，得到回归结果如表 7－13 所示。

表 7－13　四川省城乡居民收入差距影响因素回归模型结果

变量	回归系数	T 统计量	$t_{0.01}(24)$	F 统计量	调整后 R^2
C	－4.562 3	－5.42	—	—	—
X_1	1.568 2	8.96	—	—	—
X_2	0.075 5	3.22	—	—	—
X_3	0.663 2	7.20	2.49	2 789.43	0.998
X_4	1.254 6	4.25	—	—	—
X_5	－0.672 3	5.21	—	—	—
X_6	1.102 7	6.28	—	—	—

最终得到的回归模型如式（7－11）所示。

$$Ln\ Y = -4.562\ 3 + 1.568\ 2Ln\ X_1 + 0.075\ 5Ln\ X_2 + 0.663\ 2Ln\ X_3 + \\ 1.254\ 6Ln\ X_4 - 0.673\ 2Ln\ X_5 + 1.102\ 7Ln\ X_6 \qquad (7-11)$$

由表 7－13 可知：该模型各参数均通过统计检验，调整后的判定系数为 0.998，模型有效。

主要研究结论如下：

（1）二元结构系数（X_1）是影响城乡居民收入差距的主要因素。二元结构系数的回归系数为 1.568 2，表明二元结构系数增加 1%，城乡居民收入差距会相应增加 1.568 2%，二元经济结构对城乡居民收入差距的影响力非常强。虽然影响四川省城乡居民收入差距变化的原因很多，但根本的原因是一定经济发展水平所对应的城乡二元经济。政府的投资政策、分配政策和一系列旨在促进体制改革和经济发展的方针政策对四川省城乡收入差距的影响，最终通过经济交换对二元经济结构产生影响。因此，二元结构的调整应成为缩小四川省城乡收入差距的首要突破口。

（2）四川省地区生产总值的增长引起城乡居民收入差距的小幅上升。四川省城乡居民收入差距与四川省地区生产总值正相关。四川省地区生产总值每增长1%，城乡居民收入差距相应地增长0.075 5%。四川省情况处于库兹涅茨"倒U"型理论的初期，即居民的收入差距随着生产总值的增加而相应增加。

（3）现阶段第一产业相对发展速度的提高不能缩小城乡居民收入差距。从回归结果可以看出，四川省第一产业产值占地区生产总值的比重每增长1%，城乡居民收入差距就相应增长0.663 2%。第一产业的相对发展提高了农民的收入，但没有缩小城乡居民的收入差距，说明现阶段提高农民收入，缩小城乡收入差距，不能仅依靠发展农业，应该从发展二、三产业做起。

（4）非农产业从业人员比重的增加会加剧城乡居民的收入差距。城乡居民收入差距与非农产业从业人员比重呈正相关。非农产业从业人口比重每增长1%，城乡收入差距就会增长1.254 6%。非农产业人口比重从另一个层面可以反映为城乡二元结构系数。从四川省的产业发展状况看，产业体系不够完善，发展规模不够大，非农产业中吸纳的劳动力有限。虽然非农产业就业人口比重的提高可以反映非农产业的发展提速，但由于其基数低，反映的只是一种低水平的增长，所以现阶段非农产业从业人口的提高会增加城乡居民的收入差距，直到经济发展到一定高度，即"倒U"型理论的工业化后期阶段，非农产业拥有了坚实的基础，吸引大量的从业人员，提高从业人员的收入水平，同时通过非农产业的带动作用，优化第一产业结构，实现第一产业的规模化经营，提高第一产业平均从业人员的收入水平，从三个产业共同的角度缩小城乡居民收入差距。

（5）农村居民人均生活消费支出的提高可以适度降低城乡居民收入差距。四川省城乡居民收入差距同农村居民人均生活性消费支出负相关。农村居民人均生活性消费支出每增加1%，城乡居民收入差距就减小0.672 3%。四川省农村地区发展相对落后，农民的收入水平相对较低，农村市场还处在待开发状态，对缩小城乡收入差距的贡献还不够大。大力发展农村消费市场将是四川省今后缩小城乡居民收入差距的方向。

（6）城镇居民人均消费支出是影响城乡居民收入差距的重要因素。四川省城乡居民收入差距同城镇居民人均消费支出呈现正相关。城市居民人均消费支出每增加1%，城乡居民收入差距就相应增加1.102 7%。数据反映出，现阶段四川的城市消费市场发展是单向性的，其发展最大程度地惠及了城镇居民，但是却没能带动农村消费市场的发展。一个重要原因是城乡居民享有的社会保障的巨大差距，不论是参保率还是保险涵盖的项目以及涉及的赔偿，城镇居民都比农村居民得到的实惠多，不能从根本上解决农村居民的后顾之忧。

四、东北地区

东北地区以辽宁省、黑龙江省为例。

（一）辽宁省实证分析

有关辽宁省城乡居民收入差距成因的研究文献还多以定性分析居多。卢琳（2008）对辽宁省城乡居民收入差距的变化趋势、成因及对策进行了研究，文献认为城乡居民收入差距扩大的成因有六个方面。

（1）农业劳动生产率较低，慢于第二、第三产业发展。

（2）资金投入城乡有别，经济资源分布不对等。在市场配置资源占主体的体制条件下，由于产业的弱质性，以及优先发展城镇的偏向性，使流入农村的资金份额不断减少。虽然全省财政用于农业的支出规模不断扩大，但农业支出的比例（包括支持农业基本建设、农业科技三项费、支援农业生产和各项事业费）由1980年的14.4%下降到2007年的6.9%。

（3）工资性非农收入较少，农村劳动力就业渠道不畅。大量富余劳动力仍滞留在有限的农用土地上，以家庭经营为主、工资性收入较少的收入结构，是农民增收较慢的主要原因。由于近年来城镇工业增长出现偏向于技术和资本密集型的趋势，乡镇企业竞争力下降，另外民营经济不发达、农民工工资水平较低等原因，使农村劳动力转移趋势减缓，表现在非农产业比重和工资性收入的提高程度处于停滞状态。

（4）农民享受的公共财政较少，城乡间存在明显的差距。享受公共财政的阳光、满足公共产品需求应该具有非排他性和非竞争性。但在几十年的发展过程中，由于受二元经济结构、城乡长期分隔的政策影响，国家以及地方财政在提供公共产品支出方面存在城乡间严重不均的现象。在转移收入构成中，城镇居民养老金或离退休金占了主体，2007年这一比重达83.6%。

（5）农村劳动力文化程度偏低，限制了提高收入的能力。城乡居民收入差距与城乡体制有关，也与城乡劳动者素质有关。劳动者受教育的程度，直接关系到劳动者的劳动能力、创新能力等获得收入的能力。

关于经济增长对城乡居民收入差距的影响，张庆君等（2004）对辽宁省做了相关分析，结果显示：辽宁省 GDP 每增加 1 亿元，城镇居民人均可支配收入增加 1.146 4 元，农村人均纯收入增加 0.523 1 元。

（二）黑龙江省实证分析

翟绪军等（2011）对黑龙江省城乡居民收入差距进行了实证研究。研究选取 1978—2008 年黑龙江省城乡居民收入相关统计数据，数据来源为 1979—2011 年《黑龙江省统计年鉴》。研究以黑龙江省城乡居民收入比（Y）为因变量，以城镇居民人均可支配收入与农村居民人均纯收入比测度。选取的自变量分为两类：第一，经济发展水平造成；第二，国家的体制或政策性因素造成。两类自变量有：二元结构系数（X_1），以非农产业比较劳动生产率/农业比较劳动生产率测度；城市化水平（X_2），以地区城镇人口占总人口比重测度；政府财政支农比率（X_3）；人均 GDP 增长率（X_4）；农村金融发展水平（X_5），以农业贷款总额与第一产业生产总值的比值测度；产业结构（X_6），以第二、第三产业产值的增加值占地区生产总值的比重测度；就业结构（X_7），以非农产业的就业人员占总就业人员的比重测度。

研究采用的模型和方法：多元线性回归模型。运用统计软件 SPSS 对各变量进行相关分析，得到黑龙江省城乡居民收入差距影响因素相关系数矩阵，观察相关系数矩阵，发现城镇化水平和二元结构系数、财政支农比率和城镇化水平、产业结构和财政支农比率之间的相关系数都非常高，初步判定自变量间可能存在多重共线性。初步回归模型结果显示存在多重共线性，进一步运用逐步回归法解决多重共线性的问题，最终建立的回归模型如式（7－12）所示。

$$\hat{Y} = 1.532 + 0.083X_1 - 0.057X_2 - 0.009X_5 + 0.077X_7 \qquad (7-12)$$

方程拟合结果显示，样本决定系数 $R^2 = 0.891$，且 F = 25.004，P 值 = 0.000，方程拟合优度良好。同时，所有系数的估计值都通过了 T 检验，均在 5% 的水平上显著。

主要研究结论有四点。

（1）城乡二元结构系数与城乡居民收入差距呈正相关关系。城乡二元结构系数的回归系数为 0.083，非农产业比较劳动生产率/农业比较劳动生产率每提高 1 个单位，城乡居民收入差距（人均收入比）提高 0.083 个单位，表明城乡二元结构是导致城乡居民收入差距的主要因素。

（2）城镇化水平与城乡居民收入差距呈负相关关系。城镇化水平的回

归系数为 -0.057，城镇人口占总人口比重每提高 1 个单位，城乡居民收入差距降低 0.057 个单位，说明城镇化是缩小黑龙江省城乡居民收入差距的重要途径。

（3）农村金融发展水平与城乡居民收入差距呈负相关关系。农村金融发展水平的回归系数为 -0.009，农业贷款总额/第一产业生产总值的比值每提高 1 个单位，城乡居民收入差距降低 0.009 个单位，说明农村金融发展水平的提高对缩小城乡居民收入差距具有显著作用。

（4）产业结构与城乡居民收入差距呈负相关关系。产业结构的回归系数为 0.077，第二、第三产业增加值占地区总增加值的比重每提高 1 个单位，城乡居民收入差距提高 0.077 个单位。这与黑龙江省产业结构升级没有带来就业结构的根本转变有关。

第三节　中国各区域城乡居民收入差距成因对比分析

将东部、中部、西部和东北地区各省实证分析结果进行总结概述，如表 7-14 所示。进一步与第六章全国城乡居民收入差距成因实证结果进行对比分析，不难发现：各区域城乡居民收入差距持续扩大的影响因素同第六章研究结果差异不大，共性结论多于有争议性结论。

表 7-14　中国各区域城乡居民收入差距成因总结

区域	经济增长	二元经济	城市化	居民消费	财政政策	金融发展
东部	影响显著扩大作用进入"倒 U"型曲线拐点	影响显著扩大作用	影响显著扩大作用	—	影响显著缩小作用	影响显著缩小作用
中部	影响显著扩大作用	影响显著扩大作用	影响显著作用争议	—	影响显著缩小作用	—
西部	影响显著扩大作用	影响显著扩大作用	影响显著扩大作用	城镇居民消费起扩大作用；农村居民消费起缩小作用	—	—
东北	显著影响扩大作用	影响显著扩大作用	影响显著缩小作用	—	影响显著缩小作用	影响显著缩小作用

各区域实证分析结果显示，各区域城乡居民收入差距扩大成因研究的共性结论有三点。

（1）当前城乡二元经济结构，主要体现为城乡生产率比、就业比等指标，对各区域城乡居民收入差距有显著扩大作用，即拉大了当地城乡居民收入差距。这与第六章实证结果一致。

（2）广东省实证结果显示，当地城乡居民收入差距与经济增长的关系处于"倒 U"型曲线底部；东部、中部、西部和东北地区研究结果显示，经济增长显著拉大了城乡居民收入差距，说明中国经济增长与各区域城乡居民收入差距存在"倒 U"型关系。与第六章实证结果一致，中国或将进入"倒 U"型曲线拐点。

（3）财政支出，体现为财政支农力度等指标，与各区域城乡居民收入差距具有显著关系，即财政支农支出一定程度上有助于缩小城乡居民收入差距，但作用强度有限。这与第六章全国实证结果一致。

争议性结果有三点。

（1）有关城乡全社会投资差异对城乡居民收入差距的影响文献较少，上海市的实证分析结果显示：加大农村固定资产投资能显著缩小城乡居民收入差距。这与第六章城乡全社会投资差异将拉大城乡居民收入差距结果一致。

（2）城市化对各区域城乡居民收入差距的具体影响争议较大，东部四个地区实证结果一致，显示城市化水平拉大了该区域城乡居民收入差距；中部的安徽省、东北地区的黑龙江省实证结果显示，城市化水平有助于缩小城乡居民收入差距。

（3）东部省份和东北省份实证结果显示，当前金融发展水平、农村居民消费支出等有助于缩小城乡居民收入差距，城镇居民消费支出则拉大了城乡居民收入差距。

第八章　研究结论及政策建议

如何缩小中国城乡居民收入差距，是实现中国社会经济协调发展的需要，也是开发中国巨大的农村消费市场潜力，保持经济持续快速发展的客观要求。因此，在对中国城乡居民收入差距现状、演变过程、演变路径和成因进行系统分析后，针对性地提出缩小中国城乡居民收入差距、优化中国居民收入分配结构的政策建议，具有重要的现实意义和理论价值。

第一节　研究结论

一、方法性研究结论

（一）相对收入分布方法能对城乡居民收入差距演变路径进行动态测度

通过统计图示法、收入分布参数法、人均收入差或人均收入比等指标法，展示城乡居民收入差距演变路径时，只能体现城乡居民收入差距演变的整体趋势。传统参数估计方法和传统非参数检验方法往往不能给出城乡居民收入分布的精细和准确描述，因此存在一些弊端。城乡居民相对收入分布方法通过估计城乡居民相对收入分布函数和相对收入密度函数，可以测度不同收入水平下、不同收入区间内城乡人口比重的差异性及随时间的变动情况，能动态地有效测度城乡居民收入差距的演变路径。

（二）非参数核密度方法估计城乡居民收入分布更有效

尽管参数估计方法和传统非参数检验方法在估计居民收入分布方面具有重要价值，但是面对实际经济运行中居民收入分布的复杂形式，这些方法均存在明显不足。因为，从不同的居民收入分布的假定形式出发，往往会得到不同的分析结论。如果假定的居民收入分布形式与现实不相吻合，就会出现较大的分析误差，甚至产生误导。现代非参数估计方法中的核密度估计方法，不要求事先对居民收入分布进行主观假定，充分利用数据的信息，更加接近现实，具有不可比拟的优势。如果有足够的数据支撑，核密度估计方法可能成为今后城乡居民收入分布估计的主要方法和研究收入分配其他问题的基础性方法。

（三）资金流量表能有效测度中国宏观收入分配格局

国家统计局公布的资金流量表以全社会资金运动为核算对象，主要反映生产结束后的收入分配、收入再分配、消费、投资支出和资金融通等环节状况。资金流量表的主要功能是描述国民经济各机构部门（如政府部门、住户部门、企业部分和国外部门等）之间，一定时期资金往来或交易的流量和流向。本书通过资金流量表测度中国收入分配的初次分配格局和再分配格局状况，即政府部门、企业部门和居民部门在收入初次分配和收入再分配环节中的占比及变动趋势，以及劳动者报酬在居民收入中的比重等问题，挖掘出一些有意义的研究结论。

（四）多元线性回归和分位数回归方法有效结合能测度城乡居民收入差距影响因素的动态作用

根据城乡居民收入差距影响因素的理论分析，建立城乡居民收入差距影响因素指标体系。通过城乡居民收入差距影响因素的多元线性回归模型，可以直观反映各影响因素对城乡居民收入差距平均水平的影响方向和影响程度，但无法测度各影响因素影响作用随时间的动态变化。在此基础上，通过分位数回归方法，依据城乡居民收入差距的条件分位数对各影响因素进行回归分析，能精确地描述影响因素对收入差距变化范围以及条件分布形状的影响，精确地捕捉各影响因素影响作用的动态变化规律。

二、实证性研究结论

（一）城乡居民收入差距过大的局面将改变

中国城乡居民收入差距过大，城乡居民收入差距持续扩大的局面开始被打破，新的收入分配格局或将形成。

1. 中国城乡居民收入差距过大

第四章城乡居民收入差距测度结果显示：消费价格指数调整后的城乡居民人均收入比（除 1994—1997 年外）呈现持续扩大趋势，从 1985 年的 1.86 扩大到 2009 年的 3.12。从分组数据看，2009 年之前，城乡各收入分组之间的人均收入比都呈整体扩大趋势，2009 年，城乡低收入户之间人均收入比高达 4.33，城乡高收入户之间的人均收入比为 3.05，城镇 10% 最

高收入户与农村20%低收入户人均收入比高达30.22，城镇20%高收入户
与农村20%低收入户人均收入比也高达24.27。从衡量收入分配状况的基
尼系数看，2003年以来，中国基尼系数一直在0.4~0.5。2003—2008年，
基尼系数总体呈现上升趋势，从0.479上升到0.491，2010年，农村和城
镇居民内部的基尼系数分别为0.38和0.33，高于其他发达国家。以美国
为例，20世纪70年代以后，美国收入分配差距不断扩大。20世纪末开始，
美国收入分配差距处于整理期，伴有缓和上升趋势。据统计，1997年，美
国基尼系数为0.408，2000年基尼系数为0.41。

2. 中国城乡居民收入差距持续扩大的格局开始被打破

第四章城乡居民收入差距测度结果显示：消费价格指数调整后的城乡
居民人均收入比2009年之后逐渐回落，从3.12回落到2013年的2.86。从
分组数据看，2009年之后，除城乡低收入户之间人均收入比呈现一定的扩
大趋势外，城乡其他各收入分组的人均收入比均呈现一定程度的下降。
2012年，城乡高收入户之间的人均收入比下降到2.72，城镇10%最高收
入户与农村20%低收入户人均收入比下降到27.56，城镇20%高收入户与
农村20%低收入户人均收入比下降到22.33。从基尼系数看，2008—2014
年，中国基尼系数呈现下降态势，从0.491下降到0.469。

3. 新的收入分配格局或将形成

第三章收入差距综合状况测算结果显示：近年来，中国城乡居民之
间、地区之间、行业之间、不同经济类型单位之间等收入差距均呈现缩小
态势。2008年以来，全国居民收入差距持续下降，中国收入差距持续扩大
的局面得到遏制。

（二）城乡居民收入差距演变路径与居民收入分布变迁特征高度相关

1. 中国城乡居民收入分布差异性及其特征

中国城乡居民收入分布差异性及其变迁过程与深化改革的进程相对
应。20世纪90年代，随着市场经济体制改革的确立和深化，国家重视效
率优先，于是不同收入群体流动加快，原有的收入分层不断被打破，城乡
居民人口分布变迁剧烈，城乡居民收入分布的差异性不断加大，主要表现
为城乡居民收入水平持续增加、人口由低收入区间向高收入区间流动；
2000年以后，城乡居民收入分布差异性及其变迁趋缓，主要表现为收入分
布两端的变动，即城乡低收入人口和高收入人口分布的差异性加大。因
此，20世纪90年代城乡居民收入差距扩大速度要高于2000年之后。

2. 中国城乡居民收入差距的变化过程与居民收入分布变迁特征高度相关

第五章实证分析结果显示：中国城乡居民收入差距的变化过程与深化改革进程对应。20 世纪 90 年代，中国收入群体流动加快、城乡居民收入分布的差异性不断加大，城乡居民收入差距迅速拉大。2000 年以来，国家更注重收入公平分配问题，不同收入群体流动性趋缓，城乡收入差距扩大的速度放慢；2009 年之后，开始出现城乡居民（相对）收入差距持续缩小的局面。中国城乡居民收入差距扩大的趋势得到广泛重视，党的十七大提出统筹城乡发展，解决好农业、农村、农民问题，走中国特色农业现代化道路。伴随新农村建设快速推进、支农惠农政策力度加大，以及城乡统一劳动力市场的不断发展，城乡居民收入差距扩大的速度有所减缓。例如，以消费价格定基指数调整后的城乡居民收入数据计算，"十五"期间，城乡居民收入比从 2.46 扩大到 2.95，年均扩大速度为 3.66%；"十一五"期间，年均扩大速度降为 0.56%。

（三）劳动者报酬在收入初次分配中比重偏低

中国收入初次分配①格局存在居民部门收入占比和劳动者报酬占比偏低且持续下降问题。

1. 居民部门在收入初次分配中份额持续下降

居民部门在收入初次分配格局中的收入份额持续下降，在收入分配中的地位相对弱化，居民部门收入的城乡分配格局存在不合理性。第三章实证分析结果显示：从收入初次分配环节看，企业部门和政府部门收入份额增速较快，居民部门收入份额持续下降。2000—2008 年，居民部门在收入初次分配格局中的份额呈下降趋势，由 67.2% 下降到 58.7%，下降了 8.5个百分点，这一趋势在 2009 年有所逆转。2009 年，居民部门收入份额回升 2.0 个百分点，2013 年收入份额为 60.7%。与之对应的是，政府部门和企业部门在收入初次分配格局中的收入份额持续上升，政府部门的收入份额从 2000 年的 13.1% 上升到 2012 年的 15.6%，企业部门收入份额从 2000年的 19.7% 上升到 2008 年的 26.6%，2009 年之后企业部门收入份额也出

①　收入分配包括初次分配和二次分配两个阶段。初次分配是当期全部收入在要素之间的分配，表现为企业、居民和政府三大部门间的收入分配比例，奠定了收入分配的初步格局。二次分配是在初次分配基础上，通过所得税、社会保障和转移支付等制度安排，对各主体部门和不同收入人群的收入进行调节，并形成各自最终可支配收入的过程。

现一定程度下降。在居民部门收入份额不断下降的情况下，城镇居民在居民部门可支配总收入中的占比却持续上升，从1978年的35.7%上升到2012年的73%；农村居民的占比持续下降，从1978年的64.3%下降到2012年的27%。中国处于人均GDP 1 000美元向3 000美元迈进的阶段，根据世界各国的发展经验，当人均GDP超过1 000美元后，居民部门在收入初次分配格局和收入再分配格局中的份额通常是上升的。在中国收入初次分配和再分配环节，政府、企业和居民初次分配收入规模都有了较大提高，但居民部门收入份额持续下降，居民部门在收入分配中的地位相对弱化。

2. 劳动者报酬在收入初次分配中的占比偏低且持续下降

在中国收入初次分配格局中，通过收入法计算得到的劳动者报酬份额在持续下降。第三章城乡居民收入来源构成差距状况测度结果显示，当前劳动者报酬仍然是居民部门收入的主要来源。在主要发达经济体中，劳动者报酬占GDP份额一般介于50%~57%，居民部门收入占GDP比重介于65%~72%。与发展中国家相比，中国劳动者报酬占GDP比重高于印度（28%）、阿根廷（36%），与巴西（41%）相当，略低于南非（44%）和俄罗斯（45%），但这些国家没有出现中国当前面临的持续大幅下降问题。就特定发展阶段看，工业化加速推进特别是重工业化阶段，劳动者报酬占比会相对较低，并伴有少数年份下降，但持续下降年份罕见。无论是英美等工业化国家，还是第二次世界大战后的工业化国家，收入初次分配中劳动者报酬占比在各要素中的占比始终都是最高的，而且随着工业化进程不断推进，劳动者报酬占比总体呈现上升趋势，随着工业化完成而趋于稳定。中国劳动者报酬占比和居民部门收入占比均偏低，一定程度上可以理解为经济发展阶段的特定表现，但呈现出持续下降趋势，用发展阶段不能充分解释。

（四）收入再分配机制在不断优化

中国收入再分配机制在调节城乡居民收入差距方面功能较弱甚至存在逆向调节现象，但始终在不断优化中。

1. 中国收入再分配机制调节居民收入差距的功能较弱

第四章机构部门收入分配格局测算结果显示：中国收入初次分配格局和收入再分配格局始终背离程度不大。分析数据进一步表明：尽管居民部门获得的转移性收入总量在不断增长，但居民部门转移性收入总量占可支配收入总量的比重却持续下降，从1992年的3.6%下降到2008年的

0.8%，下降 2.8 个百分点，2009 年为 0.9%，说明收入再分配机制调节在调节收入分配格局方面的作用较弱。第六章实证分析结果显示，中国税收政策在调节城乡居民收入差距方面的作用不具有统计显著性，财政政策有拉大城乡居民收入差距的效应，如当前城乡居民人均转移性收入比每提高 1 个单位，城乡居民人均收入比增加 0.014 个单位。

2. 中国收入再分配政策存在一定的逆向调节现象

第三章测算结果显示：一方面城乡居民人均转移性收入差距很大，1995 年，城镇居民人均转移性收入为 725.8 元，2012 年提高到 6 368.1 元。1995 年，农村居民人均转移性收入为 65.8 元，2012 年提高到 833.2 元。2012 年，城镇居民人均转移性收入是农村居民的 7.64 倍；另一方面，转移性收入在城乡居民人均收入中的占比差距也很大，2012 年，城镇居民人均转移性收入占人均可支配收入比重为 23.6%，农村居民人均转移性收入占人均纯收入比重为 7.6%，相差 16 个百分点。转移性支付实际上是"重城市、轻农村"，存在城乡逆向调节现象。从不同收入分组群体获得的人均转移性收入看[①]，2012 年，农村低收入户（20%）、中低收入户（20%）、中等收入户（20%）、中高收入户（20%）和高收入户（20%），获得的人均转移性收入分别为 332.39 元、452.74 元、576.70 元、785.83 元和 1 513.87 元，高收入户的转移性收入水平远高于低收入户，后者是前者的 4.55 倍。收入再分配政策在农村内部高低收入群体存在一定的逆向调节作用。

3. 中国收入再分配政策的调节功能正在不断优化

第四章测算结果进一步显示：2012 年城乡居民转移性收入占居民收入的比重差异较大，城镇居民人均转移性收入是农村居民的 7.6 倍，1995 年为 11.03 倍，2009 年为 9.28 倍。可见，随着中国社会保障制度的不断完善，收入再分配政策城乡之间逆向调节的强度在不断降低。第三章测算结果进一步显示，2003—2012 年，农村居民低收入户、中等偏下户、中等收入户、中等偏上户和高收入户人均转移性收入的年均增长速度，分别为 31.9%，29.8%，27.9%，25.7%，20.3%，低收入户比高收入户高 11.6 个百分点，即转移性收入增长速度与收入水平呈现负相关，即收入水平越高，转移性收入的增长速度越低。2010 年，农村居民高收入户人均收入水

---

① 由于国家统计局没有公布城镇居民不同收入分组群体的收入来源数据，此处以农村 2012 年不同收入分组数据为例进行说明。

平是低收入户的 4.97 倍，2012 年降低到 4.55 倍。可见，中国不同收入水平居民的逆向转移现象正在得到修正，从这个意义看，转移性收入的逆向调节作用也会越来越弱。

（五）不同收入来源对城乡居民收入差距扩大趋势的影响作用各异

从收入来源看中国城乡居民收入差距，工资性收入差距的推动作用在逐渐降低，经营性收入差距的弥补作用在逐步下降，财产性收入差距的助推作用很有限，转移性收入差距问题最突出。

1. 城乡居民工资性收入差距的推动作用逐渐降低，近年来开始反弹

中国城乡居民收入主要由工资性收入、经营性收入、财产性收入和转移性收入四个部分组成，其中，城乡居民工资性收入差距是四个来源中最大的。2000—2012 年，城镇居民人均工资性收入从 4 480.5 元增长到17 335.6 元，占人均可支配收入的比重从 71.17% 下降到 64.30%，下降6.87 个百分点。与此对应的是，农村居民人均工资性收入从 702.30 元增长到 3 447.5 元，占人均纯收入的比重从 22.32% 上升到 31.37%，上升9.05 个百分点。2005 年，城乡居民工资性收入相差 6 623 元，占总收入差距的 82.1%。2010 年，城乡居民工资性收入差距扩大到 11 277 元，但占总收入差距的比重已下降到 74.6%。工资性收入差距对城乡居民差距的贡献不断降低，2012 年，城乡居民工资性收入差距扩大到 13 888.1 元，占总收入差距的比重上升到 83.4%。

2. 城乡居民经营性收入差距的弥补作用逐渐下降

2005—2012 年，城镇居民人均经营性收入增长速度为 120.8%，同期农村居民人均经营性收入增长速度为 110.8%。城镇居民人均经营性收入占人均可支配收入比重不断上升，从 2000 年的 3.91% 上升到 2012 年的9.45%；农村居民人均经营性收入占人均纯收入比重则不断下降，从 2000年的 71.56% 下降到 2012 年的 58.79%。2005 年，城镇居民人均经营净收入比农村居民低 1 165 元，其对城乡居民收入差距的弥补作用为 14%；2010 年，城乡居民人均经营性收入差距仍为负值，但绝对值缩小到 1 119元，其对城乡居民收入差距的弥补作用下降为 7%。农村居民在经营性收入方面的优势地位正在衰退。从经营性收入倒挂看，其对城乡居民收入差距扩大的弥补作用在逐步下降。

3. 城乡居民财产性收入差距的推动作用很有限

随着储蓄的增长、股市的发展和房屋出租的增多，城乡居民人均财产

性收入在不断提高。城乡居民人均财产性收入的增长速度较快，2005—2012 年，城乡居民人均财产性收入分别增长了 3.7 倍和 2.8 倍，均高于各自的总收入增长速度。但是，城乡居民人均财产性收入占人均收入的比重仍然很低，2012 年，城镇居民人均财产性收入占人均可支配收入比重为 2.62%，农村居民人均财产性收入占人均纯收入比重为 2.27%。城乡居民财产性收入差距在持续扩大，相对差距从 2005 年的 2.2∶1 扩大到 2012 年的 3.3∶1。财产性收入差距的相对扩大，一定程度上助推了城乡居民收入差距的扩大，但由于城乡居民财产性收入占比低，这种助推作用极为有限。

4. 城乡居民转移性收入差距起到了推波助澜的作用

随着社会保障制度的逐步建立和健全，城乡居民获得的转移性收入均有明显增长。农村居民转移性收入增长速度快于城镇居民，2005—2012 年，城镇居民人均转移性收入增长了 1.4 倍，同期农村居民人均转移性收入增长了 2.3 倍。但城乡居民转移性收入绝对差距还较大且呈递增趋势，由 2005 年的 2 504 元扩大到 2010 年的 4 639 元，2012 年的 5 558.2 元；城乡居民转移性收入相对差距不断缩小，由 2005 年的 18∶1 缩小到 2010 年的 11∶1，2012 年为 7.9∶1。可见，城乡居民转移性收入差距问题最突出，但是正在不断优化中。转移性收入的政策性最为明显，是政府最有条件和理由进行调节控制的。然而，恰恰是转移性收入的城乡差距最为突出，对城乡居民收入差距扩大起到了推波助澜作用。这是城乡社会保障制度存在巨大差距的必然反映。

（六）城乡居民收入差距扩大的三大影响因素

城乡基础设施建设、二元经济结构和政府财政转移性支出是当前中国城乡居民收入差距扩大的主要影响因素。

第六章和第七章分析结果表明，影响中国城乡居民收入差距的因素很多，随着经济增长和城乡收入差距的不断演变，各影响因素的影响方向和影响程度都在发生动态的变化。经济增长对中国城乡居民收入差距的作用符合"倒 U"型关系，2006 年以来，经济增长对城乡居民收入差距的影响不再显著，城乡居民收入差距处于"倒 U"型曲线的底部拐点位置。城乡基础设施建设、二元经济结构和政府财政转移性支出是当前中国城乡居民收入差距扩大的主要影响因素。

1. 城乡基础设施建设是中国城乡居民收入差距扩大的重要影响因素

一般来讲，经济增长中劳动、资本、土地等各类要素的投入价格（如工资、利润、地租），实际上是对新增财富的一种分配，从而形成不同所有者之间的分配格局。长期以来，中国经济增长主要依赖于生产要素投入，特别是资本投入，以资本推动经济增长。投资率由1978年的38.2%攀升至2009年的47.7%。在此背景下，中国城乡全社会投资差距呈现不断上升趋势，城市经济增长快于农村，进一步强化了城乡二元经济结构，也使得城乡居民收入增长快于农村居民，城乡居民收入差距拉大。同时，在投资拉动型的经济发展方式下，过高的投资率必然导致要素分配结构发生扭曲，由于投资主体是国家和企业，使得整个国民收入初次分配格局向国家和企业倾斜。

2. 二元经济结构是拉大中国城乡居民收入差距的另一个重要因素

从各国经济发展的经验看，随着经济持续不断发展，农业增加值占GDP比重不断下降是工业化和城镇化发展的必然趋势。中国在农业增加值占GDP比重不断降低的同时，由于严格的户籍制度等政策限制，农业剩余劳动力没有顺利向非农业转移。2009年，中国城市化水平只有46.6%，比世界平均水平低近10个百分点，比同等工业化国家低20个百分点。2014年，中国城市化水平上升到54.8%，较2009年提高8.6个百分点，仍然低于世界平均水平和同等工业化国家水平。规模庞大的农民群体和低下的劳动生产率，导致在国民收入初次分配格局中，农民处于弱势地位，城乡居民收入差距持续扩大。随着经济发展，城乡的二元经济结构在形式上出现一些新的变化，如农民工与城市人的身份差异，使得他们不能享受同等权利和报酬，大量农民工只能从事收入较低的体力劳动，进而导致劳动者报酬整体水平较低且呈下降趋势。

3. 城乡居民转移性收入差距对收入差距有显著的拉大作用

城乡居民转移性收入差距对收入差距有显著的拉大作用，但影响程度较低，主要是中国财政转移性支出调节收入再分配功能较弱，在城乡之间、高低收入群体之间存在一定的逆向调节作用造成的，但实证测算结果显示，逆向调节作用正在不断被调整和优化。

（七）城乡居民收入差距持续扩大已进入"倒U"型曲线底部

中国城乡居民收入差距持续扩大趋势具有历史惯性，但已进入"倒U"型曲线的底部。

1. 城乡居民收入差距持续扩大趋势具有历史惯性

第六章实证分析结果显示：中国城乡居民收入差距除受众多因素影响

外，城乡居民收入差距自身还存在正一阶自相关，即当期城乡居民收入差距与上一期值之间具有显著的正向相关关系。上一期城乡居民收入差距每提高（降低）1个单位，当期城乡收入差距比值提高（降低）0.539个单位，说明中国城乡居民收入差距持续扩大趋势具有惯性，要改变城乡收入差距持续扩大的局面需要经历一段较长的时间。数据显示：2009年之后，中国城乡居民收入差距进入持续缩小的局面。根据惯性可知，在现有国家政策不发生改变的情况下，这种缩小的局面还会延续下去。

2. 城乡居民收入差距已进入"倒U"型曲线底部

库兹涅茨曲线（"倒U"曲线）反映西方国家经济和社会发展过程中收入分配状况变化的一般规律，即：在工业化初期收入分配的不平等程度不断加剧，随着工业化的完成，不平等程度逐渐缓解。第六章实证结果显示：改革开放以来，中国经济增长持续拉大城乡居民收入差距；随着城乡居民收入差距的持续扩大，经济增长对城乡居民收入差距扩大的拉大作用在逐渐减弱；2006年以后，经济增长对城乡居民收入差距的影响作用不再显著，即经济增长不再对城乡居民收入差距扩大产生影响；中国城乡居民收入差距连续三年（2010—2012年）持续下降，城乡居民收入差距出现回落势头，是符合中国工业化中期发展阶段的。

第七章实证分析结果进一步显示：经济增长显著拉大了东部、中部、西部和东北地区各区域城乡居民收入差距，广东省城乡居民收入差距与经济增长的关系处于"倒U"型曲线底部，说明区域经济增长与城乡居民收入差距亦存于"倒U"型关系。中国城乡居民收入差距已经进入"倒U"型曲线的底部，在不断缩小城乡居民收入差距的同时，要继续保持中国经济的持续快速发展，更好地发挥其即将到来的缩小城乡居民收入差距的影响作用，将中国收入分配的蛋糕做大做好。

（八）如何保持测度数据的可比性是学者关注的问题

城乡一体化住户调查改革后，城乡居民收入差距测度进入新阶段，如何保持数据的可比性，方便与历史数据和研究结果对接，是今后学者们关注的问题。

受城乡二元结构制约，中国住户调查分城乡独立开展，城镇住户调查和农村住户调查的指标、标准、方法都不尽相同，城镇居民与农村居民的收支水平和结构等统计数据不完全可比，无法提供全体居民收支数据，难以精确测算全体居民内部的收入差距和支出结构。如过去城镇居民调查的是"可支配收入",农村居民调查的是"纯收入",没有形成涵盖全国城乡全体居民的统一收入数据。

2011 年启动、2013 年试运行的城乡一体化住户调查改革,是中国当前统筹城乡发展、调整收入分配格局和提升居民收入数据质量的需要。2013 年,城乡一体化住户调查改革统一调查指标,将农村居民纯收入指标改为可支配收入,且将长期在外的农民工收支统计融入城镇,将自有住房折算的租金计入居民消费。这将建立城乡可比的、以可支配收入指标为核心的居民收支指标体系,可以直接进行城乡比较,准确性提高,且能公布全国的基尼系数。

如何衔接 2013 年前后城乡居民收入指标数据,使得城乡居民收入差距测度结果具有可比性是今后较长一段时间要解决的问题。上述数据不可比之处的存在使得 2013 年前后城乡收入差距大小不能简单进行对比,为了方便国家、政府和学者们进行历史对比研究,国家统计局还需从多方面努力,如:提供几个与 2013 年之前口径一致的指标、提供各地区农民工的收入数据方面转换计算口径、将自有住房折算净租金单列出来等。

第二节　优化中国城乡居民收入差距状况的政策建议

在系列定量测算分析基础上,本章第一节总结了本研究发现的中国城乡居民收入分配现存的突出问题。本节从政府、收入初次分配和收入再分配环节出发,有针对性地提出优化城乡居民收入分配状况的政策建议。

一、重视政府转型对收入分配制度改革的关键影响

中国社会正处于转型期,面对社会利益分配中存在的问题,特别是城乡居民收入差距过大、分配不公的问题,政府具有制定社会利益调解机制的权力。政府制定的收入分配战略、法律制度、财政和税收政策等无一不影响国家收入分配格局的各方面。因此,要理顺国家收入分配关系、保障收入分配的公平和公正性,需要政府从多方面着手。

首先,政府要有正确的战略,要能根据国家经济社会以及改革发展的实际,及时调整有关收入分配方面的整体战略、确立明确的指导思想。由改革初期的效率优先、兼顾公平的指导思想,调整为效率与公平兼顾,应以此确定未来一段时间的收入分配战略。当前,优化中国城乡居民收入差

距状况，必须继续坚持和完善按劳分配为主体、多种分配方式并存的分配制度，健全劳动、资本、技术和管理等生产要素按贡献参与分配的制度，初次分配和再分配都要处理好效率和公平的关系，再分配要更加注重公平。

其次，政府要能够制定和运用好收入分配的政策杠杆工具，最大限度地运用好收入分配的政策杠杆，确保社会利益格局的平衡。加大法律制度对收入分配的调解作用，如修订税制等；规范企业征税，增强政府再分配的财政能力；调整个人所得税，把人们税后收入控制在一定的比例范围内，促进橄榄形社会结构的形成；提高利息税，开征遗产税等。

最后，政府需要完成转型。建设公共服务型政府作为政府职能转变的基本方向，既是市场化改革进程的客观要求，也是工业化进入中期阶段的必然选择。转变政府职能，调整政府行为，可以探索建立以农民为本的政府业绩考核指标体系，通过设置基本目标、评价标准、保障措施、权责义务和监督检查等各项可追溯的指标内容，形成完整的政府行为规范和框架。

二、收入初次分配环节的政策建议

（一）促经济增长、城乡居民增收

促进经济增长，扩大就业，特别是农民工的就业问题；促进城乡居民增收，共享经济成果。

经济增长的良好状态为城乡居民收入分配提供了坚实的物质基础。在经济增长初期阶段，经济增长会引起城乡居民收入差距的扩大。实证分析结果表明，当前，城乡居民收入差距已经处于"倒U"型曲线的底部，即经济增长对城乡居民收入差距影响不显著，继续促进经济持续快速增长可能带来城乡居民收入差距缩小的局面。因此，从长远看，要彻底解决城乡居民收入差距过大问题，必须继续保持经济快速发展，将城乡居民收入分配的蛋糕做大做好很关键。

扩大就业，促进城乡居民增收。农村居民的增收要从多方面着手。一要多渠道增加就业，促进经济发展与扩大就业相结合，支持服务业和中小企业发展，建立产业、财税、投资等政策与促进就业政策的联动机制，大力支持发展服务业和中小企业，特别是乡镇企业，增加就业吸纳能力。要为农民工外出务工和回乡创业提供更好的公共平台。二要提高劳动者就业能力，适应经济转型需要，开展全体劳动者特别是农民工的职业培训，加强择业观念教育。三要加强劳动者就业服务，完善政策法规体系，健全统一规范灵活的人力资源市场，大力发展人力资源服务业在人力资源配置中的基础性作用。

（二）建立合理的收入分配制度

深化市场体制改革，建立合理的收入分配制度，提高居民部门收入在国民收入中的比重，特别是劳动者报酬在初次分配中的比重。

在收入分配调节过程中，坚持初次分配注重效率，发挥市场的作用，创造公平的竞争环境，实行机会均等，鼓励一部分人通过诚实劳动、合法经营先富起来。因此，调整中国收入初次分配格局的举措关键是要深化市场体制改革。收入初次分配是市场机制配置资源的基本渠道和激励机制，要重视市场在资源配置中的基础地位，就必须尽可能地通过完善市场体系来改善收入初次分配格局。合理的收入分配制度是社会公平的体现，是提高两个比重（即居民部门收入在国民收入中的比重，劳动者报酬在初次分配中的比重）的关键和保障，即居民收入增长与经济发展同步，劳动报酬增长与劳动生产率提高同步，做到这两个同步，就可以逆转两个比重下降的趋势。而在一定时期内，居民收入和劳动者报酬的提高还可以适度超前，以达到提高两个比重的目标。

具体而言，必须坚持和完善按劳分配为主体、多种分配方式并存的分配制度。一要健全扩大增加劳动收入的发展环境和制度条件，建立健全企业职工工资正常增长机制和支付保障机制，随着经济社会发展水平的不断提高，逐步提高最低工资标准和社会保障标准，使国民经济进入经济增长→工资增长→消费增长→经济增长的良性循环；二要增强国家对企业工资的调控和指导，全面推行劳动合同制度和工资集体协商制度，确保工资按时足额发放，严格执行劳动法有关规定；三要进一步规范金融市场健康运行，创造良好的金融市场条件，包括市场公平交易机制、抗风险机制、价格形成机制等，不断创新金融管理体系；四要形成工资的正常增长机制，使工资增长与劳动生产率提高基本相适应，推动工资集体协商，形成职工工资正常增长机制和支付保障机制，建立和谐劳动关系。

最后，在维护劳动者合法权益的同时，要避免过度干预劳动力市场，在不损害市场效率的前提下，提高劳动者报酬在初次分配中的比重，如：深化垄断行业改革，限制垄断行业过高收入，让国有企业利润通过适当方式体现全民共享；完善公务员工资制度，深化事业单位收入分配制度改革。

三、收入再分配环节政策建议

（一）加快建立覆盖城乡居民的社会保障体系

坚持广覆盖、保基本、多层次、可持续方针，加快建立覆盖城乡居民的社会保障体系。当前，城乡居民转移性收入差距过大，拉大了城乡居民收入差距。同时，由于现阶段土地和家庭保障功能的不断弱化，中国农村居民的社会保障需求日益显现。

要缩小城乡居民收入差距，就要坚持广覆盖、保基本、多层次、可持续方针，加快推进覆盖城乡居民的社会保障体系建设。一要强化政府对义务教育的保障责任，强化巩固农村义务教育成果，扶持贫困地区、民族地区教育，保障经济困难家庭、进城务工人员子女平等接受义务教育，建立完善义务教育经费保障机制和家庭经济困难学生资助政策体系。同时，国家财政应加大教育经费的投入力度，并加快实现教育资源的公平合理配置，缓解当前教育向大城市和重点学校集中的问题。二要继续健全城乡居民医疗保障体系，必须突破现有城乡分割格局，尽快将农民纳入完善的医疗保障体系，扩大城乡居民医疗保障的参保率，逐步实现城乡不同医疗保障之间的流动性，加快医疗卫生体制和药品流通体制改革。三要建立城乡统一的最低生活保障制度、城乡公共医疗卫生、城乡社会救济和城乡公共就业等基本公共服务制度，降低并控制城乡在基本公共服务覆盖率、服务水平、保障水平上的差异性。四要建立农村地区养老保险、失业保险、生育保险和工伤保险等制度。目前，有些基本公共服务制度在农村地区总体上仍然处于缺失状态。

特别需要注意的是，农村社会保障体系建设要从农村的实际情况出发，建立适合农民需要、保障水平适度的多层次农村社会保障制度，因地制宜地为农民提供各种保障服务，探索建立农业生产保险、农村社会养老保险、农村医疗保障、农村最低生活保障和农村教育补贴等覆盖农民生产、生活、教育和医疗等全方位的社会保障体系。

（二）加大财政支农力度，消除城乡二元经济结构

目前，城乡比较劳动生产率在大部分地区仍存在较大的差别，对各区

域城乡居民收入差距扩大仍有显著影响。

要缩小城乡居民收入差距就必须大力提高农村劳动生产率，加强对农业和农村的投入。一要改革农业投入体制，推进农村投资和金融体制改革，发挥政府投资的导向作用，形成多元化的农业投融资体制，扩大农业投入来源，建立农业投资稳定的增长机制，增加农业投入总量。二要调整财政支农资金的使用方向，调整农业补贴领域和补贴重点，从发达国家经验看，政府对农民收入的直接支付，是平抑城乡居民收入差距的现实行为选择，也是工业化中期对政府行为的必然要求。要根据政府的财政增长状况，及时出台多种对农民收入直接支付的办法。三要加大对农业和农村基础设施的投入力度，引导农业区域化、专业化、规模化的发展，将提高农业竞争力和提高农业综合生产能力，将农业现代化建设和可持续的农村经济发展结合起来，改善农村、农业和农民的生产、生活条件。要重点投向投资规模大、投资收益高、投资周期长，但能实现可持续发展的农业项目，如增加基础设施投资规模，加强农业生产水、电、路、大型农业机械的投资等。四要加大对农业科技的投入，促进科技进步，加快科技转化率，加大对农民的科技培训力度。五要政府投资建立农业保险制度，政府要对农业保险予以补贴，使农民因灾、因病遭受的损失降低。六要建立健全各级政府对农业和农民支持保护工作的考核和评价机制，主要指标要量化，既要有权力，更要有责任，确保各项工作落到实处。

最后，还要特别加强财政对农业投入的监管，以立法的形式规定财政对农业的投资规模和环节，使农业的财政投入资金能及时足额到位，具有相对的稳定性和持续性。

（三）不断完善税收制度，发挥其调控作用

实证分析结果显示，中国现行的税制结构对于缩小城乡居民收入差距的作用很弱。提高低收入者收入水平，调节过高收入，不是不允许人们致富，更不是剥夺高收入群体收入，而是要形成调节过高收入的税收征收体系，加强各种税收征管，取缔非法收入。在中国社会发展和经济需要的情况下，不断创造有利条件，适时调整税制结构，提高中国税收制度对收入分配的调控效果。

1. 完善个人所得税制

一要规范征税范围，扩大对其他所得的征收，将附加福利、资本所得收入等免税项目以外的其他收入都纳入个人所得税的税基中，进一步完善

对非劳动所得的征税。

二要扩大累进税率的范围。目前在个人所得税中，除了工资薪金收入采取累进税率以外，其余收入都采取比例税率，这一规定不符合量能课税的原则。

三要实行综合分类税制，合理确定起征额和扣除额，以体现公平原则。

2. 健全财产税制

对财产的课税税额与纳税人拥有的财产成正比，在一定程度上能减少社会财富分配不均的现象。目前，中国能够影响居民收入差距的财产税主要有房产税、契税、车辆购置税和车船使用税等，但除了对财产的拥有和使用征税外，还应考虑对财产的转让行为开征财产税，减少由于财富的积累造成的收入差距扩大影响。

3. 探讨开征有利于调节城乡居民收入差距的税种

可以探讨开征社会保险税、遗产税、赠予税的合适时机。社会保险税的开征，可以提高直接税的比重，有利于改善中国税制结构；遗产税与赠予税主要是对继承权进行一定的限制，防止少数人巨额财富的积聚。

（四）有效增加城乡居民财产性收入

有效增加城乡居民财产性收入，特别是通过土地制度改革和规范流转增加农民财产性收入。

当前，财产性收入差距对城乡居民收入差距的扩大作用很有限。我们应该抓住此机会，通过体制创新，贯彻落实党的十七大提出的"创造条件让更多群众拥有财产性收入"。在提高城乡居民财产性收入水平的同时，一定要通过各种政策措施控制城乡居民财产性收入差距。现在中国居民财产收入方面存在诸多问题，如农民很难通过土地承包经营权转让，获得土地规模化的经营收益，农民无法分享土地非农化的增值收益。从资本市场看，由于利率管制、资本市场监管缺失等因素，居民财产性收入占比长期偏低。

提高财产性收入，需要发展生产要素市场，包括资本市场、技术市场、土地承包权和使用权流转市场、房产市场和经理人市场等，并保证这类市场的规范化。例如，债权市场就是居民获得财产性收入的重要来源，因此，要规范市场秩序，减少股票市场的投机性，鼓励居民从房地产保值转向从经济增长的良好预期中增加债券收益。深化以银行为主的金融体系改革，加快利息市场化步伐，加快建立健全多层次金融市场；切实增强金融机构风险管理能力、价值发现能力，增加金融资源的跨区域、跨时间配置能力；积极开展财富管理服务，扩展居民金融投资渠道，提高居民的股息、利息、红利等财产性收入。推行"职工持股计划"，使职工真正享受到企业增值红利，建议中小企业率先探索，让职工无偿或低价获得企业股票，参与分红，条件成熟时推广到大中企业。

在农村，关键是推进和深化土地流转制度改革，使农民真正享受到土地增产增值的红利。土地是农民重要的财产，建议尽快出台土地物权法配套法规，明晰农村土地产权并赋予农民产权主体的地位，使农民拥有物权性质、可转让的土地使用权，进而保障农民能够充分享受土地流转的增值收益。

（五）建立有利于社会捐赠的制度环境和政策体系

规范收入秩序，积极发挥"第三次分配"作用，并建立有利于社会捐赠的制度环境和政策体系。建立和完善规范收入分配的基础性制度，如收入申报制度、财产登记制度、储蓄实名制等。强化对掌握资源配置权力的政府部门的制度性制约和监督，特别是在项目审批、市场准入、市场监管和公共资产转让等方面，建立健全必要的基本程序和信息披露制度，坚决打击取缔非法收入，规范灰色收入，逐步形成公开透明、公正合理的收入分配秩序。

积极发展慈善事业，充分发挥其在调节城乡居民收入差距、缓解贫困中的作用。数据显示，美国每年由社会捐赠的慈善公益资金占 GDP 比重高达 9%。与发达国家相比，中国社会捐赠的作用尚未充分发挥。民政部统计数据显示，截至 2011 年年底，中国基金会已发展到 2 500 个，与 2005 年相比，基金会的数量翻了一番多，平均年增长率达 20%。2011 年，全国基金会的总资产达 604.2 亿元，仅占 2011 年 GDP 比重约 0.13%。中国尚未建立有利于社会捐赠的制度环境和政策体系，应该鼓励企业和富人捐资建立慈善性基金，按国际通行办法免除其捐款所得税，推进建立"第三次分配体系"。

附　表

附表1　中国历年不同收入分组农村居民各收入来源占比　　　%

工资性收入占比										
年份	2003	2004	2005	2006	2007	2008	2009	2010	2011	2012
低收入户	26.9	26.3	30.1	32.6	33.2	35.2	36.3	36.1	43.0	42.9
中等偏下户	30.1	29.5	33.3	36.6	37.6	37.3	38.6	39.5	42.1	42.7
中等收入户	35.0	33.1	36.6	39.1	39.6	40.1	41.4	42.9	44.1	45.4
中等偏上户	38.0	36.3	38.4	40.6	41.8	42.1	43.4	44.2	45.9	47.2
高收入户	40.6	40.4	40.0	41.2	40.1	40.1	40.5	41.9	41.4	42.7
家庭经营纯收入占比										
低收入户	68.2	68.0	62.1	59.1	57.1	52.1	49.5	50.2	41.2	40.5
中等偏下户	65.8	65.6	61.0	57.0	55.3	53.8	51.7	50.5	47.4	46.1
中等收入户	60.7	62.1	57.9	55.0	54.1	51.6	49.7	47.8	46.0	44.4
中等偏上户	57.2	58.7	55.7	53.0	51.4	49.7	47.6	46.5	44.4	42.7
高收入户	51.0	51.2	51.2	49.2	49.6	48.8	46.9	45.7	46.4	44.7
财产性收入										
低收入户	1.7	1.6	2.1	1.7	2.2	2.1	1.7	2.4	2.5	2.3
中等偏下户	1.4	1.4	1.6	1.5	1.8	1.6	1.6	2.0	2.0	1.8
中等收入户	1.5	1.5	1.6	1.6	1.8	1.9	1.9	2.3	2.3	2.0
中等偏上户	1.7	1.7	2.0	2.0	2.3	2.2	2.2	2.5	2.4	2.3
高收入户	3.9	3.9	3.9	4.2	4.6	4.7	5.1	5.0	4.7	4.7
转移性收入										
低收入户	3.2	4.1	5.7	6.6	7.5	10.6	12.5	11.3	13.2	14.4
中等偏下户	2.7	3.5	4.1	4.9	5.3	7.3	8.1	8.0	8.5	9.4
中等收入户	2.8	3.3	3.8	4.3	4.5	6.3	6.9	7.0	7.6	8.2
中等偏上户	3.1	3.3	3.8	4.3	4.6	6.0	6.8	6.8	7.3	7.7
高收入户	4.5	4.4	4.9	5.3	5.6	6.4	7.4	7.5	7.5	8.0

数据来源：根据各年《中国统计年鉴》中"人民生活"模块整理。

附表 2 城镇居民家庭人均可配收入及其增长

年份	家庭人均可支配收入（元）	城市居民消费价格定基指数（1985＝100）（%）	消费价格定基指数调整后		
			人均可支配收入（元）	环比增长速度（%）	定基发展速度（%）
1985	739.1	100	739.10	—	100
1986	899.6	107	840.71	13.75	113.75
1987	1 002.2	116.39	861.05	2.42	116.50
1988	1 181.4	140.46	841.08	−2.32	113.80
1989	1 375.7	163.34	842.24	0.14	113.95
1990	1 510.2	165.42	912.92	8.39	123.52
1991	1 700.6	173.85	978.23	7.15	132.35
1992	2 026.6	188.82	1 073.28	9.72	145.21
1993	2 577.4	219.23	1 175.69	9.54	159.07
1994	3 496.2	274.07	1 275.67	8.50	172.60
1995	4 283.0	320.12	1 337.94	4.88	181.02
1996	4 838.9	348.29	1 389.35	3.84	187.98
1997	5 160.3	359.09	1 437.05	3.43	194.43
1998	5 425.1	356.93	1 519.93	5.77	205.65
1999	5 854.02	352.31	1 661.61	9.32	224.82
2000	6 280.0	355.14	1 768.31	6.42	239.25
2001	6 859.6	357.60	1 918.23	8.48	259.54
2002	7 702.8	354.02	2 175.79	13.43	294.38
2003	8 472.2	357.23	2 371.65	9.00	320.88
2004	9 421.6	369.00	2 553.27	7.66	345.46
2005	10 493	374.89	2 798.97	9.62	378.70
2006	11 759.5	380.48	3 090.73	10.42	418.17
2007	13 785.8	397.62	3 467.12	12.18	469.10
2008	15 780.76	419.90	3 758.00	8.4	508.49
2009	17 174.65	416.10	4 127.58	9.83	558.46
2010	19 109.44	429.43	4 449.92	7.81	602.07
2011	21 809.8	452.16	4 823.46	8.39	552.61
2012	24 564.7	464.38	5 289.77	9.67	615.70
2013	26 955.1	476.45	5 657.49	6.95	765.46

数据来源：根据各年《中国统计年鉴》中"人民生活"模块和"价格指数"模块整理。

注：城乡住户一体化调查制度实施后，《中国统计年鉴（2015）》公布的 2013 年城镇居民人均可支配收入数据与之前的不一致，所以分析截至 2013 年。

附表3　农村居民家庭人均纯收入及其增长

年份	家庭人均纯收入（元）	农村居民消费价格定基指数（1985=100）（%）	消费价格定基指数调整后的		
			人均纯收入（元）	环比增长速度（%）	定基发展速度（%）
1985	397.6	100.0	397.60	—	100
1986	423.8	106.1	399.43	0.46	100.46
1987	462.6	112.7	410.47	2.76	103.24
1988	544.9	132.4	411.56	0.26	103.51
1989	601.5	157.9	380.94	-7.44	95.81
1990	686.3	165.1	415.69	9.12	104.55
1991	708.6	168.9	419.54	0.93	105.52
1992	784.0	176.8	443.44	5.70	111.53
1993	921.6	201.0	458.51	3.40	115.32
1994	1 221.0	248.0	492.34	7.38	123.83
1995	1 577.7	291.4	541.42	9.97	136.17
1996	1 926.1	314.4	612.63	13.15	154.08
1997	2 090.1	322.3	648.50	5.85	163.10
1998	2 162.0	319.1	677.53	4.48	170.40
1999	2 210.3	314.3	703.25	3.80	176.87
2000	2 253.4	314.0	717.64	2.05	180.49
2001	2 366.4	316.5	747.68	4.19	188.05
2002	2 475.6	315.2	785.41	5.05	197.54
2003	2 622.2	320.2	818.93	4.27	205.97
2004	2 936.4	335.6	874.97	6.84	220.06
2005	3 254.9	343.0	948.95	8.46	238.67
2006	3 587.0	348.1	1030.45	8.59	259.17
2007	4 140.4	366.9	1 128.48	9.51	283.82
2008	4 760.6	390.7	1 218.48	7.98	306.46
2009	5 153.2	389.5	1 323.02	8.58	332.75
2010	5 919.0	403.5	1 466.92	10.88	368.94
2011	6 977.3	426.9	1 634.41	11.42	311.07
2012	7 916.6	437.6	1 809.10	10.69	355.00
2013	8 895.9	449.9	1 977.31	9.30	497.31

数据来源：根据各年《中国统计年鉴》中"人民生活"模块和"价格指数"模块整理。

注：城乡住户一体化调查制度实施后，《中国统计年鉴（2015）》不再公布农村居民人均纯收入数据，所以分析截至2013年。

附表4 城镇居民不同分组平均每人可支配收入　　元

年份	最低收入户（10%）	#困难户（5%）	低收入户（10%）	中等偏下户（20%）	中等收入户（20%）	中等偏上户（20%）	高收入户（10%）	最高收入户（10%）
2001	2 802.83	2 464.80	3 856.49	4 946.60	6 366.24	8 164.22	10 374.92	15 114.85
2002	2 408.60	1 957.46	3 649.16	4 931.96	6 656.81	8 869.51	11 772.82	18 995.85
2003	2 590.17	2 098.92	3 970.03	5 377.25	7 278.75	9 763.37	13 123.08	21 837.32
2004	2 862.39	2 312.50	4 429.05	6 024.10	8 166.54	11 050.89	14 970.91	25 377.17
2005	3 134.88	2 495.75	4 885.32	6 710.58	9 190.05	12 603.37	17 202.93	28 773.11
2006	3 568.73	2 838.87	5 540.71	7 554.16	10 269.70	14 049.17	19 068.95	31 967.34
2007	4 210.06	3 357.91	6 504.60	8 900.51	12 042.32	16 385.80	22 233.56	36 784.51
2008	4 753.59	3 734.35	7 363.28	10 195.56	13 984.23	19 254.08	26 250.10	43 613.75
2009	5 253.23	4 197.58	8 162.07	11 243.55	15 399.92	21 017.95	28 386.47	46 826.05
2010	5 948.11	4 739.15	9 285.25	12 702.08	17 224.01	23 188.90	31 044.04	51 431.57
2011	6 876.09	5 398.17	10 672.02	14 498.26	19 544.94	26 419.99	35 579.24	58 841.87
2012	8 215.09	6 520.03	12 488.62	16 761.43	22 419.10	29 813.74	39 605.22	63 824.15

数据来源：根据《中国统计年鉴》中"人民生活"模块整理。

注：依据城乡一体化住户收支与生活状况调查，国家统计局2013年和2014年公布城镇居民五等分组人均可支配收入状况。

附表5 农村居民不同分组平均每人纯收入　　元

年份	低收入户（20%）	中低收入户（20%）	中等收入户（20%）	中高收入户（20%）	高收入户（20%）
2002	857.13	1 547.53	2 164.11	3 030.45	5 895.63
2003	865.90	1 606.53	2 273.13	3 206.79	6 346.86
2004	1 006.87	1 841.99	2 578.49	3 607.67	6 930.65
2005	1 067.22	2 018.31	2 850.95	4 003.33	7 747.35
2006	1 182.46	2 222.03	3 148.50	4 446.59	8 474.79
2007	1 346.89	2 581.75	3 658.83	5 129.78	9 790.68
2008	1 499.81	2 934.99	4 203.12	5 928.60	11 290.20
2009	1 549.30	3 110.10	4 502.08	6 467.56	12 319.05
2010	1 869.80	3 621.23	5 221.66	7 440.56	14 049.69
2011	2 000.51	4 255.75	6 207.68	8 893.59	16 783.06
2012	2 316.21	4 807.47	7 041.03	10 142.08	19 008.89

数据来源：根据《中国统计年鉴》中"人民生活"模块整理。

注：2013年之后，国家统计局不再公布农村居民五等分组人均纯收入数据。

附表6　城乡居民收入差距及其影响因素变量的协整检验系列结果

附表6（1）　Y 与 X1 协整检验结果

Sample（adjusted）：1980 2010

Included observations：31 after adjustments

Trend assumption：Linear deterministic trend

Series：Y X1

Lags interval（in first differences）：1 to 1

Unrestricted Cointegration Rank Test（Trace）

Hypothesized No. of CE（s）	Trace Eigenvalue	0. 05 Statistic	Critical Value	Prob. **
None *	0. 413 432	21. 827 99	15. 494 71	0. 004 9
At most 1 *	0. 156 894	5. 290 530	3. 841 466	0. 021 4

Trace test indicates 2 cointegrating eqn（s）at the 0. 05 level

* denotes rejection of the hypothesis at the 0. 05 level

* * MacKinnon – Haug – Michelis（1999）p – values

附表6（2）　Y 与 X2 协整检验结果

Sample（adjusted）：1981 2010

Included observations：30 after adjustments

Trend assumption：Linear deterministic trend（restricted）

Series：Y X2

Lags interval（in first differences）：2 to 2

Unrestricted Cointegration Rank Test（Trace）

Hypothesized No. of CE（s）	Eigenvalue	Trace Statistic	0. 05 Critical Value	Prob. **
None *	0. 539 531	29. 418 83	25. 872 11	0. 017 3
At most 1	0. 185 449	6. 153 536	12. 517 98	0. 441 0

Trace test indicates 1 cointegrating eqn（s）at the 0. 05 level

* denotes rejection of the hypothesis at the 0. 05 level

* * MacKinnon – Haug – Michelis（1999）p – values

附表 6 （3） *Y* 与 *X*3 协整检验结果

Sample （adjusted）: 1980 2010

Included observations: 31 after adjustments

Trend assumption: Linear deterministic trend

Series: Y X3

Lags interval （in first differences）: 1 to 1

Unrestricted Cointegration Rank Test （Trace）

Hypothesized No. of CE （s）	Eigenvalue	Trace Statistic	0. 05 Critical Value	Prob. **
None *	0. 408 802	19. 187 99	15. 494 71	0. 013 2
At most 1	0. 089 138	2. 894 279	3. 841 466	0. 088 9

Trace test indicates 1 cointegrating eqn （s） at the 0. 05 level

* denotes rejection of the hypothesis at the 0. 05 level

* * MacKinnon – Haug – Michelis （1999） p – values

附表 6 （4） *Y* 与 *X*4 协整检验结果

Sample （adjusted）: 1985 2010

Included observations: 26 after adjustments

Trend assumption: Linear deterministic trend

Series: Y X4

Lags interval （in first differences）: 1 to 6

Unrestricted Cointegration Rank Test （Trace）

Hypothesized No. of CE （s）	Eigenvalue	Trace Statistic	0. 05 Critical Value	Prob. **
None *	0. 329 034	19. 603 58	15. 494 71	0. 011 3
At most 1 *	0. 298 789	9. 228 603	3. 841 466	0. 002 4

Trace test indicates 2 cointegrating eqn （s） at the 0. 05 level

* denotes rejection of the hypothesis at the 0. 05 level

* * MacKinnon – Haug – Michelis （1999） p – values

附表 6 （5）　Y 与 X5 协整检验结果

Sample （adjusted）: 1985 2010

Included observations: 26 after adjustments

Trend assumption: Linear deterministic trend

Series: Y X5

Lags interval （in first differences）: 1 to 6

Unrestricted Cointegration Rank Test （Trace）

Hypothesized No. of CE （s）	Eigenvalue	Trace Statistic	0. 05 Critical Value	Prob. **
None *	0. 421 618	15. 831 51	15. 494 71	0. 044 5
At most 1	0. 059 538	1. 595 987	3. 841 466	0. 206 5

Trace test indicates 1 cointegrating eqn （s） at the 0. 05 level

 * denotes rejection of the hypothesis at the 0. 05 level

 * * MacKinnon – Haug – Michelis （1999） p – values

附表 6 （6）　Y 与 X6 协整检验结果

Sample （adjusted）: 1981 2010

Included observations: 30 after adjustments

Trend assumption: Linear deterministic trend

Series: Y X6

Lags interval （in first differences）: 1 to 2

Unrestricted Cointegration Rank Test （Trace）

Hypothesized No. of CE （s）	Eigenvalue	Trace Statistic	0. 05 Critical Value	Prob. **
None *	0. 484 132	20. 515 39	15. 494 71	0. 008 0
At most 1	0. 021 702	0. 658 242	3. 841 466	0. 417 2

Trace test indicates 1 cointegrating eqn （s） at the 0. 05 level

 * denotes rejection of the hypothesis at the 0. 05 level

 * * MacKinnon – Haug – Michelis （1999） p – values

附表 6 (7)　　*Y* 与 *X7* 协整检验结果

Sample (adjusted)：1986 2010

Included observations：25 after adjustments

Trend assumption：Linear deterministic trend

Series：Y X7

Lags interval (in first differences)：1 to 7

Unrestricted Cointegration Rank Test (Trace)

Hypothesized No. of CE (s)	Eigenvalue	Trace Statistic	0.05 Critical Value	Prob. **
None *	0.678 509	28.427 14	15.494 71	0.000 3
At most 1	0.002 297	0.057 495	3.841 466	0.810 5

Trace test indicates 1 cointegrating eqn (s) at the 0.05 level

* denotes rejection of the hypothesis at the 0.05 level

** MacKinnon – Haug – Michelis (1999) p – values

附表7 城乡居民收入差距及其影响因素变量的格兰杰因果检验结果

附表7（1） Y 与 X3 之间格兰杰因果检验结果

Pairwise Granger Causality Tests

Sample：1978 2010

Lags：1

Null Hypothesis：	Obs	F – Statistic	Prob.
X3 does not Granger Cause Y	32	3. 063 92	0. 090 6
Y does not Granger Cause X3		0. 009 45	0. 923 2

附表7（2） Y 与 X4 之间格兰杰因果检验结果

Pairwise Granger Causality Tests

Sample：1978 2010

Lags：1

Null Hypothesis：	Obs	F – Statistic	Prob.
X4 does not Granger Cause Y	32	8. 736 01	0. 006 1
Y does not Granger Cause X4		1. 029 21	0. 318 7

附表7（3） Y 与 X5 之间格兰杰因果检验结果

Pairwise Granger Causality Tests

Sample：1978 2010

Lags：3

Null Hypothesis：	Obs	F – Statistic	Prob.
X5 does not Granger Cause Y	30	2. 748 29	0. 066 0
Y does not Granger Cause X5		2. 296 86	0. 104 4

附表7（4） Y 与 X7 之间格兰杰因果检验结果

Pairwise Granger Causality Tests

Sample：1978 2010

Lags：5

Null Hypothesis：	Obs	F – Statistic	Prob.
Y does not Granger Cause X7	28	1. 339 90	0. 295 0
X7 does not Granger Cause Y		2. 436 31	0. 077 1

附　图

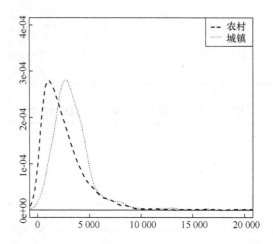

附图1　1988年城乡居民收入分布的核密度估计

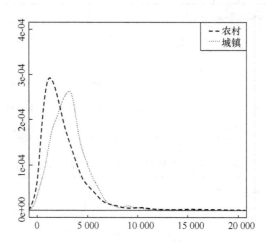

附图2　1990年城乡居民收入分布的核密度估计

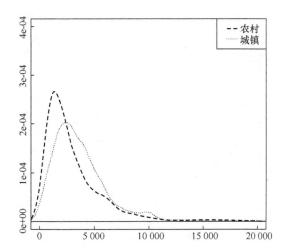

附图 3　1992 年城乡居民收入分布的核密度估计

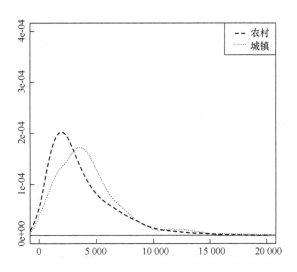

附图 4　1996 年城乡居民收入分布的核密度估计

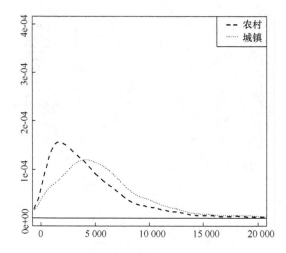

附图 5　1999 年城乡居民收入分布的核密度估计

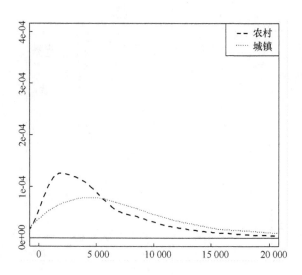

附图 6　2003 年城乡居民收入分布的核密度估计

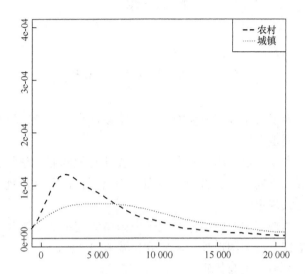

附图 7   2005 年城乡居民收入分布的核密度估计

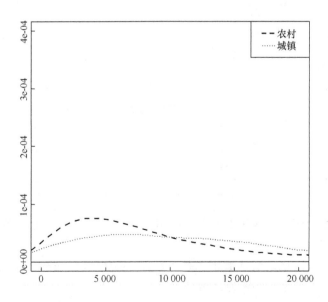

附图 8   2008 年城乡居民收入分布的核密度估计

附　录

关于统计上划分城乡的规定

第一条　为了科学真实地反映中国现阶段城乡的人口、社会和经济的发展情况，特制定本规定。

第二条　本规定仅适用于各类统计及统计有关的业务核算，不改变现有的行政区划、隶属关系、管理权限和机构编制，以及城市规划、集镇和村庄规划等有关规定。

第三条　本规定主要以国务院关于中国市镇建制的规定和中国现行的行政区划为依据，将中国地理区域划分为城镇和乡村。

第四条　城乡分类与代码

代码	分　类
100	城镇
110	城市
111	设区市的市区
112	不设区市的市区
120	镇
121	县及县以上人民政府所在建制镇的镇区
122	其他建制镇的镇区
200	乡村
210	集镇
220	农村

第五条　城镇是指在中国市镇建制和行政区划的基础上，经本规定划定的城市和镇。

第六条　本规定所称城市，是指经国务院批准设市建制的城市市区。包括：设区市的市区和不设区市的市区。

设区市的市区是指：

（1）市辖区人口密度在 1 500 人/平方公里及以上的，市区为区辖全部行政区域；

（2）市辖区人口密度不足 1 500 人／平方公里的，市区为市辖区人民政府驻地和区辖其他街道办事处地域；

（3）前款市辖区人民政府驻地的城区建设已延伸到周边建制镇（乡）的部分地域，其市区还应包括该建制镇（乡）的全部行政区域。

设区市的其他地区分别按本规定的镇、乡村划分。

不设区市的市区是指：

（1）市人民政府驻地和市辖其他街道办事处地域；

（2）市人民政府驻地的城区建设已延伸到周边建制镇（乡）的部分地域，其市区还应包括该建制镇（乡）的全部行政区域。

不设区市的其他地区分别按本规定的镇、乡村划分。

第七条　本规定所称镇，是指经批准设立的建制服镇的镇区。包括：县及县以上（不含市）人民政府、行政公署所在的建制镇的镇区和其他建制镇的镇区。镇区是指：

（1）镇人民政府驻地和镇辖其他居委会地域；

（2）镇人民政府驻地的城区建设已延伸到周边村民委员会的驻地，其镇区还应包括该村民委员会的全部区域。

第八条　乡村是指本规定第六、第七条划定的城镇地区以外的其他地区。乡村包括集镇和农村。

集镇是指乡、民族乡人民政府所在地和经县人民政府确认由集市发展而成的作为农村一定区域经济、文化和生活服务中心的非建制镇。

农村指集镇以外的地区。

第九条　凡地处本规定城镇地区以外的工矿区、开发区、旅游区、科研单位和大专院校等特殊地区，常住人口在 3 000 人以上的，按镇划定；常住人口不足 3 000 人，按乡村划定。

第十条　本规定由国家统计局负责解释。

参考文献

[1] Ahmad I A. On Multivariate Kernel Estimation for Samples from Weighted Distributions[J]. Statisticsand Probability Leters,1995(22):121 - 129.

[2] Allexander W P. Boundary Kernel Estimation of the Two Sample Comparison Density Function[D]. Unpublished Ph. D. thesis, Statistics, Texas A&M University,1989.

[3] Bowman A. An Alternative Method of Cross - validation for the Smoothing of Density Estimates[J]. Biometrika,1984(71):353 - 360.

[4] CowellF A. Inequality Decomposition: Three Bad Measures [J]. Bulletin of EconomicResearch,1998,40(04):309 - 311.

[5] Cowell F A. Measuring Inequality(2nd Edition)[M]. London:Prentice Hall,1995.

[6] Cwik J, Mielniczuk J. Estimating Density Ratios with Application to Discriminant Analysis[J]. Communications in Statistics,1989(18):3057 - 3069.

[7] Cwik J, MielniczukJ. Data - dependent Bandwidth Choice for a Grade Density Kernel Estimate[J]. Statistics and Probability Letters,1993(16):397 - 405.

[8] Eubank R L, Lariccia V N, Rosenstein R B. Test Statistics Derived as Components of Peason's phi—squared Distance Measure[J]. Journal of the American Statistical Association, 1987(82):816 - 825.

[9] Eubank R L, Lariccia V N, Schuenemeyer J L. Component Type Tests with Estimated Parameters[J]. Probability and Mathematical Statistics,1995(15):275 - 289.

[10] Gastwirth J L. The First - median Test:A Two - sided Version of the Control Sored Data[J]. Journal of the American Statistical Association,1968(63):692 - 706.

[11] GijbelsI, Mielniczuk J. Asymptotic Properties of Kernel Estimators of the Radon—Nikodym Detrivative with Applications to Discriminant Analysis[J]. Statistica Sinica,1995(5): 261 - 278.

[12] Greenwood J, Jovanovic B. Financial Development, Growthand the Distribution of Income[J]. Journal of Political Economy,1990(98):1076 - 1107.

[13] Handcock M S, Morris M. Relative Distribution Methods [J]. Sociological Methodology,1998(28):53 - 97.

[14] Harold Lydall. The Structure of Earning[M]. Oxford:Oxford University Press,1968.

[15] Khan A R, Riskin C. China's Household Income and Its Distribution:1995 and 2002 [J]. China Quarterly,2005(7):34 - 40.

[16] Khan A R, Riskin C. Income and Inequality in China:Composition, Distribution and Growth of Household Income, 1988—1995[J]. China Quarterly,1998(154):221 - 253.

[17] King R G, Levine R. Finance and Growth: Schumpeter Might be Right[J]. Quarterly Journal of Economics, 1993(108): 717 – 738.

[18] King R G, Levine R. Finance, Entrepreneurship and Growth: Theory and Evidence [J]. Journal of Monetary Economics, 1993b(32): 513 – 542.

[19] Kuzents. Economic Growth and Income Inequality[J]. American Economic Review, 1955, 45(1): 1 – 28.

[20] Lange Oscar. Introduction to Econometrics[M]. Oxford: Pergamon Press Ltd, 1962.

[21] Lehmann E L. The Theory of Point Estimation [M]. John Wiley & Sons, New York, 1983.

[22] Lin C H, Sukhatme S. Hoeffding Type Theorem and Power Comparisons of Some two Sample Rank Tests[J]. Journal of the Indian Statistical Association, 1993(31): 71 – 83.

[23] Mookhherjee D, Shorrocks A F. A Decomposition Analysisi of the Trend in UK Income Inequality[J]. The Economic Journal, 1982(92): 886 – 902.

[24] Morris M, Bernhardt A D, Handcock M S. Economic Inequality: New Methods for New trends[J]. Am. Sociol. Rev. 2004(59): 205 – 219.

[25] Parzen E. Comparison Change Analysis in Nonparametric Statistics and Related Topics[M]. A Saleh(ed.) Elsevier, Holland, 1992.

[26] Parzen E. Nonparametric Statistical Data Science: A Unified Approach Based on Density Estimation and Testing for "white noise"[R]. Technical Report 47, Statistical Sciences Division, State University of New York at Buffalo, Buffalo, NY, 1977.

[27] Parzen E. On Estimation of a Probability Density Function and Mode[J]. Math. Statist, 1962(33): 1065 – 1076.

[28] Pareto V. Manual of Political Economy[M]. in A. S. Schwier and A. N. Page, ed. London: Macmillian, 1972.

[29] Prihoda T J. A Generalized Approach to the Two Sample Problem: The Quantile Approach [J]. Unpublished Ph. D. thesis, Department of Statistics, Texas A&M University, 1981.

[30] Rudemo M. Empirical Choice of Histograms and Kernel Density Estimation[J]. Scand. J. Statist., 1982, (9): 65 – 78.

[31] Salem, Mount. A Convenient Descriptive Model of Income Distribution: The Gamma Density[J]. Econometrica, 1974, 42(6): 1115 – 1127.

[32] Sheather S J, Jones M C. A Reliable Data ~ Based Bandwidth Selection Method for Kernel Density Estimation[J]. Journal of the Royal Statistical Society, 1991(b53): 683 – 690.

[33] Shorrocks A F, Guanghua Wan. Spatial Decomposition of Inequality[J]. Journal of Comparative Economic Geography, 2005, 5(1): 59 – 81.

[34] Simonoff J S. Smoothing Methods in Statistics[M]. Springer Verlag, New York, 1996.

[35]魏后凯. 中国地区间居民收入差异及其分解[J]. 经济研究,1996(11):66 – 73.

[36]李实,赵人伟. 中国居民收入分配再研究[J]. 经济研究,1999(4):3 – 17.

[37]陈宗胜,周云波. 中国的城乡差别及其对居民总收入差别的影响[J]. 南方论丛,2002(12):26 – 32.

[38]王建农,张启良. 城乡居民收入差距的基本特征与趋势[J]. 统计研究,2005(3):37 – 39.

[39]李实,赵人伟. 收入差距还会持续扩大吗[J]. 中国改革,2006(7)44 – 46.

[40]陈宗胜. 库兹涅茨倒 U 理论统计检验评析[J]. 上海社会科学院学术季刊,1991(2):51 – 59.

[41]王小鲁. 中国收入分配向何处去?[J]. 国家行政学院学报,2006(1):20 – 23.

[42]陈宗胜. 改革、发展与收入分配[M]. 上海:复旦大学出版社,1999.

[43]蔡昉,杨涛. 城乡收入差距的政治经济学[J]. 中国社会科学,2000(4):11 – 36.

[44]郭熙保. 从发展经济学观点看待库兹涅茨假说——兼论中国收入不平等扩大的原因[J]. 管理世界,2002(4):66 – 74.

[45]陈宗胜. 倒 U 曲线的“阶梯形”变异[J]. 经济研究,1994(5):55 – 60.

[46]李实. 对收入分配研究中几个问题的进一步说明——对陈宗胜教授评论的答复[J]. 经济研究,2000(7):72 – 76.

[47]曾国安,罗光强. 关于居民收入差距的几个问题的思考[J]. 当代财经,2002(6):3 – 8.

[48]杨俊,张宗益. 中国经济发展中的收入分配及库兹涅茨倒 U 假设再探讨[J]. 数量经济技术经济研究,2003(2):30 – 34.

[49]赵满华,窦文章. 我国农村居民收入变化的几个特征[J]. 生产力研究,1997(11)14 – 17.

[50]张克俊. 我国城乡居民收入差距的影响因素分析[J]. 人口与经济,2005(11):50 – 54.

[51]陈宗胜,周云波. 非法非正常收入对居民收入差别的影响及其经济学解释[J]. 经济研究,2001(4):14 – 25.

[52]赵人伟,李实. 中国居民收入差距的扩大及其原因[J]. 经济研究,1997(7):19 – 28.

[53]王小鲁. 灰色收入拉大居民收入差距[J]. 中国改革,2007(7):9 – 12.

[54]李实,罗楚亮. 中国城乡居民收入差距的重新估计[J]. 北京大学学报(哲学社会科学版),2007(3):111 – 120.

[55]李实,赵人伟,张平. 中国经济改革中的收入分配变动[J]. 管理世界,1998(1):43 – 57.

[56]蔡昉. 城乡收入差距与制度变革的临界点[J]. 中国社会科学,2003(9):16 – 26.

[57]黄泰岩,王检贵.从城乡收入差距看扩大内需的政策选择[J].宏观经济研究,1999(6):47-50.

[58]郭兴方.我国城乡居民收入的差距分解[J].统计与决策,2005(9):62-64.

[59]王海港.中国居民收入分配的格局——帕累托分布方法[J].南方经济,2006(5):73-82.

[60]徐建国.收入分布和耐用消费品的增长方式[R].北京大学中国经济研究中心学术刊物,2000.

[61]林伯强.中国的经济增长、贫困减少与政策选择[J].经济研究,2003(12):15-26.

[62]成邦文.研究与开发机构统计数据质量与异常点的对数正态分布检验与识别[J].统计研究,2000(1):42-46.

[63]成邦文.科技规模指标对数正态分布规律[J].科学学与科学技术管理,2000(9):9-13.

[64]成邦文.基于对数正态分布的洛伦兹曲线与基尼系数[J].数量经济技术经济研究,2005(2):127-135.

[65]王兢.拟合收入分布函数在贫困线、贫困率测算中应用[J].经济经纬,2005(2):66-68.

[66][美]L.沃塞曼.现代非参数统计[M].吴喜之,译.北京:科学出版社,2008.

[67]汤银才.R语言与统计分析[M].北京:高等教育出版社,2008.

[68]国家统计局农调总队课题组.城乡居民收入差距研究[J].经济研究,1994(12):34-35.

[69]张东生等.中国居民收入分配年度报告[M].北京:中国财政经济出版社,2013.

[70]纪宏,阮敬.基于收入分布的亲贫困增长测度及其分解[J].经济与管理研究,2007(8):38-45.

[71]刘力,付诚.中国经济增长与收入分配关系的因果关联分析[J].经济纵横,2005(8):9-11.

[72]张嫘,方天堃.我国城乡收入差距变化与经济增长的协整及因果关系分析[J].农业技术经济,2007(3):38-43.

[73]陈卫萍,耿磊.城乡收入差距与经济增长关系实证研究[J].商业时代,2012(3):8-9.

[74]王峰.中国农村税费改革分析[D].咸阳:西北农林科技大学博士论文,2005.

[75]温铁军.中国农村基本经济制度研究[M].北京:中国经济出版社,2000:177.

[76]陈锡文.资源配置与中国农村发展[J].中国农村经济,2004(1):4-9.

[77]孔祥智,何安华.新中国成立60年来农民对国家建设的贡献分析[J].教学与研究,2009(9):5-13.

[78]李艳玲,李录堂.农民工工资"剪刀差"的产生原因及对策[J].安徽农业科学,

2008(5):49-50.

[79]万向东,孙中伟.农民工工资剪刀差及其影响因素的初步探索[J].中山大学学报(社会科学版),2011(5):171-181.

[80]刘乐山,刘嵩,唐文光.财政收入分配职能弱化与收入差距扩大[J].湖南财经高等专科学校学报,2005(3):3-6.

[81]刘文勇.中国城乡收入差距扩大的程度、原因与政策调整[J].农业经济问题,2004(3):56-60.

[82]高帆.分工差异与二元经济结构的形成[J].数量经济技术经济研究,2007(5):3-14.

[83]骆永民.基础设施投资效率的空间溢出与门限效应研究[J].统计与信息论坛,2011(3):81-86.

[84]程开明,李金昌.城市偏向、城市化与城乡收入差距的作用机制及动态分析[J].数量经济技术经济研究,2007(7):116-125.

[85]孙永强,万玉琳.金融发展、对外开放与城乡居民收入差距——基于1978—2008年省际面板数据的实证分析[J].金融研究,2011(1):28-39.

[86]刘立民,刘百宁.构建多元化金融扶贫模式探讨[N].金融时报,2012-05-28.

[87]两会聚焦,特别报道.民进调查显示:教师待遇保障城乡差别大[J].生活教育,2009(4):6-6.

[88]蔡继明.中国城乡比较生产力与相对收入差别[J].经济研究,1998(1):11-19.

[89]姚先国,赖普清.中国劳资关系的城乡户籍差异[J].经济研究,2004(7):82-90.

[90]陈红霞,李国平.北京市城乡居民收入差距变化及影响因素分析[J].地理科学,2009(6):794-802.

[91]施会文.江苏省城乡收入差距成因和变动趋势分析[J].经济研究导刊,2011(8):21-23.

[92]徐伟斌.上海城乡居民收入差距及其影响因素研究[D].上海:上海交通大学学位论文,2011.

[93]刘宛洁.广东省城乡居民收入差距实证分析[J].理论前沿,2009(3):4-7.

[94]张士云,吴连翠.安徽省城乡居民收入差距实证分析[J].农业技术经济,2007(2):72-79.

[95]兰肇华,杨青,张春园.湖北省城乡居民收入差距实证分析[J].武汉理工大学学报,2009(10):164-168.

[96]宁冬梅.四川城乡居民收入差距实证研究[D].雅安:四川农业大学学位论文,2011.

[97]卢琳.辽宁城乡居民收入差距的变化趋势、成因及对策[J].辽宁经济,2008

(10):10 – 11.

[98]张庆君,姚树华.辽宁经济增长与城乡居民收入的相关性分析[J].辽宁经济 2004(2)27 – 27.

[99]翟绪军,尚杰.基于多元线性回归的城乡居民收入差距实证研究——以黑龙江省为例[J].生产力研究,2011(6):37 – 38.

[100]纪宏,陈云.我国中等收入者比重及其变动的测度研究[J].经济学动态,2009(6):11 – 16.

[101]世界银行.2006年世界发展报告:公平与发展[M].北京:中国科学院、清华大学国情研究中心,译,北京:清华大学出版社,2006.